번역의 오늘

번역의 오늘

해석 이론

Marianne Lederer | 전성기 옮김

La traduction aujourd' hui

by Marianne Lederer

고려대학교 출판부

서 문

번역도 늘어가고 번역에 대한 글도 늘어간다. 새로운 저술들이 나오지 않는 날이 없을 정도이다. 이 책은 그러니까 이미 긴 이 저서들의 리스트를 늘리는 것이 되나, 실무·교육·연구를 통해, 언어쌍이나 특정 저자의 저술과 무관한, 번역 과정과 그 보편적 성격을 다룬 저서 하나를 이 리스트에 보탤 필요가 있다는 확신을 갖게 되었다. 유능한 번역가의 방식은, 언어가 어떤 것이든 번역하는 텍스트가 어떠한 것이든, 근본적으로 동일한 것이라는 것을 보이고자 한 것이다. 의미의 탐색과 그 의미의 재현이 모든 번역의 공통 분모이다.

이 책에 영어와 독일어가 불어와 함께 나오는 것은 모든 증명에는 예들이 필요하고, 영어와 독일어는 필자의 전문 언어이기 때문이다. 그리고, 이 책에 스타인벡이 A. 부크월드, 그리고 기술보고서의 발췌문과 더불어 나오는 것은 하나의 현실이 시공적으로 한 저자의 필치로 구현되지 않으면 텍스트란 말을 할 수 없기 때문이다.

이 책의 기저를 이루는 논거는 단 한 가지, 모든 것이 해석이라는 것이다. 번역도 예외가 아니다. 번역을 너무 오랫동안 그리고 너무 자주 언어의 측면에 국한시키다 보니, 이를 한 언어의 낱말이나 문장들을 다른 언어의 낱말이나 문장들로 옮기는 것쯤으로 치부하게 되었던 것이다. 그러나 성공적인 번역은 텍스트의 해석과 언어 외적 지식의 활용을 전제한다.

이 연구에서 오래 전 텍스트들은 제외했다. 시간이 오래되다 보면 언어 측면에 국한되기 쉽고, 이 측면 또한 언어 변화로 인해 달라지며, 따라서 언어 외적 측면의 접근이 쉽지 않기 때문이다. 번역을 번역자가 수행하는 작업의 관점에서 다루기 위해서는 흥미있는 많은 면들을 소홀히 할 수밖에 없었다. 텍스트의 장르를 별도로 다루지는 않았는데, 그것은 해석이란 원리가, 시(詩)에서 고도로 기술적인 텍스트에 이르기까지, 모든 장르에 적용되기 때문이다. 언어에 충분히 숙달되지 못해 발생하는 오역 또한 다루지 않았다. 오류 수정은 이론 구축이 아니다.

이 책에 펼쳐 보인 생각들이 이론적 측면의 이해를 넘어 번역 교육에도 도움이 되고, 번역의 실제에도 도움이 되기를 바란다. 번역과 번역 교육에 관심 있는 불어 교사들의 우리 통역번역대학원(ESIT)[1] 방문이 계속 늘고 있다. 그 분들이 자신들의 경험이 우리의 경험과 일치하는지 지적해주기를 기대한다.

여기서 펼친 주장은 이미 프랑스와 외국에서 출판된 몇몇 저서－그 중 일부는 D. 셀레스코비치 교수와 공저이다－와 논문들에 발표된 바 있다. 조직적이며 일반적인 관점을 글에 적용하여 내보이기는 이번이 처음이다.

1. Ecole Supérieure d'Interprètes et de Traducteurs, Université Pairs III, Centre Universitaire Dauphine, 75116 Paris.

목 차

2. 등가와 대응

3. 언어와 번역

제 2 부 번역의 실제

1. 번역의 실제 문제

2. 번역과 언어 교육

3. 외국어로의 번역

4. 인적 번역을 위한 기계 번역

제1부

번역의 이론적 측면

번역이란 무엇인가? 1부는 이 문제에 대한 답이다.

앞으로 전개될 내용의 토대가 되는 해석 이론은 번역이 원텍스트를 이해하고 그 언어 형태를 탈피하여, 이해한 내용과 느낀 감정을 다른 언어로 재현하는 것임을 확인한 바 있다. 이러한 확인은 처음에는 일반 통역이나 회의 통역에 대한 것이었지만, 글의 번역에도 역시 적용된다. 번역이 어설픈 데가 많은 나머지 역어 텍스트가 때로 거의 읽을 수 없는 것이 되지 않게 하려면, 언어를 언어로 직접 번역해서는 안 된다.

1장에서는 에지트(ESIT)가 내세우는 해석 이론의 말 연원을 상기시키고, 인적 번역에 적용을 기했던 자동 번역의 문제들에서 비롯된 일부 단언들이 잘못된 것임을 보일 것이다.

2장에서는 "번역은 서로 다른 언어로 표현된 두 텍스트 사이에 등가관계들의 설정을 도모하는 작용으로, 이 등가관계들은 항상 그리고 필연적으로 두 텍스트의 성격과 목표, 두 언어 사용 집단의 문화적 관계와 이들의 정신적 · 지적 · 정감적 풍토와 함수관계에 있으며, 원어와 역어의 시기와 장소에 고유한 갖가지 우발적 요소들과도 함수관계에 있다."는 에드몽 카리의 번역에 대한 정의에 정의와 입각하여, 등가와 대응이라는 번역의 이중 성격에 대한 보다 구체적인 고찰들과 많은 예들을 보일 것이다.

3장에서는 언어학과 언어들에서 번역이 어떠한 위치를 점하고 있는지 자세히 보일 것이다.

1. 번역을 위한 해석[1]

간단히 정의하면, 번역은 하나의 '텍스트'를 '이해'한 다음, 이 '텍스트'를 다른 언어의 '텍스트'로 '재현'하는 것이다. 이 용어들이 나타내는 각 작용은 각기 나름의 연구가 필요하다. 그 작용들이 상당히 복잡하기 때문이다. '이해'에는 언어 지식과 언어 외적 지식이 개입된다. '재현'의 질은 역어에 대한 지식 정도와 역자의 글 솜씨에 좌우된다. 주제에 대한 지식 또한 빼놓을 수 없는 요소이다. 그러나 무엇보다 위에 제시된 정의의 셋째 용어인 '텍스트'를 검토해 보아야 한다. 이 용어는 실은 제일 먼저 정의될 필요가 있다. 이해와 재현의 작용이 '텍스트'라는 용어에 부여되는 내용에 달려 있기 때문이다.

유럽 대학의 언어 교육에서는 텍스트가 텍스트에 사용된 언어와 혼동되는 경우가 잦아, 언어 교육이 번역 교육보다 우위를 점하고 언어학 이론들이 번역 이론들의 자리를 차지하는 경우가 빈번하다.

근본적으로, 역자에게 텍스트는 언어 지식과 언어 외적 지식으로 이루어져 있다. 이들이 활자들과 접목되어 있는 것이다. 텍스트는—일상적 의미에서 그리고 여기서 필자가 말하는 의미에서—번역의 대상이요 이유이기 때문에, 애초부터 언어, 문장화, 텍스트는 구분되어야 한다. 이 각 층위에서 '번역'이 가능하긴 하나, 번역은 어휘를 번역할 때와 문장을 번역할 때와 텍스트를 번역할 때가 같지가 않기 때문이다.

---

1. 본장의 제목은 D. 셀레스코비치와 필자가 1984년에 Didier Erudition에서 낸 논문 모음집의 것을 취한 것이다. 그 타당성을 다시 보게 될 것이다.

1.1. 번역의 세 층위

아주 간단한 한 예, A. 부크월드의 텍스트(2부 1장에서 다시 논의된다)에서 발췌한 'You pay her?'는 이 서로 다른 이들 층위들과 이들의 번역에의 파급 효과를 보여줄 것이다.

사용 이전의 랑그 층위인 어휘 의미 층위에서는 이 문장에 나타나는 각 낱말이 불어에서는 다음과 같이 대응된다.

You = vous, tu, te, toi...
pay = payer, rétribuer, rémunérer
her = la, l', lui, elle

언어의 사용 층위—간단히 말해, 소쉬르의 파롤 개념에 해당된다—에서는 언어 맥락에 의해 가능한 대응관계의 수가 한정된다. 아무 이중어사전이나 펴보더라도 이 맥락의 역할을 잘 알 수 있다. *Harrap's Shorter Dictionary*의 'pay'(동사) 부분에는 미시 맥락에 따른 대응관계들이 다음과 같이 나와 있다.

to pay a bill = régler
to pay one's respect = présenter
to pay tribute = rendre
to pay money into an account = verser
등.

이 파롤 층위에서 예문 'You pay her?'는 'Vous la payez?(rétribuez, rémunérez)', 'Tu la paies?' 등으로 옮길 수 있다. 한 낱말의 어의는 주위의 낱말들에 의해 명확해지고, 이 어의들의 각각은 다시 다른 낱말들의 어의를 명확하게 하나, 단지 언어 맥락만 개입된다.

텍스트 층위에서 파롤 의미는 역자의 일반 지식과 맥락 지식(인지적 축적물과 맥락. 1.7.3.을 보라)에 의해 보충된다. 이 지식 덕분에 역자는, 한 저자의 언어만이 아니라 저자를 번역하게 되는 것이다. 나중에, 이미 갖고 있던 지식과 텍스트를 통해 얻은 지식 덕분에 역자가 'You pay her?'와 'C'est vous qui la payez?' 사이에 등가관계 설정을 할 수 있었던 것을 보게 될 것이다.

사실, 아무도(번역 기계의 초기 고안자들을 제외하고는) 대어역을 권장한 적이 결코 없었다. 구체적 예문들을 바탕으로 하여 언어의 작용 방식에 대한 설명을 제공할 목적으로 행간 번역을 하는 경우는 제외하고는. 그렇지만, 번역을 낱말들의 대응관계로 인식하는 번역에 대한 고찰들은 쉽게 눈에 띈다. 이러한 고찰들은 낱말들을 맥락으로부터 상당 시간 떼어놓다 보니 그 언어 맥락과 인지적 맥락을 망각하게 된 데에서 비롯된 것들이다.

맥락을 고려하지 않다 보면, 모두가 잘못 되었다고는 하나 많은 사람들이 하고 있는 대어역의 한 형태를 산출하게 된다. 예를 들어, 독일어 낱말 'Geist'를 이 낱말이 포함된 텍스트상의 단서들은 고려하지 않은 채, 무심코 'esprit', 'génie', 'mentalité', 'fantôme', 'incarnation' 등으로 번역하고 만다. 낱말 번역의 유혹이 왜곡을 통해 텍스트 번역을 대신하게 되는 것이다.

필자는 낱말 번역과 문장의 맥락 외적 번역은 언어 번역의 범주에 포함시키고, 텍스트 번역은 해석 번역 혹은 간단히 번역이라 부른다. 이러한 구분은 필자의 회의 통역에 대한 연구에서 그 필요성이 밝혀진 것으로, 여기서 담론의 번역은 언어 기호를 나열하는 지식보다는 보다 광범한 지식을 필요로 하며, 역자에게는 해석적 접근이 요구된다는 것이 분명하게 드러났다(1부 2장과 2부 1장에서는 이러한 현상이 번역에서 어떻게 나타나는지 실제적 예문들을 통해 보게 될 것이다).

1.2. 해석

이제 '해석 interprétation' 없이는 번역을 할 수가 없으며, 번역의 해석 이론의 기저는 회의 '통역 interprétation'의 관찰을 통해 이루어졌다는 것을 보이고자 한다.[2] 필자는 그러니까 회의 통역사들의 통역 방식, 그리고 외국어 텍스트의 심층적 이해와 명확한 복원, 이 양자를 가리키는 'interprétation'이라는 말을 의도적으로 이중적으로 쓰고 있는 것이다.

G. 슈타이너[3]는 번역에 대해 쓰여진 가장 풍요로운 저술의 하나에서 불어·영어·독일어 표현을 비교하며 'interprète'라는 낱말의 '중의성'을 지적한다. 'Dolmetscher 통역사'는 "상업 서류, 외국 관광객들의 질문, 외교관들과 호텔경영자들의 이야기들을 옮겨주는 중개인이고, 'Dolmetscher-schulen 통역학교'에서 교육을 받는데, 이곳에서는 언어에 대한 요구는 엄격할지 몰라도, '고급' 번역에 대해서는 별관심을 갖지 않는다고 한다.

그런데 'interprète 통역사'는 은행이나 행정관서 혹은 여행사에서 도움을 주는 사람이며, 주석가이고 창의적 실행자라고 한다. 반면에, 'traducteur 번역가'는, 'translator'나 'traduttore'와 마찬가지로, 영락없이 플루타르크 번역에 바쁜 아미요나 『일리아드』를 축어역 중인 크리스토퍼 로그같은 사람을 연상시킨다는 것이다.

슈타이너는 의미 전이의 비밀은, 선하증권을 번역하건 단테의 *Paradiso*를 번역하건, 본질적으로 마찬가지라고 인정한다. 그렇지만, 번역의 이론적·실제적 문제들이 가장 잘 드러나고, 보다 밀접하게 언어와 정신의 일반적 문제들과 관련지어지는 것은 의미 발현의 상층 영역에서라는 견해를 피력한다.

슈타이너의 견해가 틀린 것은 아니다. 그러나, 과정이 문제될 때는 회의 통역의 관찰이 가장 접근이 쉽다. 이 과정은 담론의 모든 변수들에 근거하고 있어, '번역' 현상 전반에 대해 직접적으로 검토하고 분명한 결론들을 이끌어내는 것이 가능하다. 회의 통역은 하나의 담론이나 텍스트의 가시적 구현이 번역가의 사고 속으로 옮겨지고, 이것이 다시 다른 가시적 구현으

---

2. 통역사들은 'interprétariat'라는 엉터리 표현을 거부한다.
3. Steiner, G.(1975): *After Babel. Aspects of Language and Translation*, Oxford University Press, London; Lotringer, L./Dauzat, P.-E.(1998)(불어판): *Après Babel, une poétique du dire et de la traduction*, Albin Michel, pp. 347-348.

로 옮겨질 때의 의미 전이를 적나라하게 드러낸다.

번역의 과정이 문제가 되는 만큼, 텍스트 유형 사이의 구분은 중요치 않다. '랑그 차원의 요구가 엄격한' 현실적 텍스트나, '요구되는 것이 가장 많고 가장 전도 유망하기도 한, 넓은 의미의 문학 담론 형식들'이나, 모두 동일한 언어와 정신 현상들에서 비롯되는 것들이다.

번역을 설명하기 위해서는 숙고된 한 방법론에 입각한 잘된 번역(그리고 통역)과 개념 정리가 잘 되지 않아 번역해야 할 텍스트의 언어 차원에 머물고 있는 잘못된 번역(그리고 통역)을 구분하는 것이 중요하다(1부 2장을 보라).

1.3. 말과 글

이십여 년에 걸쳐 회의 통역을 하며, 이를 연구하고 가르칠 수도 있었던 것은 행운이었다. 여기서 얻은 경험으로부터 필자는, 독자적으로 혹은 D. 셀레스코비치 교수와의 협력을 통해, 앞선 저술들에서 회의 통역사의 직무를 훨씬 넘어서는 결론들을 이끌어낼 수 있었는데, 이 결론들의 번역에 대한 유효성은 나날이 확인되고 있다. E. 카리는 이러한 방식에 있어서 우리의 선구자였다.[4] 회의 통역사이며 번역가인 그는 회의 통역에 입각하여 번역을 설명하려 한 최초 인물 중 하나였다. 이중으로 자격을 갖춘 E. 카리는 텍스트의 '석화된 말'과 생동적이고 완비된 말담론 사이의 성격 차이를 잘 알고 있었다. 그는 1962년에 이렇게 쓴 바 있다.

> 말만이 인간 언어의 충일성을 갖추고 있다. 그래서 언어에서 활자를 통해 포착될 수 있는 것에만 관심을 갖는 것은 인간을 훼손하는 것이다. (...) 통역사는 삶을 살고, 생각하고, 말을 하는 인간과 마주하고 있는 것이다. 이것이 바로 그가 되살리도록 소명받은 것이다.

여기에 덧붙일 것은, 말이 오가는 현장에 있는 통역사는 연사가 청중을

---

4. Cary, E.(1962): "Noblesse de la Parole", *Babel*, vol. VIII, n° 1.

의식하고 있고, 그의 생각의 표현 방식을 청중에게 맞춘다는 걸 알고 있다는 것이다. 통역사는 매 순간 사고와 그 표현 관계가 현현하는 것을 목도하고 있는 것이다.

E. 카리는 글에 대해서는 이렇게 토로하고 있다.

> 우리는 글로 쓰인 텍스트가-이에 대해서만 언급하기로 한다-그 저자의 생생한 말의 부분적이며 잘못된 카피, 미이라에 지나지 않는다는 것을 알아야 하지 않겠는가? '사체 같은' 담론이요, 플라톤 식으로 말해 '마비된' 표현인 것이다. 우리는, J. 오르테가 이 가세트의 말처럼, 늘 "글로 된 말의 환상적 슬픔"을 느껴야 하지 않겠는가? 사실, 번역을 하면서 '저자가 하려고 한 얘기가 정확히 무엇일까, 부분적으로밖에 이해가 안 되는데 (...)' 하고 중얼거리게 되는 것이 한두 번이 아닌 것이다.

E. 카리는 국제회의에서 통역하고 수준 높은 철학 문학 번역을 하면서, 말과 달리 글은 의미 접근이 쉽지 않다는 사실을 절감하지 않을 수 없었다. 글은 쓰인 상황과 분리되어 있고, 저자와 독자는 형태에 의해서만 연결되어 있다. 다수 해석도 그래서 가능한 것이다.

그렇지만 글 역시 의사소통 행위이고자 한다. 어떤 저자가 쓴 것이고, 독자들을 겨냥하는 것이다. 그렇지만 글과 그것이 가리키는 현실 사이에 애초에 존재했던 연결관계는 점차 사라진다. 쓰인 상황에 대한 의식이 점차 흐려지고, 저자가 말하고자 하는 바에 해당하는 분명한 의미도 시간이 감에 따라 소실되나, 철자 기호들은 존속된다. 그래서 이들에게 어의들 혹은 그 일부가 남아 있는 것인데, 때로는 이 어의들만 이해된다. 게다가, 독자는 다수이고, 이 다수성으로 인해 독자는 말 상황의 대화자들과 동일한 특권을 누리는 수신자가 아니다.

Verba volant, scripta manent. 말은 사라지나 글은 남는다. 말은 그 어의들과 함께 사라지고, 의미들만 담론 대상인들의 머리 속에 남는다. 글은 이와 반대로 처음 대상인들 이후에도 살아남아 그 다음 대상인들에게 수많은 해석들을 가능하게 한다. 이것이 어쩌면 번역의 해석 이론적 접근

과, 언어에 충실한 것이 텍스트에는 불충실한 것이라는 우리의 확신을 일부 학자들이 회의적인 눈으로 보는 이유일 것이다.

말에서나 글에서나, 이해는 해석이다. 그러나, 역자와 텍스트간의 간격은 통역사와 담론간의 간격보다 더 크고, 해석의 어려움이 자주 더 두드러진다. 그렇다 해도, 텍스트로부터 의미로, 의미로부터 다른 텍스트로 옮겨가는 과정이 한 담론으로부터 그에 대한 해석으로 옮겨가는 과정과 동일하다는 사실을 간과해서는 안 될 것이다.

1.4. 번역의 해석적 설명의 근원

통역사는 담론들을 다룬다. 즉, 발언자가 말하고자 하는 바를 나타내는 파롤행위를 다루는 것이다. 말하고자 하는 바의 말표현인 담론은 비언어적 생각이 형태를 취하며 연사가 청중이 보이는 효과를 감지해감에 따라, 그 생각도 갖추어지고 명시적으로 된다. 담론이 진행되는 의사소통의 상황은 완벽하다. 텍스트의 경우에 그렇게도 흔히 결여되어 있는 담론 변수들이 말상황에는 대폭적으로 개입되어 이해를 돕는다. 의사소통행위의 수취인인 대화자들도 공존한다. 서로가 담론의 발신과 수신의 장소·시기·상황의 지각과 이야기되고 있는 주제에 대한 지식을 공유하는 것이다.

유능한 통역사는 담론들의 의미 전체를 포착하고 전할 수 있다. 현장에서 배우고, 교육 과정에서 다듬어진 순차 통역5과 동시 통역의 경험 덕분에, 우리는 해석 이론의 근본 개념들을 이끌어낼 수 있었다.

에지트 초창기 시절인 1956년경부터 회의 통역사들은 그들의 경험에서 얻은 원리들을 교육에 적용했다. 그들은 학생들에게 "번역'하려 하지 말고 이해한 것을 말해라', '정확히 이해하려면 연사의 표현의 질을 염두에 두어라', '연사가 누구한테 말하는가, 어떤 상황에서 말을 하는가 생각해라' 등

5. 순차 통역에서 통역사는 연사가 말하는 동안 메모를 해놓았다가 그 말이나 그 말의 부분을 다른 언어로 되살린다. 동시 통역에서는 부스 안의 통역사가 리시버를 통해 연사의 말을 듣고, 그 말이 진행되는 과정을 따라 통역을 한다.

경험에 입각한 조언들을 해왔다. 잘못된 의미의 '번역'을 벗어나 '해석'을 할 수밖에 되자 학생들은 해석이 실제에 있어서 무엇을 뜻하는지 알게 되었고, 신속한 직업적 성공을 거두었다. 그러자 일부 에지트 교수들은 현장의 경험적 관찰 수준을 넘어서기 원했고, 기존 학문들에서 어째서 유능한 통역사들이 담론의 언어 조직에 대해 거리를 두는지 그 이유를 찾아내려 고심했다.

그 시절의 지배적 언어학 조류는 이들이 관심을 가졌던 언어 현상은 다루지 않았었다. 실험심리학은 말의 실제 현실과는 사뭇 다른, 인위적으로 조작된 현상들을 연구했었다. 발생심리학은 통역사의 작업시의 심리 과정에 상당히 근접했었고 중요한 점들을 확인해주었으나, 그들의 주요 관심사와는 초점이 맞질 않았다. 신경심리학은 언젠가 탈언어화된 의미를 간직하며 해석의 기저가 되는 기억의 실상을 밝혀주겠지만, 그때는 이들에게 직접적으로 유용한 것이 아니었다. 마지막으로, 번역에 대한 현대적 연구들은 대부분 비교언어적인 것이었으며, 역자와 역자의 지적 능력은 다루질 않았다. 이 각 분야는 번역이라는 퍼즐에 부분적 기여는 할 수 있었으나, 독자적으로 하나의 담론으로부터 다른 담론으로의 전이 과정을 설명해줄 수 있는 것은 하나도 없었다. 부분적이긴 하나, 이러한 분야들로부터의 기여에 힘입고 실제적 관찰, 그러니까 현실에 확고하게 근거하여, 해석에 대한 이론적 작업들이 빛을 보게 된 것이다.[6]

이 책을 위해, 필자는 우리의 결론 가운데에 한 가지, 즉, 유능한 통역사는 '일반' 청자와 다름없다는 점만 지적한다. 유능한 통역사는, 일상 생활에서 자신이 들은 말들을 이해하는 대로, 통역하는 담론을 이해한다는 것이다. 유일한 차이는 유능한 통역사가 통역할 때에는 '보통' 청자보다 보다 집

---

6. Seleskovitch, D.(1968): *L'interprète dans les conférences internationales: Problèmes de langage et de communication*, et (1975): *Langage, langues et mémoire: étude de prise de notes en interprétation consécutive*, Minard, « Lettres Modernes », Paris; Lederer, M.(1981): *La traduction simultanée*, Minard, « Lettres Modernes », Paris.

중적이며, 동시에 관계가 덜하다는 것이다. 보다 집중적인 것은, 일상적인 대화 상황과 달리, 의미의 모든 뉘앙스, 연사의 말의 모든 정감적 효과들을 포착하고 기억해야 하기 때문이며, 관계가 덜하다는 것은 재현하는 생각이 본인의 것이 아니기 때문이다. 마지막으로, 유능한 통역사는 자신이 통역하는 말의 적절성이나 중요성에 대해 판단할 필요가 없다. 그러면서도 이해의 통상적 메커니즘이 작동되도록 하여 자신이 이해한 것을 말하는 것이다. 이러한 결론이 아주 진부해 보일지라도, 통역은 두뇌의 작용에 대해 지금껏 굳게 닫혀 있었던 문을 조금 열어 보인다는 아주 중요한 한 가지 사실을 보여준다. '보통' 청자와 독자의 지적 작용은 직접적인 접근이 가능하지 않은데, 통역은 그 작용을 엿볼 수 있게 하는 것이다. 나토의 후원하에 1977년 베니스에 모인 통역사, 언어학자, 심리학자, 언어심리학자들의 심포지엄에서 회의통역사들은 모두 "자신들은 낱말들이 아니라 의미를 번역한다"[7]고 입을 모았다. 그들은 하나같이 그러한 주장을 했으나, 참석했던 언어학자들과 심리학자들의 공감을 얻지는 못했다.

오해는 사용된 '낱말'과 '의미'라는 용어에 국한된 것이 아니었다. 통역사들이 낱말들을 번역하지는 않는다고 단언한 것은 그들이 이해하고 복원하는 담론 의미가 문장의 어휘적 혹은 문법적 어의들signfications을 훨씬 넘어선다는 것을 뜻하는 것이었다. 그런데 언어학자들이 1977년 당시 의미sens에 대해 말했을 때는 대부분 '언어학적 의미론'의 맥락에서였다. 이 언어학적 의미론은, T. 반 다이크와 W. 킨취의 말처럼,[8] 낱말들과 문장들

7. Gerver, D. et Sinaiko, H. W., éd.(1978): *Language Interpretation and Communication*, Plenum Press, New York.
8. Van Dijk, T. A. et Kintsch, W.(1983): *Strategies of Discourse Comprehension*, Academic Press, New York, p. 192: "언어학적 의미론은 일반적으로 표현들의 의미는 맥락적 변이나 개인적 변이로부터 독립적으로 상술되어야 한다는 가정으로부터 출발했으며, 이러한 변이들은 심리언어학이나 사회언어학의 몫으로 남겨졌다. 따라서 주어진 언어 공동체와 특정 시기에 있어서의 낱말들과 문장들의 의미는 다소간 추상적이며 안정적인 것이거나, 적어도 주관상호적으로 불변적인 개념 구조로 간주되었는데, 이는 언어 체계를 언어의 사용과 대립적인 것으로 특징짓는 것이었다."

의 어의를 안정된 개념 구조들로 정의하는데, 이는 언어 체계들을 언어의 사용과 대립되는 것으로 특징짓는 것이다.

통역에서는 담론 의미라는 개념이 아주 자연스럽게 받아들여진다. 특히 동시 통역에서 그러한데, 여기서 의미는 통역사가 이해하고 표현하는 것일 뿐 아니라, 말이 사라져도 기억에 남는 유일한 것이다. 의미의 기억에 따른 이러한 말의 소멸 현상은 언어의 핵심 현상이다. 이러한 현상은 모든 사람에게 나타난다. 이것이 통역에서 현저하게 나타나긴 하지만, 통역에 국한된 현상은 아니다.

우리는, 산출과 수용 상황들의 차이에도 불구하고, 의미가 번역에서도 중심 문제임을 보게 될 것이다.

1.5. 해석이란 무엇인가?

1.5.1. 탈언어화

우리 모두 음성 발화들이 사라지기 마련이라는 것을 안다. 우리는 들은 이야기는 대략 기억해도 들었던 낱말들의 대부분은 기억하지 못한다. 이런 현상은 말에선 명백하다. 담론의 기호들은 그것들을 소리로 내는 목소리와 더불어 사라지지만, 청자—그리고 통역사—는 탈언어 상태의 기억, 개념이나 환기된 사실의 의식 상태를 간직한다.

A. R. 뤼리아[9]가 묘사한 '기억술가'와 같은 비상한 기억력을 가진 몇몇 사람을 제외하고는, 아무도 단 한 번 들은, 적어도 수백 낱말로 이루어진 국제 회의에서의 몇 분간의 발언을 동일한 언어나 다른 언어로 되살려낼 수는 없을 것이다. 순차 통역이 가장 보편적 통역 수단이었던 시절에 작업 중인 통역사들을 보았던 사람들은 그들을 비상한 기억력의 소유자로 생각했을 것이다.[10] 그러나 전혀 그렇지 않다.

---

9. Luria, A. R.(1970): *Une prodigieuse mémoire*, Delachaux et Niestlé, Neuchâtel.

의미의 뉘앙스 하나하나를 기억하고 자기의 담론 전체를 모국어로 자연스럽게 재현할 수 있는 순차 통역사는 아주 보편적 능력을 활용하는 것으로, 낱말들은 사라져도 이해한 것을 기억한다. 그는 언어를 탈피하는 것이다.

훈련에 의해 발달되며, 통역사들에게 두드러지게 나타나는 이 능력은 보편적인 것이다. 모든 사람이 이 능력을 갖추고 있으며, 탈언어화가 번역에서는 순차 통역에서보다 덜 두드러진다 해도 유능한 번역가에게서는 늘 볼 수 있다. 이들이 '이해한 것'이, 통역사에게서와 마찬가지로, 머리 속에 표상되는 것이다.

탈언어화는 우리 모두가 알고 있는 인지적 과정이다. 감각 데이터들은 소멸되면서 감지 가능한 형태들로부터 벗어난 지식이 된다. 우리는 이것을 인지적 기억이라고 말한다. 이는 지식－그 유지 상태는 순간일 수도 있다－습득 과정의 문제이다. 이 인지적 기억은 모든 지식이 반드시 형식화되어야 하는 컴퓨터의 인지적 요소와도 동일시될 수 없고, 시 한편을 외우거나 하나의 멜로디를 흥얼거릴 수 있게 하는 언어적 기억과도 동일시될 수 없다.

말의 소멸 현상에 대해 통역사들이 거둔－놀라운 기억력 때문인 것으로 잘못 생각했던－성과 덕분에, 탈언어화된 한 의미가 한 대화자로부터 다른 대화자로 전해지는데, 이 의미가 낱말들로부터 비롯되지만 이들과 혼동되지는 않는다는 언어 행태의 한 중요한 현상에 대한 면밀한 연구가 가능해진 것이다.

1.5.2. 의미

J.-P. 사르트르는 『문학이란 무엇인가?』11에서 이렇게 쓰고 있다.

---

10. 에지트에 보낸 1983년 1월 28일자 편지에서 UNIPEDE의 사무총장은 순차 통역이 "저희 회원들 모두－프랑스인이건 외국인이건－의 끊임없는 경탄의 대상"이라고 적고 있다.
11. Sartre, J.-P.(1985): *Qu'est-ce que la littérature?*, Gallimard, pp. 50-51.

> 처음부터, 의미는 낱말 속에 간직되어 있는 것이 아니다. 그 반대로, 의미가 각 낱말의 어의를 이해할 수 있게 해주는 것이니 말이다. 문학이란 대상이 비록 언어를 〈거쳐〉 실현되기는 하나, 언어 속에 주어진 것은 결코 아니다. (...) 따라서 한 책에 늘어놓인 수만 개의 낱말들을 하나하나 읽는다 해도 그 작품의 의미가 드러난다는 보장은 없다. 의미는 낱말들의 총화가 아니라 이들의 유기적 전체이다.

사르트르가 작품에 대해 한 말은 통역 담론에도 적용된다. 의미[12]는 탈언어화된 언어 외적 지식과 결합되어 기억된 하나의 집합이다. 이 현상은 놀라운 기억력과 연관된 것도, 사고와 예술의 상층부에 국한된 것도 아니다. 이 현상은 일반적인 것이며, 인간 본성의 특성이다. 이 현상에는 단지 두드러진 정도에 차이가 있을 뿐이고, 늘 언어 기호의 지각이 동반된다.

J. 피아제는 『자각』[13]에서 이에 대한 하나의 설명을 제시하고 있다.

> 모든 지각에는 해석이 동반된다. (...) 이 해석(즉 어떤-언어적이든 시각적이든-한 형태의 개념화)이 지각의 통합을 가능하게 하는 것이고, 필자의 관점에서의 지각의 자각에 해당하는 것이다. 이 해석이 없다면 지각은 '기초적으로는' 의식적이라 할지라도 소멸될 수밖에 없다. (...)

이를 랑그와 담론의 경우에 비추어 보면, 의사소통에 사용된 음성이나 철자 도구는 '기초적' 단계의 의식적 지각만 야기하나, 의미는 의식 상태에 해당된다고 말할 수 있다.

> 의미는 언어 외적인 말하고자 하는 바이다(화자의 표현에 선행하고, 청자의 담론 수용[14]에 후행한다). 이 의미의 표출을 위해서는 비언어적 의미가 기호적 수단(말이거나 제스처이거나, 지각의 대상이 되는 수단 자체는 별로 중요치 않다)과 결합되어야 한다. 그리고 의미의 수용을 위해서는

---

12. J.-P. 사르트르가 말한 이유 때문에 '내용'보다는 '의미'가 낫게 생각된다.
13. Piaget, J.(1974): *La prise de conscience*, PUF, pp. 258-259.
14. D. Seleskovitch에게 있어서 '담론의 지각'은 담론 '전체'의 지각을 뜻하는 것이 아니다. 사실, 의미는 언어 기호들의 지각과 병행하여 구축되는 것이다. 뒤에서 필자가 1976년에 제안한 '의미 단위' 개념을 살펴 보게 될 것이다.

> 지각 당사자의 의도적 개입이 요구된다. 이러한 관점에서 볼 때, 낱말들의 배열은 화자가 (...) 언어에서 이끌어내고, 청자가 인지하는 지표들에 지나지 않는데, 전자에게는 사고 전개를 위한 포석일 뿐이고, 후자에게는 의미 구축을 위한 발판일 뿐이다.[15]

종종 듣게 되는, 번역에서의 해석에 대한 반대 의견은 아마도 한편으로는 'interprétation'(해석 또는 통역)이라는 말이 갖는 편향적 색깔 때문에, 다른 한편으로는 의미가 언어적 의미들에 한정되지 않을 때 염려되는 의미의 범람 때문일 것이다. 신통찮은 번역가가-몰라서건 부주의해서건-텍스트의 의미를 왜곡할 수 있다는 것은 맞는 말이나, 한 현상의 설명을 오용에 근거할 수는 없다. 게다가, 의미는 저자의 의도와 혼동해서도 안 되고, 텍스트의 해석을 주석과 혼동해서도 안 된다.

D. 셀레스코비치는 "주석과 언어학 사이의 번역학"[16]에서 의미를 다음과 같이 한정하고 있다.

> 한 문장의 의미는 그 저자가 의도적으로 표현하고자 하는 것이지, 그가 말을 하는 이유도, 그가 말하는 것의 원인들이나 결과들도 아니다. 의미는 동기나 의도와 동일한 것이 아니다. 주석가 노릇을 하는 번역가나 해석가 역할을 하는 통역사는 모두 자신의 한계를 벗어난 것이다.

1.5.3. 의미의 직접적 포착

일부 학자들, 특히 D. 스퍼버[17]같은 학자는 텍스트 이해에 두 단계를 설정한다. 첫째 단계는 텍스트의 언어를 이해하는 것이고, 둘째 단계는 언어

15. Seleskovitch, D.(1976): "Traduire, de l'expérience aux concepts", dans *Études de linguistique appliquée* 24, Didier, p. 64.
16. Seleskovitch, D. et Lederer, M.(1984): *Interpréter pour traduire*, Didier Erudition, p. 269.
17. Sperber, D. et Wilson, D.(1986): *Relevance: Communication and Cognition*, Basil Blackwell, London. 불역: Gerschenfeld, A. et Sperber, D. (1989): *La pertinence: communication et cognition*, Les Éditions de Minuit.

외적 지식의 도움으로 텍스트로부터 의미를 '추론'해내는 것이다. 어의들의 이해로부터 의미의 추리에 이르는 논리적 추론 가정은 양 단계 작용을 가정하나, 그 정신적 실재는 증명될 수 없다. 그러한 가정은 컴퓨터가 해결해야 했던 문제들에서 착상한 것이겠으나, 인간 행태의 관찰에 의해 뒷받침되는 것은 아니다.

의미 포착은 연속적 단계들의 산물이 아니라 하나의 두뇌 작용 과정이다. 먼저 텍스트를 랑그 층위에서 이해한 다음 담론의 층위에서 이해하는 것이 아니라, 단번에 담론의 층위에서 이해하는 것이다.

이러한 심리 현상은 우리의 모든 지각의 특징이다. 집에 돌아갈 때, 먼저 집 '한 채'를 보고, 그 다음으로 '내'집을 보는 것이 아니며, '한' 친구를 만날 때도 먼저 '사람을 하나' 보고, 다음으로 'X'라는 사람을 보는 것이 아니다. 일반적 개념('집', '사람')이 어떤 집이나 어떤 사람의 인지에 앞서 별도로 지각되는 것이 아니다. 개별 의미만이 충분히 의식에 도달하여 기억에 남게 되는 것이다. 인지적 요소와 정감적 요소는, 글을 쓰는 저자에게서나 그것을 이해하는 역자에게서나, 의미내용으로부터 구별되어 있지 않다. 이들은, 저자의 머리 속에서 그리고 역자의 머리 속에서, 한 덩어리를 이룬다. 우리는 의미의 즉각적 포착을 일상적으로 경험한다. 이는 우리와 오랜 동안 연구를 같이한 신경생리학자 J. 바르비제[18]가 확인하는 바이다. 그는 뇌 속에 다감각적 메타 회로가 수없이 얽혀 있어서, 그 중 하나가 자극을 받으면 연쇄적으로 작용한다고 가정한다. 우리 모두 하나의 낱말을 쓰면 으레 다양한 기억들이 되살아나고, 누구에게 말을 하면 표현되지 않은 수많은 생각들이 으레 그 저변에 깔려 있는 것을 경험한다. 다양한 메타 회로가 작동하는 것이다. 모든 회로가 말의 프로그래밍 과정에 참여하는 것은 아니지만.

이는 말을 할 때뿐 아니라 말을 들을 때에도 마찬가지이다. 그렇지만 오

18. Barbizet, J. et Duizabo, Ph.(1977): *Abrégé de neuropsychologie*, Masson, Paris.

류가 발생할 수 있다. 낱말 하나나 문장 하나에 지체하게 되면, 의미적 측면(낱말들의 어의들)이 인지적 측면(의미의 이해)에 우선하게 되어 어의들만 의식하게 된다. 필자 자신이 통역 일을 할 때, 그리고 필자의 학생들이 통역 실습을 할 때, 말은 계속되는데 어의들 때문에 지체하면 의미 포착에 지장이 생기는 것을 관찰할 수 있었다. 통역 전공 학생들도 때로는 낱말에 걸린다(영어로 'jalon'이 뭔지 모르겠어요, 혹은 (E)[19] 'pronouncement'가 불어로 뭔지 모르겠어요). 그러면 연사가 사용한 낱말들을 번역하려 하지 말고 그가 말하고자 한 것을 자연스레 표현하라고 독려한다. 빠른 템포의 작업을 하는 통역사들은 리듬이 끊길 때의 위험을 잘 알고 있다. 낱말들에 주의를 빼앗기면 전달해야 할 의미에서 벗어나게 된다.

1.5.4. 의미 단위

순차 통역이 인지적 기억의 역할을 극명하게 보여준다면, 동시 통역의 연구는 들은 소리가 잊혀감에 따라 의미가 단계적으로 구성되는 것을 잘 보여준다. 통역사의 귀에 들려오는 말이 낱말들로 꼬리를 무는 가운데, 간헐적으로 이해 작용이 일어나는 것이다. J. 라캉은 상대에 대한 화자의 추정 지식이 결집되어 하나의 정신적 식별 단위, 하나의 의미 덩어리idée가 되는 순간을 가리켜 "point de capiton(쿠션 누빈 곳)"이라 했다. 속넣은 안락의자 등받이를 성글게 누벼 불룩 나온 부분들이 생기게 하는 타피스리 직조공처럼, 청자는 자기에게 들려오는 일련의 낱말들을 이따금씩(불과 몇 초이다) 하나의 의미로 압축하는 것이다. 이러한 작용의 결과, 낱말들의 의미내용과 인지적 보충물이 하나로 된 것을 필자는 **의미 단위**라 칭한 바 있다. 이러한 의미 입자들이 고정된 길이의 명시적 언어 표현과 상응하지는 않는다. 이들이 연속된 소리의 어느 시점에서 이해되는가도 일정치 않다. 동일한 의미 단위라 할지라도, 그 출현에 필요한 담론 길이는 청자/독자에 따라 다르다. 다루어진 주제와 연사의 입장을 잘 아는 청자는 연사의 발화

---

19. 언어의 표시는 다음과 같다. 독일어는 (D), 영어는 (E), 스페인어는 (Esp), 불어는 (F), 러시아어는 (Ru)이다(역주: 한국어는 (C)로 하기로 한다).

를 끝까지 모두 들어서 이해하는 것이 아니다. 그러나, 그렇지 못한 사람은 연사가 무슨 말을 했는지 알려면 끝까지 들어보아야 할 것이다. 이와 같이 청자들이 보유한 지식에 따라, 담론이 어떤 사람들에게는 잉여적이 되기도 하고, 어떤 사람들에게는 지나치게 생략적이 되기도 한다.

의미 단위들은 동시 통역사의 머리 속에서 이어지고 겹치면서 일반적 의미를 만들어낸다. 이들이 보다 큰 단위들로, 보다 일관성 있는 사고들로 통합되면서 탈언어화된 지식으로 바뀌는 것이다. 의미 단위는 번역에서 등가의 설정을 가능하게 하는 가장 작은 요소이다(본장 서두에서 본 'You pay her?－C'est vous qui la payez?' 예를 기억할 것이다). 이 단위 이전에는 대응관계들만이 있을 뿐이다.

의미 단위는 담론에만 존재한다. 그러나, 의미 단위는 낱말, 구, 연어collocations나 관용구가 아니다. 정신적 표상인 이 의미 단위는 짧은 의식 상태에 해당된다. S. 프로이트[20]는 의식을 아주 일시적 상태로 묘사한다. 우리가 의식적으로 알고 있다고 생각하는 것의 대부분은 잠재적 상태, 즉, 정신적 무의식 상태로 존재한다. 프로이트는 세 가지 정신 상태를 말한다. 의식('의식적 지각'이라고도 한다), 전의식, 그리고 마지막으로 무의식이다. 이 무의식은 번역과는 아주 간접적으로만 관련되기에 여기서는 다루지 않을 것이다.

의미 단위들은 동시 통역에서 통역사가 낱말 몇개를 다소간 문자적으로 옮긴 다음 거리를 두고 있을 때면 얻어지는 것으로, 의식적인 것이다. 이들은 프로이트가 말하는 의식의 '경미한 내용'에 해당된다. 일단 이해가 되고 새로운 의미 단위들이 구축되면, 이들은 전의식 상태로 되었다 잠재적 지식으로 바뀌게 된다.

프로이트에게 있어서 잠재 상태의 전의식이 여전히 언어적인지 아닌지 모르겠으나, 필자로서는 의미 단위가 의식 상태에서 잠재적 지식으로 바뀌면서 탈언어적으로 된다고 확언할 수 있다. 이 의미 단위는 언어 지식과－여

---

20. Freud, S.(1953): *Abriss der Psychoanalyse*, Fischer, Francfurt.

러 해 전 혹은 잠깐 전의–탈언어적이 된 비언어적 지식이 결합된 결과물로 나타난다. 이러한 단위가 나타나게 된 언어 바탕은 철자 단위인 낱말도, 문법적 단위인 절도 아니다. 그것은 그러한 결합이 일어나기에 충분한 길이의 소리이다.

1.6. 글

번역 이론들은 여전히 양극 사이를 오간다. 한쪽 사람들은 해석은 가능하지 않은데, 의미가 고정된 것이 아니며 텍스트는 너무 쉽게 자의적(恣意的)으로 해석될 수 있기 때문이라고 말한다. 그래서 기호들을 존중하는 것이 저자에 충실한 것이라는 것이다. 다른 쪽 사람들은 기호를 존중하여, 언어 번역은 원텍스트를 손상시키기에 모델로서 제시될 수 없다고 주장한다. 우리는 단호히 해석 번역의 입장을 취한다. 해석 번역은 잘 수행하면 온당한 번역이 된다는 수많은 증거들이 있으나(다음 장에서 그 예들을 보게 될 것이다), 언어 번역은 어떤 식이든 역어가 손상되어 원어의 문체에 대해 잘못된 생각을 갖게 된다.

대응관계들에 의해 번역된 텍스트의 읽힘새가 원텍스트의 읽힘새와 맞먹는 경우는 아주 드물다. 게다가, 이 읽힘새는 언어들 사이의 거리가 멀어짐에 따라 감소된다. 이탈리아어는 불어로 언어 번역을 해도 대략 이해가 되지만, 영어는 이해가 다소 덜 되고, 독일어는 이해가 더 잘 안 되며, 중국어는 그 표현을 크게 바꾸어야 한다. 지금까지, 어떠한 번역도, 아무리 예속적인 번역도, 전적으로 '랑그' 층위에 속한 것은 없었다. 가장 낱말들에 충실한 번역들도 때로는 별수없이 기존의 대응관계들을 벗어난 등가관계들을 표현하게 되는데, 이러한 표현은 언어 외적 지식의 도움을 필요로 한다. 언어들이 어떤 것들이건, 낱말이나 행을 넘어선 경우의 언어 번역의 어려움은 언어 외적 지식이 텍스트들의 이해에서뿐 아니라 그 재현에 있어서도 중요함을 보여주는 것이다.[21] 마지막으로, 번역 기계의 개발을 위해 막대

21. 에지트에서 실시되고 있는 대로의 해석적 방법에 따른 번역가의 양성은 몇십년

한 자금을 들여 수행된 다양한 연구들은 언어들의 번역은 보충 지식의 도움이 없이는 불가능하다는 것을 결정적으로 보여준다. 오늘날에는 텍스트들의 최소 해석을 가능하게 하기 위해 번역 기계에 '맥락'이 주어진다(2부 4장을 보라).

글은 고정된 것이어서 말에서보다 의미 단위들의 탐지가 보다 어려운 것이 사실이다. 해석자가 낱말들로부터 벗어나도록 하는 이해 작용이 번역에 앞선 텍스트 독해 때 그렇게 두드러지지 않고, 글의 고정성으로 인해 말에서 볼 수 없는 문제들이 나타나기도 한다. 읽다가 잠시 멈추고 시선을 텍스트의 한 부분에 고정해 보면, 낱말들과 문장들의 여러 어의들이나 어의의 뉘앙스들이 나타나 텍스트에 중의성이 있다는 생각을 하게 되나, 이는 랑그의 중의성에 지나지 않는다.

랑그의 중의성은 자동 번역 분야의 초기 시도들과 더불어 갑작스럽게 언어에 대한 연구들과 관련된 문제가 되었다. 낱말들과 문장들을 개별적으로 다루는 언어 자동 처리에 영향받아 언어학은 한동안 이 문제에 골몰했고, 적지 않은 수의 학자들이 낱말들의 다의성과 문장들의 중의성을 인적 번역을 위한 하나의 문제로 보았는데, 이는 잘못이었다.

'랑그'의 층위에서는 개별 낱말들과 문장들에—독자로부터 텍스트에 주어지게 마련인—인지적 상보성이 결여되어 있고, 따라서 이들에는 잠재적 의미 전체가 부여되어 있다. 그래서 이들에는 여러 어의들이 나타날 수 있는 것이다. 자동 번역의 어려움과 관련하여 제시된 개별 문장들의 중의성 예들은 적지 않다. T. 위노그라드[22]는 그의 한 중요한 저서에서 많은 예들을 보이고 있는데, 적용 가능한 자동 처리의 유형에 따라 분류되어 있다. 세 예만 보자(pp. 92-93).

전부터 그 열매를 거두고 있다. 이 방법은 26가지의 언어 조합에서 유효한 것으로 들어났으며, 박사학위 논문들은 중국어, 아랍어, 불가리아어, 그리스어 등 다른 언어들에서도 이를 확인해주고 있다.

22. Winograd, T.(1983): *Language as a Cognitive Process*, vol. 1., Addison-Wesley, Reading, Mass.

- 낱말의 다의성으로 인한 중의성 : She walked towards the bank = '그녀는 물가로 가고 있었다' 또는 '그녀는 은행으로 가고 있었다'. 영어의 bank는 '물가'도 '은행'도 나타낼 수 있다.
- 문장 구조와 낱말들의 다의성에 의한 중의성 : Time flies like an arrow = '시간은 화살처럼 지나간다' 혹은 '하루살이들은 화살을 좋아한다'. 'flies'는 동사 'fly' = '지나가다(날다)'의 3인칭 단수일 수도, 명사 'fly'의 복수일 수도 있고, 'like'는 전치사일 수도, 동사(좋아한다)일 수도 있다. 첫 번째에서는 주어가 'time'이고(시간이 지나간다), 두 번째에서는 주어가 'time flies'이다.
- 선행 전치사로 인한 동일 발화 내에서의 중의성 : George thinks vanila. 'George thinks vanila'를 'George parle politique 조지는 정치를 말한다' 모델에 따라 '조지는 바닐라를 생각한다'로 옮길 것인가? 이 문장의 어의는 'Do you know what kind of ice cream Haj likes? George thinks vanila'에서와 같이 선행 문장을 알아야 분명해진다. 그러면 번역이 가능해진다. '헤지, 어떤 아이스크림을 좋하하는지 아니? 조지는 바닐라라고 생각하는데.'

*Scientific American*에 1984년 9월 발표된 한 논문에서 위노그라드는 동일한 문장이 수백가지, 나아가 수천가지로 통사 분석이 될 수 있다고 쓴 바 있는데, 이는 서로 다른 문장 어의들을 드러내는 것이고, 그 대부분의 경우는 워낙 그럴싸하지 않아 독자들이 감지하지 못하는 것들이다. 자동 번역을 위해서는 엄청나게 중요하더라도, 번역에서의 중의성은 작위적 문제이다.

> 모든(혹은 거의 모든) 간단한 혹은 복합적 언어 할분이 다양하게 해석될 수 있다는 사실의 발견—어떤 사전이나 문법서를 보았더라도 이는 분명히 드러났을 것이다—은 '중의성'의 연구에 불길을 지폈는데, 동시에 잦은 연구 영역의 혼동이 없었다면, 다시 말해, 랑그/파롤과 더불어 시니피에와 의미에 대한 혼동이 없었다면, 이는 매우 유익한 것이었을 것이다.[23]

23. Pergnier, M.(1990): "L'ambiguïté de l'ambiguïté", *Études traductologiques*, Lettres Modernes, Paris, p. 21.

의미 탐색을 하는 유능한 역자에게 그리고 텍스트 내용에 흥미를 갖는 모든 독자에게, 중의성은 랑그의 문제이지 텍스트의 문제가 아니다. 그런데, 인지적 관점을 택하게 되면, 랑그가 아니라 개인의 담론 수용시의 반응 방식을 분석하게 되면, 중의성은 일반적으로(이는 대부분의 의사소통 상황의 경우이다) 문장 어의들을 보완해주는 변별적 인지적 보충물이 없는 경우에만 존재한다는 것이 쉽게 확인된다.

단의성은 중의성의 제거에 의한 것이 아니라 즉각적이라는 것 또한 단언할 수 있다. 실험심리학은 두 어의의 동시 이해는 불가능하고, 서로 다른 어의들은 시간적으로 순차적이 될 수밖에 없으며, 텍스트 읽기를 중단한 채 눈 앞 문장과 낱말들의 가능한 서로 다른 어의들에 대해 생각해 볼 때에만 가능하다는 것을 증명해 보인 바 있다('Time flies like an arrow' 같은 문장이 다수 어의들을 동시에 내보이지 않는 것은 분명하다). 그런데 텍스트를 읽다 멈추면, 텍스트와 그 텍스트에 쓰인 언어 사이에 차이가 생기게 하는 변수들에 대한 의식이 점차로 사라진다.

청자가 전혀 되짚어 볼 길이 없는 말과 그 진행의 경우나, 독자가 점진적으로 내용을 알게 되는 텍스트의 경우에는, 청자도 독자도 중의성을 아주 예외적으로만 느끼게 된다. 그것은 의도적인 중의성이기 때문일 수도 있고, 저자가 자신이 말하고자 하는 바를 분명히 하지 못했기 때문일 수도 있다.

1.7. 이해

텍스트 이해는 언어 능력과 더불어 백과사전적 지식을 필요로 한다. 이해는 포괄적 행위이어서, 서로 다른 단계들로의 세분이 어렵다. 그렇지만, 특히 불충분한 외국어 지식으로 인한 오류들이 번역의 오류들로 취급되어 있는 이른바 번역 교과서들이 공통적으로 범하고 있는 혼동을 불식시키기 위해, 편의상 언어적 단계와 백과사전적 단계를 구분하기로 하자. 번역에 의한 외국어 교육과 진정한 의미의 번역 교육(2부 2장을 보라)은 자주 혼동되어왔는데, 그런 식으로 한 외국어를 배운 학생들이 그 외국어로 쓰인 텍스트의 번역 방법을 배웠다고 생각하지 않는다면 그나마 다행일 것이다.

1.7.1. 언어적 구성 요소의 이해

한 텍스트의 언어의 명시적 측면에 대한 이해는 그 텍스트의 언어에 대한 지식과 같은 것이다.

언어적 지식—이는 다른 모든 지식과 마찬가지로 잠재적 상태에 있으나, 이들과는 반대로 기억 속에 언어적 형태로 간직된다—은 어휘들을 습득하는 동안 계속 성장하는데, 이들 어휘 중 일부는 잊혀지고, 일부는 보다 오래 기억된다. 성인에게 있어서 전체 어휘량은 유동적이나, 발음・형태・통사 등의 언어 체계들은 실질적으로는 그 습득이 거의 끝난 상태이다. 역자의 언어 지식은 그의 인지적 축적물에 속하며, 텍스트의 이해와 재현에 필수적이다.

완벽한 이중언어사용자는 실제적으로 존재하지 않고, 이들 중에 번역을 할 줄 아는 사람은 거의 없으므로, 역자에게서 모국어—A 언어라 하자—에 대한 지식과 그가 번역하는 텍스트나 통역하는 연설에 쓰인 외국어—B 언어라 하자—에 대한 지식은 구분되어야 한다.

B 언어에 대한 지식이 있으면, 자신의 발음이 완벽치 않아도 원어민의 발음을 이해할 수 있고, 그 언어에서 모든 통사적 모사의 모면이 꼭 가능한 것은 아니더라도 한 텍스트의 모든 통사적 배열들을 이해할 수 있으며(2부 1장을 보라), 그 언어의 모든 어휘를 능동적으로 활용할 수는 없어도 광범위한 어휘 지식을 갖고 있을 수는 있다.

A 언어와 B 언어가 각각 번역에 허용하는 서로 다른 가능성들이 늘상 고려되는 것은 아니다(이 점에 대해서는 2부 3장에서 길게 다룰 것이다). 예를 들어, B 언어가 A 언어와 동일한 정도로 이해될 수는 있으나 번역에서 B 언어를 간섭현상 없이 능동적으로 사용할 수 없다는 것은 종종 간과된다. B 언어 지식에 공백이 있으면 번역에 악영향을 미친다는 것은 충분히 분석되어 있다. 이러한 결과들은 복원하려는 텍스트를 손상시키는 것이다. 이들

은 번역들을 역자의 언어 지식을 척도로 판단하게 하고, 이론적 측면에서는 언어 번역과 해석 번역 사이에 혼란을 야기하는 데에 일조하게 된다. 말하자면, 역어를 '혼탁하게' 하는 것이다. 그렇지만 전문가들을 펄쩍 뛰게 만들고 유능한 번역가들의 신경을 곤두세우는 신통찮은 번역들이 출판사들이나 기업체들, 그리고 이들과 더불어 대중에게도 만족을 주는 경우가 흔히 있다는 것은 인정해야 할 것이다.

번역 과정을 이론적 측면에서 연구하기 위해서는, 언어 차원의 문제들은 제외하여 언어 차원에서는 번역에 오류가 없는 정도의 두 언어에 대한 지식의 보유를 가정하는 것이 중요하다. 그러니까 여기서 우리의 관심 대상이 되는 것은 A 언어를 구사할 줄 알고, 자신의 모국어 못지 않게 B 언어도 아는 역자이다. 원어를 썩 잘 알아야만 의미에 직접적 접근이 가능하고, 역어에 아주 숙달되어 있어야 이 의미를 적절히 재현할 수 있는 것이다.

1.7.2. 묵시적 의미들의 이해

이해는 **전제**들과 **함의**들의 이해를 포함하는데, 이들은 묵시적 의미들로 분류될 수 있다. 이들은 언어 지식과 분리될 수 없는 것들로, 나름대로의 중요성이 있다. 명시적 언어 측면과 마찬가지로 텍스트의 의미에 영향을 미치기 때문이다.

C. 케르브라-오레키오니는 1980년에 열린 『언어의 이해』[24]라는 심포지엄에서 '한 발화의 수신자가 그의 언어 능력과 비언어적 능력의 도움으로 일부 의미·화용적 정보들을 추출하는 방식'을 기술하고 있다. 예를 들어, '피에르는 담배를 끊었어요'라는 발화는 '피에르는 지금 담배를 피우지 않아요'라는 정보와 '피에르는 전에 담배를 피웠어요'라는 정보를 나타낼 수 있다. 이 밖에도, '피에르는 담배를 끊었어요'는 가상적이나 담론 층위를 가정

---

24. Kerbrat-Orecchioni, C.(1981): "Comment comprend-on l'implicite", *Comprendre le langage*, Actes du colloque de septembre 1980, Didier Érudition, Paris, p. 74.

하는 상황에서 쓰이게 되면, '담배를 줄곧 피우대는 당신같지 않아요. 당신도 좀 그래 봐요. 본 좀 받으라구요.'[25]와 같은 함의도 가질 수 있다.

번역학자에게는 언어상의 **전제**들(피에르는 담배를 끊었다 = 피에르는 전에 담배를 피웠었다)은 시니피에들과 세상 지식의 결합물에 속한다. 그리고 **함의**들은(당신도 그렇게 하면 좋겠다) 말하는 데에 필요한 추진력을 제공하는 의도들이다.[26] 이들은 이해 가능한 것들이거나, 적어도 예측 가능한 것들이지만, 번역이 전해야 할 의미에 속하지는 않는다. 어떤 번역자도 '피에르는 담배를 끊었어요'를 '피에르처럼 당신도 담배를 끊어야 해요'로 번역하지는 않을 것이다.

묵시적 의미 현상은 대단히 일반적인 것이다(다음 장의 2.2.4.에서는 이를 다른 관점, 제유의 관점에서 살피게 될 것이다). 사고는 스스로를 표현하기 위해 복합 형태를 선택하는 경우가 잦다. 그러나 전적으로 명시적인 경우는 결코 없다. 사고는 명시적인 만큼 묵시적이기도 하다. 독자나 청자나, 번역자나 통역사나, 텍스트의 이해를 위해서는 명시적인 것과 묵시적인 것을 조합한다. 전제는 언어와 더불어 이해되는 것이고 함의는 번역 외적인 것이므로, 텍스트들의 이해를 위해서는 어떤 것이 언어에 덧붙여지는지 알아야 할 것이다.

1.7.3. 인지적 보충물

역자가 이해하는 의미가 저자의 의도와 합치되기 위해서는 역자에게 저자를 이해하려는 의지와 적절한 지식이 있어야 한다. 그러나, 이 지식이 전적으로 저자의 지식은 아닐 것이다. 어떠한 지식도 어떠한 경험도 두 개인에게 완전히 동일하지는 않다. 그렇지만 역자에게서 텍스트의 명시적 의미들에 덧붙여지는 인지적 요소들이 적절하고, 의미에 불확실한 점이 남지

25. *Ibidem*, p. 75.
26. Pergnier et al.(1979): "Folia Linguistica" XIII, 3/4, Mouton, La Haye, pp. 237-246.

않기 위해서는 이 지식이 충분히 공유되어야 한다. 의미는 저자가 말하고자 하는 것이고, 저자가 자기가 말하는 것을 통해 이해시키고자 하는 것이다. 이 의미가 잘 이해되는 경우, 독자의 지식이 이 의미를 겨우 알아내는 정도이건, 독자가 이 의미를 수정·비판·보완할 수 있는 지식을 갖고 있건, 이 의미는 모든 독자에게 동일하다.

독자의 지식이 저자의 동기를 밝혀주고 저자의 의도 추측을 가능하게 할 정도일 경우에는, 이 지식이 저자의 주장에 대한 지지·공박 혹은 논거의 진실성에 대한 판단을 가능하게 한다. 그러나 이러한 것들은 역자의 임무가 아니다. 의미가 번역을 통해 일단 전달되면, 번역 텍스트의 독자는 스스로 정보나 논거의 진실성이나 정확성에 대해 판단하고, 그것에 동조하거나 반대할 수 있게 된다. 어쨌건, 언어사용자들(이는 글, 말 모두에 해당된다)은 모두－한 쪽은 자신이 말하고자 하는 것의 표현을 위해, 다른 한 쪽은 의미의 이해를 위해－드러나지 않은 상태의 다양하고 가변적인 상당량의 지식을 활용한다.

O. 뒤크로[27]도 1980년에 '상황 외적 문장의 어의만에 의해 한정된 발화의 의미'는 '환상'임을 지적하였으며, F. 리쇼도[28]도 1971년에 "각 낱말에는 일반적으로 여러 뜻이 있어서 텍스트에 해당되는 시니피에의 선택은 관련어를 둘러싸고 있는 문장의 낱말들에 달려 있으며, 선행 문장들, 해당 저술에서 다루고 있는 주제, 그 저자의 학파에 달려 있기도 하다. 또한 독자, 독자의 교양 정도-어쩌면 독자의 마음 상태 등도 영향을 끼친다."고 지적한 바 있다.

T. 반다이크와 W. 킨취[29] 역시 1983년에 텍스트들의 이해에 인지적 요

---

27. 촘스키에 대한 그의 비판(*Le dire et le dit*, Éd. de Minuit, 1984, p. 55)에서 뒤크로는 〔촘스키학파 학자들의 잘못은〕 "화자들이 단순한 언어 지식만으로, 화행 맥락과 상관없이, 하나의 어의를 문장들과 상응시키는 것을 경험적이고 관찰 가능한 사실"로 간주하는 것이라 지적하고 있다.
28. Richaudeau, F.(1971) : "En lisant Roland Barthes : écriture, lecture, relecture, lisibilité", *Les Langages de notre temps*, CECL, Paris, p. 12.
29. Van Dijk, T. A. et Kintsch, W., *op. cit.*(p. 192) : "담론의 실제적 이해는

소들과 맥락이 개입된다는 것을 강조한 바 있다. 그리고 J.-F. 르니[30]는 1989년에 이해는 "텍스트와 인지적 구조라는 동시적으로 작용하는 두 원천의 결합 산물"이라 말한 바 있다. 번역가들은 V. 라르보[31]와 더불어 "한 저자의 낱말들에는 그 저자의 정신이 스며들어 배어 있다. 거의 감지하지 못할 정도로, 하지만 원어의는 그의 의도들과 사고의 진전 방식으로 인해 아주 크게 바뀐다. 그리고 이러한 것들에 대한 접근은 〔저자와 저술의〕 전체 맥락의 내밀한 이해에 의해서만 가능하다."는 사실을 늘 알고 있었다.

이러한 "전체 맥락의 내밀한 이해"에 접근하기 위해서는 저자가 낱말들을 통해 환기시키는 개념적 요소들(사실, 사물, 논거들)이 어떤 것들인지 알아야 하며, 저자가 느끼게 하려는 감정들 또한 느낄 수 있어야 한다.

인지적 요소와 정감적 요소

인지적 보충물은 항상 개념적이며 감성적이다. 모든 텍스트 혹은 텍스트의 부분은 이러한 보완물을 필요로 한다. 필자는 편의상 이들을 인지적이라고 말하나, 이들은 정감적이기도 하다. 그러나, 인지적 요소가 정감적 요소보다 우세한가 하면 그 반대가 되기도 하는 등, 이들간의 우세 요소는 늘 가변적이다. 어의들과 융합하여 텍스트에 하나의 의미를 제공하는 이들 인지적 요소와 정감적 요소를 선명하게 구분하려는 시도는 공연한 노릇일 것이다. 그래서 "정서적 삶과 인지적 삶은 서로 다르긴 하지만 분리될 수 없다"고 J. 피아제는 피력했던 것이다.[32]

정감적 요소와 인지적 요소는 생리학적으로 불가분의 것이며 양자 모두

언어사용자들의 가변적인 인지적 자질들에 의존할 것이다. 다시 말해, 서로 다른 해석 전략들, 서로 다른 지식, 신념, 견해, 태도, 관심이나 목표들에 의존하는 언어사용자는 자기 자신의 거시 구조(즉 의미)를 담론에 투영할 것이다(...)."

30. Le Ny, J.-F.(1989): *Sciences cognitives et compréhension du langage*, PUF, Paris, p. 198.
31. Larbaud, V.(1946): *Sous l'invocation de Saint Jérome*, Gallimard, Paris, p. 83.
32. Piaget, J.(1967): *La psychologie de l'intelligence*, Armand Colin, Paris, p. 12.

뇌가 그 근원이기 때문에, 필자는 이들을 인지적 보충물이라는 이름으로 포괄하고, 그 중에서 또다른 측면의 구분으로, 중장기 기억에 저장된 언어적·비언어적 인지적 축적물과, 텍스트의 읽기를 통해 구축되며 단기 기억에 저장되어 후속 텍스트의 부분들의 해석에 쓰이는 인지적 맥락을 구분하기로 한다.

인지적 축적물

인지적 축적물이 일관성 있게 서로 연관된, 개별적 명칭이 주어진 개념들로 이루어져 있는 것은 아니다. 이 축적물은 기억('정신적 표상'이라고 말하는 이들도 있을 것이다), 경험한 사실들, 인상에 남는 사건들, 감동적 느낌들로 이루어져 있다. 이 인지적 축적물은 이론적 지식, 상상, 고찰의 결과, 독서의 열매이기도 하며, 또한 일반 교양과 전문 지식이기도 하다. 이는 언어를 벗어난 상태로 뇌 속에 담겨 있는 하나의 총체로서, 텍스트의 이해를 위해 각기 끌어다 쓰는 것이다.

한편으로는, 각자의 인지적 축적물은 인간 집단 지식의 성격을 갖는다. 사회 집단에 공통적이라는 것이다. 그러나 다른 한편으로는, 인지적 축적물은 각 개인에 고유한 것이다. 한 사람의 인지적 축적물이 다른 사람의 인지적 축적물과 완전히 일치하는 경우는 결코 없으나, 공통 지식의 폭은 아주 넓어서 한 사람에 의해 쓰여진 텍스트의 의미가 다른 사람에게 전달되는 것이다.

인지적 축적물은 텍스트를 읽기 이전에 존재하며, 텍스트의 한 요소가 이와 연관있는 인지적 요소를 일깨울 때마다 그 이해에 개입된다. 예를 들어, 필자가 M. 유스나르의 『하드리아누스 황제의 회고록』을 펴들 때, 필자는 이미 로마 제국에 대해 어느 정도의 지식을 가지고 있고, 역사적 재구성에 대해 무언가 매력을 느끼고 있는 것이다. 그리고 그 책을 읽어감에 따라, 동일한 시기에 대한 다른 독서들의 흔적이 나타남과 동시에 로마 체류시의 기억, 오스티에 갔을 때의 기억 등이 떠오른다. 이와 같이 전체 지식 속에 어떤 구절이나 어떤 낱말에 적용되는 적절한 지식이 동원되는 것이다.

인지적 축적물은 대체로 영어로 'encyclopaedic (world) knowledge' 라고 하는 것이다. 즉, 백과사전적 지식, 혹은 세상 지식이다. 이는 모든 언어 지식과 비언어적 지식을 포함하는 것으로, 개인의 기억 속에 저장되어 있어 외적 혹은 내적 요구에 의해 언제라도 재가동될 수 있다.

주어진 하나의 주제에 변별적인 지식은 어디서 시작되고, 어디서 끝나는가? 제한된 기술 분야라 할지라도 이를 명확하게 알기는 어렵다. 읽는 과정에 정감적 울림이 동반되며, 역자의 지식뿐 아니라 역자의 산 경험이 저자의 경험과 어우러지는 문학 작품의 경우에는 이것이 더욱 어렵다.

이 모든 것은 생리학적으로 설명된다. 뇌에는 수십억개의 신경세포가 있고, 이들에는 각기 엄청난 수의 수상돌기와 축색돌기가 있다. 그리고 외부세계(지각)와 인체(고유수용감각)로부터 받아들인 무수한 정보들은 개인을 자극한다. 뇌는 기억의 도움을 받아 이들을 해석하고, 이들에 지속적으로 반응하는 것이다. 이제 주어진 어떤 때에 텍스트의 한 부분의 해석에 개입되는 인지적 보충물과 정감적 보충물을 완전히 기술하는 것을 불가능하다는 것이 이해가 갈 것이다.

역자는 텍스트의 부분들을 이해하고 정감적 인상들을 느끼도록 부름받은 특별한 독자이다. 따라서 모든 텍스트가 역자에게 동일하게 가깝게 느껴지는 것은 아니다. 유능한 역자들에게는 선호 영역들이 있고, 선호하는 저자가 흔히 있다. 그리고 기술 저술의 역자는 그 자신이 보다 전문적이 될수록 텍스트를 보다 더 잘 이해하게 되며, 문학 저술의 역자는 저자에 대한 친밀감이 크면 클수록 저자를 보다 더 잘 느끼게 된다.

언어 외적 지식

역자는 언어 지식만을 적용해 텍스트를 번역하는 것이 아니다. 끊임없이 다른 지식들이 활성화되어 역자의 머리 속에서 명시적 의미와 묵시적 의미의 집합체를 이루게 되는데, 이것이 낱말들 이면의 의미이며, 저자가 말하고자 하는 바이다.

텍스트의 이해에서 지식의 개입은 대부분 지각되지 않는다. 언어 연속체에 의해 동원된 백과사전적 지식이 너무도 부드럽게 이 연속체와 결합되어, 독자는 그 지식이 담당하는 역할을 미처 이해하지 못하기 때문이다. 텍스트를 읽을 때, 텍스트로부터 외부로의 전개, 유사한 지식들이나 경험들로의 전개는 흔히들 감지한다. 그러나 반면에, 그 반대의 움직임, 외부 지식들의 텍스트 개입은 덜 분명하다. 그렇지만 번역들을 원텍스트들과 주의 깊게 비교해 보면, 텍스트의 이해에 비언어적 지식이 개입되는 것을 감지할 수 있다. 예를 들어, 'the old Chinaman comes out of the sea'라는 영어 문장[33]은 불어로는 'le Chinois sort de l'océan'으로 번역된다. 여기서 'sea'를 'océan'로 옮길 때, 문제의 행위가 일어나는 장소－이 경우는 태평양에 면한 미국의 서부 해안－에 대해 묵시적으로 동원된 지식이 확실히 작용하고 있다.

이러한 현상은 일반적이다. 모든 역자들은, 흔히 무의식적으로, 때로는 아주 의식적으로, 텍스트의 해석을 가능하게 하는 지식들을 고려한다. 문학 번역에서 인정되는 역자의 개입이 다른 번역 유형에서는 언급되지 않는 경우도 흔하고, 부정되기까지도 한다. 그렇지만 그러한 경우들에서도 역자의 개입은 필요한 것이고, 잘 된 번역에는 늘 있게 마련이다.

'기술 번역'에 대해서는 UNIPEDE의 한 보고서[34]의 번역에서 발췌한 것을 살펴 보자.

> (D) Die Energiewirtschaft wird bei der Sicherung der Energieversorgung künftig nicht ohne eine sinnvolle Integration der unterschiedlichen Systeme der Energie-aufbereitung, Energieumwandlung und Energieanwendung auskommen können.

---

33. J. 스타인벡의 *Cannery Row*에서 발췌한 것이며, 이 텍스트는 1부 2장에 다시 인용된다.
34. 1982년의 브뤼셀 학회에 제출된 "전기에너지 생산자 공급자 국제 연맹 l'Union Internationale des Producteurs et Distributeurs d'Énergie Électrique"의 보고서이다.

불어의 언어 번역은 다음 정도가 될 것이다.

L'économie énergétique ne pourra pas se passer à l'avenir, pour assurer l'approvisionnement énergétique, d'une intégration rationnelle des différents systèmes de traitement de l'énergie, de sa conversion et de ses applications.

그러나 인쇄되어 나온 번역은 다음과 같다.

La sécurité de l'approvisionnement futur ne sera réalisée que si l'on mène de front de façon harmonieuse des actions portant sur la valorisation desénergies primaires, leur conversion énergétique, et les applications de l'énergie.
미래의 안정적 에너지 공급은 일차 에너지의 중시, 이들의 에너지 전환과 이 에너지들의 응용에 대한 조치들이 조화로운 방식으로 과감하게 수행되어야 확보될 수 있다.

이 번역을 위해 역자는 자신의 독일어와 불어에 대한 지식에 에너지 문제에 대해 가지고 있는 그의 지식, 특히 일차 에너지 상태에서의 소비(예를 들어 난방을 위해 장작·석탄·석유를 태우는 것)에는 막대한 양의 열손실이 수반된다는 사실을 결합시켰다. 이 에너지들이 발전소에서 전력으로 전환되면 손실이 훨씬 적어져 경제적 가치가 제고되는 것이다.

스타인벡의 역자도 그렇지 않았지만, 기술 보고서의 역자도 대응관계들의 설정에 만족하지는 않는다(2장을 보라). 그가 가진 지식, 혹은 그 보고서의 번역을 위해 특별히 습득한 지식이 그 보고서를 이해하고 남들에게 이해하도록 해주는 것이다. 가장 기술적인 것으로부터 가장 시적인 것에 이르기까지 번역 유형이 어떤 것이든 간에, 번역 양식들은 인지적 요소들과 문장들의 의미내용과의 결합을 필요로 한다. 가장 중립적인 문체로부터 고도로 세련된 문체에 이르기까지, 텍스트들의 번역은 비언어적 지식의 언어의 어의들에 대한 작용에서 비롯되는 등가관계들(2장을 보라)의 창출 없이는 이루어지지 않는다.

역자는 원저가 나타낸 현실, 그 글이 쓰인 시대, 저자, 원저의 독자들을 확인하고, 그렇게 해서 지표들이 설정되도록 하여, 그 테두리 내에서 그의 변별적 지식이 텍스트의 명시적 부분을 보완하도록 한다. 역자의 인지적 축적물이 텍스트가—표현한다기보다—나타내는 생각들과 감정들의 재발견과 전달을 가능하게 하는 것이다.

인지적 맥락

읽는 과정에서 형성되는—위에서 그 존재가 이미 언급된 바 있는—의미 단위들은 점차적으로 탈언어화한 잠재적 지식인 '인지적 맥락' 속으로 녹아 든다. 이들이 후속 언어 연속체들의 이해에 개입되는 것이다. 이 인지적 맥락의 개입은 지속적이다. 한 예를 보자. 이는 앞서 이미 인용된 *Cannery Row*의 구절 다음에 나오는 것으로, 'the old Chinaman (comes out of the sea and) flap-flaps across the street...'라는 대목이다. 스타인벡은 독자들의 기억력을 믿고서 단지 'flap-flaps'이라고만 한 것으로, 전 장에서 언급된 '틀어진 슬리퍼'를 상기시키는 것이 불필요하다 생각해서 그것이 내는 소리만 상기시킨 것이다. 역자는 'le Chinois (sort de l'océan et) fait clapoter sa semelle le long de la rue... 그 중국인은 (바다에서 나와) 길을 따라가며 슬리퍼를 철거덕거린다'고 옮겼는데, 텍스트에 나타나지 않은 'semelle 슬리퍼'을 덧붙인 것이다. 이야기의 앞 부분에서 발을 옮길 때마다 슬리퍼 한 짝이 철거덕거렸던 한 중국 노인이 문제가 되었던 것을 그는 알고 있는 것이다(his loose sole frap-flapped on the street).

이것이 '인지적 맥락'이라고 하는 것으로, 텍스트로부터 비롯되는 언어외적 보완물, 탈언어화한 정보는 역자의 머리 속에 자리한다. 유사한 맥락에서, 언어학자들은 앞서 명명된 현실을 지시하는 조응어의 존재에 주목하는데, 우리는 이 현실의 탈언어화된 기억과 이해에 대한 영향에 주목한다. S. 모아랑[35]은 동일한 맥락에서 '공지시'에 대해 말한다.

---

35. Moirand, S.(1990): *Une grammaire des textes et des dialogues*, Hachette, Paris, p. 19.

> 읽거나 듣고 있는 텍스트, 예를 들어 신문이나 라디오의 잡보 기사에 대해 두 가지 지시 체계를 구분할 수 있다. 하나는 (...) 외적 지시로, 텍스트가 기술하는 세계를 나타내는 것이고, 다른 하나는 텍스트 내적 지시로, 텍스트의 전개에 따라 앞서 '보인' 요소를 다시 보이는 것이다.

어떤 표현을 쓰건 간에, 텍스트를 읽는 중에 집적된 지식은 텍스트를 읽는 동안 내내 간직된다. 이 지식은, 대부분의 경우, 인지적 축적물에 속하는 지식보다는 지속성이 덜 하나, 담론이나 텍스트의 연속성의 이해에 충분할 정도로는 지속된다. 이밖에도, 이 지식은, 번역을 통한 재현 시, 역자에게 상당한 폭의 행동 반경의 여유를 제공한다.

1.8. 표현

글은 하나의 통제된 의사소통 형태이다. E. 코세리우[36]에 의하면, 모든 인간에게 고유한 언어 능력과 모국어의 숙달 능력 이외에도 'Textkompetenz 텍스트 능력', 즉 텍스트 구축 능력이 있다고 한다.[37] 번역가에게는 이러한 능력이 있으며, 번역가는, J. 들릴[38]이 말하는 '착상하지 않은 저자'로, 내용의 통제자는 아니나, 표현의 통제자엔 틀림없다.

역자는 어떻게 이 역할을 수행하는가? 역자는 의미 포착 후 어떻게 필자로 바뀌는가? 개념들을 소화하고 텍스트로부터 느껴지는 감정들을 느낀 다음, 다른 사람들에게 어떻게 그것들을 이해시키고 느끼게 하는가? 번역 대상인 텍스트에 대해 해석자인 역자는 미래의 독자들을 위해 어떻게 저자로 되는가?

---

36. Coseriu, E.(1988): *Sprachkompetenz*, Francke Verlag, Tübingen.
37. 이러한 삼각 구도는 M. 페르니에가 *Les fondements sociolinguistiques de la traduction* (Honoré Champion, Paris, 1978)에서의 고찰을 통해 보이는 것과 맥을 같이 한다.
38. Delisle, J.(1980): *L'analyse du discours comme méthode de traduction*, Presses de l'Université d'Ottawa.

1.8.1. 재언어화

J. 들릴은 '재언어화'[39]라는 말로 역자의 재현 과정을 설명한다.

> 최적 표현의 탐색은 사고의 의식적 무의식적 메커니즘들에 의해 얼마간 암중모색적으로 이루어지며, 정보들은 백과사전적 기억에 의해 회상되거나 환기된다. 이러한 모색 과정에서 역자가 만족스럽지 못하다 해서 취하지 않은 중간 해결책들은 내용과 형태의 부적절성에 대해 판단한 것들이다. (...)
>
> 등가관계의 발견이 별로 의식하지 않고 이루어지는 경우도 있다. 이러한 '영감'의 순간들에는 옮겨야 할 내용을 완벽하게 이해하며, 이들을 표현하기 위한 언어 수단들도 온전하게 갖추어져 있다. (...) 반면에, 다른 경우들에서는 재현 과정이 보다 수고롭다. 수용할 만한 등가관계의 발견에 이르는 메커니즘이 작동되기 위해서는 의도적으로 '유추적' 접근을 해야 하고, 사고 과정의 우여곡절을 보다 의식적으로 좇아야 한다.

그는 "일단 의미가 파악되면, 그 복원은 낱말들에 따라서가 아니라 생각한 바에 따라 이루어진다."고 결론짓고 있다.

J. 들릴과 동일한 맥락에서 L. 바스티[40]는 몇 해 전 인도에서 개최된 세미나에 대한 평에서 한 주어진 텍스트의 번역이 밟은 과정을 다음과 같이 기술하고 있다.

> 먼저, 이 텍스트의 번역이 밟은 과정은 '젖어들기'이다. 즉, 텍스트를 '어떻게' 번역할까 의식적으로 생각치 않고, 소화하여 '자기 것'으로 만들기 위해 반복적으로 읽는 과정이다. 이 과정에서 텍스트는-그 색조와 더불어-기억의 어딘가에 저장되며, 역자는 다른 글이나 말들을 참고하여, 이런저런 부분을 유용하게 옮길 수 있는 표현 방식이나 수단들을 찾아낸다.
>
> 다음은 번역에서 제기될지 모르는 갖가지 문제들을 생각하면서 텍스트

---

39. *Ibidem*, p. 82.
40. Bastit, L.(1984): "Approche et problématique de la traduction littéraire : un exemple – la traduction de *A Stench of Kerosene* d'Amrita Pritam", *Séminaire national de la traduction et de l'interprétation*, New Delhi, ronéoté.

를 읽는 것이다. 이들을 죽 적어보는 것이 문제들을 명확히 하는 데에 도움이 될 것이다. 그리고 얼마간 시간을 기다리면 다소간 무의식적 재현 과정에 의해 부분적으로 답들을 얻게 될 것이다.

그 다음은 텍스트의 모든 면들을 균질적인 하나로 머리 속에서 융합하여 이해의 정확성과 깊이를 더하기 위해 빠르게 다시 읽는 것으로, 본격적 번역에 선행한다.

이러한 번역은 진정 새로운 창조이다. 텍스트를 향한 시선은 희미한 길잡이에 지나지 않는다. 번역은 단번에 이루어진다. 일종의 '영감'의 물결이 이는 것이다. 그리고 번역을 얼마간 그대로 놓아두었다 다시 한 번 읽는다. 이는 원텍스트의 형태를 최대한 잊어버리고, 번역을 그 자체로 하나의 원텍스트로서 대하기 위해서이다.

어색한 곳이나 애매한 곳들을 잘 손질한 후, 원본과 다시 대조해 보면 혹 빠진 것이 있는지 알 수 있게 된다.

마지막으로, 역어가 모국어이고 원어를 전혀 모르는 사람에게 한 번 읽히면, 번역의 '명료성'과 '자연스러움'의 테스트가 가능할 것이다.

J. 들릴과 L. 바스티의 이 두 기술은 개인의 경험을 반영한다. 번역의 표현 단계에 대해 취한 태도에 대해서는 다른 기술들도 가능할 것이다. 어떤 역자들은 번역할 텍스트를 읽어가는 동안 그들의 모국어로 생각하면, 펜을 들기 전에 모국어의 낱말들과 표현들이 떠오른다고 말한다. 다른 역자들은, J. S. 밀을 번역한 프로이트의 경우처럼, 텍스트를 완전히 밀쳐 놓고 원어의 표현과는 아무런 상관없이 번역하는 것을 선호한다.

1.8.2. 정당성 분석

이는 역자가 자신이 써나가는 문장들이 자신이 속한 언어 공동체에 의해 이해될 것인지 확인하는 것이다. 모국어로 쓰면서 자신의 번역이 원어의 형태나 구조들로부터 영향받지 않았는지 검토하는 것이다. 그런데 이것이 전부는 아니다. 내용들을 파악했고 글이 모국어로 되어 있다고 해서 역자가 저자의 생각과 감정들이 온전히 이해되고 느껴지도록 그의 표현을 십분 창의적으로 했다고 꼭 말할 수는 없다.

번역을 해놓고 나면 역자는 스스로 번역문의 독자가 되어, 자신의 번역이 목표로 하는 지식과 감성의 새로운 세계에 잘 적응할지 살펴 보게 된다. 이해가 되도록 표현을 적절히 했는가? 기대한 효과가 날 수 있는 낱말들을 찾아냈는가? 혹 해석의 한계를 지나쳐 저자를 왜곡하지는 않았는가? 이러한 고찰들이 번역의 첫 버전 이후에 이루어지건 번역 도중에 이루어지건, 상응하는 작용들이 의식적으로 수행되건 직관적으로 수행되건, 이러한 각각의 관심사가 별도로 다루어지건 총괄적으로 다루어지건, 다 개인 취향 나름이다. 하지만, 모든 성공한 번역에는 이러한 것들에 대한 흔적이 남는다.

J. 들릴은 이러한 관심사 모두를 정당성 분석이란 이름으로 포괄한다.[41]

> 번역의 인지적 과정의 세 번째이며 마지막 단계인 정당성 분석은 (임시로) 채택된 해결책의 적확성을 검토하려는 목적을 가진다. 이러한 검토는 등가관계가 원래 발화의 의미를 완벽하게 나타내는지 살피는 것이다.

그리고 그는 다음과 같이 덧붙이고 있다.

> 이 정당성 분석에서 무엇을 이끌어내야 하는가? 이 분석은 번역 과정의 마지막 단계에 대해 무엇을 가르쳐주는가? 다음 두 가지는 분명하다. 첫째, 정당화는 항상 재현에 선행하는 해석과 함수관계에 있다. 둘째, 이 정당화 역시 해석 이론을 따른다.
>
> 역자는 자신의 번역의 정당화 과정을 밟으면서, 어떠한 점에서 채택된 표현이 원문 구절의 의미와 일치하는지 따져본다. (...)
>
> .정당성 분석은 제2의 해석이다. (...) 첫 번째 해석은 메시지의 내용 파악을 목적으로 한다. 두 번째 해석은 재표현과 최종 해결책의 선택 사이에 위치하며, 일시적으로 채택된 시니피앙들이 (...) 그 내용을 잘 나타내고 있는지 검토하는 것이 그 목적이다.

들릴과 바스티는 번역의 해석 과정을 내용 추출·재표현·검토로 요약한다. 이는 보편적인 것이다. 문학 작품이건 기술 서적이건, '실용적'(들릴에게는 '일반적·비기술적·비문학적'을 뜻한다) 텍스트이건 픽션물이건 혹

41. Delisle, J.: *op. cit.* pp. 82-83.

은 정신의 노작들－역사서, 철학서, 경제서 등의 일련의 텍스트들－이건, 언어 내용이 인지적 요소, 감성적 요소와 결합되고, 역자의 언어 지식이 역자의 인지적 축적물, 정감적 경험과 혼합되는 것은 상황을 막론하고 번역에 있어서 표현의 출발점이다.

1.8.3. 내용의 동일성, 형태의 등가

탈언어화를 번역 과정의 중심에 놓는다고 하니까, 어떤 이들은 형태를 잊으면 형태들이 산출한 효과들도 잊는 것이 아닌가 염려하는 모양이다. 시니피앙을 무시하고 이해한 것/느낀 것을 표현한다고 하니까, 번역이 표현상의 등가물이 아니라 한 사실에 대한 단순한 원정보와 유려한 표현의 관계인 것은 아닌가 하는 염려하는 것이다. 번역이 원문에 적합치 않은 방식으로 이루어지는 것이 아닌가 우려하는 것이다. 탈언어화된 의미에 의해 고취된 표현에 대해 이의들이 있다는 것이다.

그런데 탈언어화로 인해 형태들이 소멸되긴 하나, 그렇다고 전문 번역자에게 정보 손실이나 오류가 초래되는 것은 아니다. 역자는 원문과 동일한 것을 말할 뿐 아니라, 그것을 동일한 효과를 내며 말한다. 사실 제2의 저자인 역자가 제1저자와 크게 다르게 접근하는 것은 아니다. 제1저자는 어떻게 하는가? 우리가 무언가 쓸 때 어떻게 하는가? 우리가 무언가를 지우고 고칠 때는? 우리가 낱말을 하나하나씩 환기하는 것은 아니다. 문장은 우리가 말하고자 하는 바에 따라 구성된다. 글쓰는 사람에게 공존하는 두 요소는 표현하고자 하는 내용과 자신의 사고를 충실히 재현하는 문장들을 쓰고자 하는 의지이다. 저자는 무형적 상태의 자신의 생각을 언어 표현을 통해 나타내는 것이다. 이렇게 언어의 형태를 입히는 것이 생각을 왜곡하는 것은 저자가 이에 주의를 기울이지 않을 때, 저자가 자신의 글의 독자로 재빨리 변신하지 못할 때뿐이다.

역자의 경우는 어떠한가? 탈언어화는 원문의 한 대목의 의미가 속속들이 이해되었을 때 일어나는 것이다. 이 의미는 역자가 모국어 표현을 잘못하지 않는 이상 왜곡될 수가 없다. 의미는 원형태를 벗어났을 때 비로소 더 잘 표현될 수 있다. 원래의 표현에 작용했던 것과 동일한 과정을 밟아 또다른 형태를 찾아가는 것이다. 다른 해결책은 없다. 코드변환은 보다 객관적인 방식이 아니다. 그것은 보다 기계적인 방법일 뿐이다.

역자의 자유를 비판하는 사람들, 이 자유로 인해 원텍스트가 홀대받거나 원텍스트에 미미한 몫만 남겨지게 될 것을 염려하는 사람들은 생각을 잘못한 것이다. *Cannery Row*(부록 1을 보라)의 14장 마지막에서 두 번째 문장인 "The sun lighted her blond hair and she scratched him over one ear."와 그 불역인 "Le soleil jouait sur ses cheveux blonds, elle lui chatouilla l'oreille. 아침해가 그녀의 금발을 비추고 있었다. 그녀는 그의 귓밥을 만지작거렸다."를 보자. 역자는 영어 표현에 최면당하지 않았다. 역자는 문제의 장면을 그려 보고, 해뜰 무렵의 젊은 연인들의 흡족스런 행복감을 느끼고 있다. 영어 낱말들은 사라지고, 역자는 젊은이들이 느끼는 고즈넉한 평온함에 독자들이 동참할 수 있도록 자신의 느낌을 묘사하고 있다.

이 대목을 탈언어화하지 않고 어떻게 재현할 수 있겠는가? 대응관계의 설정을 통해? 'the sun lighted'에서 'lighted'는 'éclairait'인가? 아니면 'illuminait'인가? 'she scratched him over one ear'는 'elle le gratta au-dessus d'une oreille'라고 해야 할 것인가? 인쇄된 번역의 재표현은 역자가 형태의 한 등가 표현을 택하며 내용의 동일성을 유지하는 솜씨를 보인 덕분에 원표현과 등가를 이루고 있다.

2장(2.3.5.)에 인용된 독일어 기술서의 첫 문장에 대해서도 유사한 분석을 할 수 있다.

(D) Es muss zwei Herausforderungen begegnet werden : der allgemeinen Energieverknappung – das bedeutet, es muss Primärenergie eingespart werden – und der drohenden politischen und wirtschaftlichen Abhängigkeit vom importierten Mineralöl – das

bedeutet, es muss Mineralöl durch andere Energien ersetzt werden.
(F) Il s'agira pour l'essentiel de répondre à deux défis : celui de la pénurie croissante d'énergie－d'où la nécessité d'économiser l'énergie primaire－et celui du risque grandissant de dépendance politique et économique du pétrole importé－d'où la nécessité de remplacer le pétrole par d'autres sources d'énergie.
(C) 문제의 핵심은 두 가지 도전에 직면하는 것이다. 그 하나는 에너지의 점진적 고갈이고(그래서 일차 에너지 절약의 필요성이 있는 것이다), 다른 하나는 수입 원유에 대한 정치적 경제적 의존으로 인해 증대하는 위험성이다(그래서 석유를 다른 에너지원으로 교체할 필요성이 있는 것이다).

탈언어화를 못하고 낱말들의 어의에 붙들렸다면, 대응 번역을 할 수밖에 없었을 것이다. 사전에는 'knapp'의 뜻으로 'étroit 좁은', 'mesquin 옹졸한', 'concis 간결한', 'à peine suffisant 빠듯한'이 주어져 있다. 'Energieverknappung'를 옮기려면 'réduire la quantité d'énergie déjà insuffisante'라는 우회 표현의 도움을 받아야 할 것이나, 이는 'Verknappung'이라는 낱말의 어의만 고려하는 것이고, 그렇게 되면 어떤 내용을 표현하고자 하는 것인지 알 수 없게 되어버리고 만다. 원표현도 원의에 대한 명료한 표현이고, 인쇄된 번역의 불어 표현도 내용의 동일성이 유지되는 등가 표현이다.

2. 등가와 대응

번역은 하나의 행위이다. 성공하지 못한 행위는 제대로 이론화될 수 없을 것이다. 사이클링, 수영 역시 행위들이다. 자전거 타다 넘어지는 사람의 흐트러진 자세를 연구해서는 사이클 경기에 대해 여하한 타당한 이론도 이끌어낼 수 없을 것이고, 물 밖에 머리조차 내밀고 있지 못하는 사람의 관찰을 통해서는 수영에 대해 여하한 타당한 이론도 이끌어낼 수 없을 것이다. 이 두 행위에서는 실패와 성공의 문턱 사이에 경계선이 분명히 그어질 수 있지만, 번역에서는 그렇지가 않다. 그런데 번역 과정의 설명을 위해서는 성공한 번역들에 입각해야 하는 것이다. 그렇지 않으면 이론이 대상을 잘못 잡은 것이다.

일단 성공한 번역을 부정적으로 대략 '번역에 언어 오류도 없고 방법의 오류도 없으면 성공적이다' 정도로 규정할 수 있을 것이다. 누구나 언어 오류가 무엇인지는 안다. 방법상의 오류는 주로 지나치게 대응관계들에 의존하는 것이다.

올림픽 수영 챔피언과 가라앉지 않을 정도로 헤엄치는 사람 사이에는, 그리고 '투르 드 프랑스'(프랑스 전국 일주 국제 사이클 경기)의 사이클 선수와 자전거로 우편 배달하는 우체부 사이에는 무수한 단계의 실력 차이가 존재한다. 마찬가지로, 성공한 번역들에도 수많은 정도의 차이들이 존재한다. 일부 명저들의 탁월한 번역들에서 무오류로 인한 그저 쓸 만한 번역에 이르기까지. 번역의 이론화를 위해서는 성공의 경계를 오류 부재로 두지 않을 수 없었다. 번역에서는 다른 행위들에서와 같이 그 경계가 그렇게 자연스러운 것이 아니었기에 더욱 그러했다. 그 경계 이전은 우리가 뜻하는

번역이 아니고, 그 경계 이후는 평가 영역에 속한다.[1]

2.1. 등가와 대응

해석 번역은 등가에 의한 번역이고, 언어 번역은 대응에 의한 번역이다. 이 차이를 보이기 위해 여기에 제시된 예들은 J. 스타인벡의 *Cannery Row* 의 14장[2]과 M. 파즈가 한 불어 번역에서 발췌한 것들이다. 그리고 텍스트 유형들과 언어들 사이의 조화를 위해, 독일어 기술서와 그 번역도 예시에 쓰일 것이다.

2.1.1. 등가란 무엇인가?

Cannery Row[3]의 14장 서두가 어떻게 번역되어 있는지 보기로 하자.

(E) Early morning is a time of magic in Cannery Row. In the gray time after the light has come and before the sun has risen, the Row seems to hang suspended out of time in a silvery light.
(F) Le lever du jour est un moment magique, dans la Rue de la Sardine. Quand le soleil n'a pas encore percé l'horizon gris, la Rue paraît suspendue hors du temps, enveloppée d'une lueur d'argent.

---

1. 번역의 질의 평가 문제에 대해서는 많은 글들이 있고, 앞으로도 많은 이들이 글을 쓸 것이다. 특히 Larose, R.: *Théories contemporaines de la traduction*, Presses de l'Université du Québec, 1992를 보라.
2. 여기에 인용된 저술들의 부분들은 출판된 번역서들에서 발췌한 것들로서, 거의 아무런 결함도 없었기에 선택된 것들이다.
3. Steinbeck, J.(1945): *Cannery Row*, Bantam Books, New York. 불역: Paz, M.(1948): *Rue de la Sardine*, Collection « Folio », Gallimard. 전체 이야기에서 거의 독립적인 14장은 소설 전체를 모르더라도 읽을 수 있고, 그 번역을 감상할 수 있다. 문제의 번역에 대한 올바른 평가를 가능하게 하기 위해 부록에 14장 원문과 그 번역을 실었다. 여기서는 발췌문만 몇 개 보이기로 한다.

(C) 통조림공장 거리의 아침은 마치 마술과도 같다. 빛이 밝아오고는 있지만 해는 아직 뜨지 않은 어스름한 때, 거리는 은백색의 빛 속에 시간을 넘어선 듯하다.

여기서 불어의 의미는 영어의 의미와 같으나, 영어 낱말들과 불어 낱말들이 거의 대응되지 않는다는 데에 주목할 필요가 있다. 영어의 어의들이 텍스트 의미의 발현에 기여했으나, 모든 어의들이 그대로 번역된 것은 아니다. 그 의미는 불어의 제약 조건들과 역자의 문체상의 기호에 따라 표현된 것이다. 그러나 원텍스트와 불어 번역은 등가관계에 있다고 말할 수 있다.

2.1.2. 대응이란 무엇인가?

동일한 구절에서, 서로 대응하는 두 언어의 낱말들과 구문 형태들을 찾아볼 수 있을 것이다. 다음에서 이들은 굵은 자체로 표시되어 있다.

(E) Early morning is a time of **magic** in **Cannery Row**. In the **gray** time after the light has come and before the **sun** has risen, the Row seems to hang **suspended out of time** in a **silvery** light.
(F) Le lever du jour est un moment **magique**, dans la **Rue de la Sardine**. Quand le **soleil** n'a pas encore percé l'horizon **gris**, la Rue **paraît suspendue hors du temps**, enveloppée d'une lueur **d'argent**.

여기서 등가와 대응의 핵심적 차이를 잘 볼 수 있다. 전자는 텍스트 사이에 성립되는 것이고, 후자는 언어 요소들 ― 낱말, 구, 굳은 표현, 구문 형태 ― 사이에 성립되는 것이다. 등가관계는 '미답(inédite)'의 대응관계이다. 이 등가관계는 번역의 일반 양식이나, 그렇다고 대응관계들이 배제되는 것은 아니다. 이는 모든 상황에서의 ― 맥락 외적 언급의 경우이건 텍스트 내에서의 사용의 경우이건 ― 대응 요소들의 존재가 입증하는 바이다.

번역이 성공적이려면 원텍스트와 번역 텍스트에 대한 총괄적 등가관계의 구축을 목표로 삼아야 한다. 대응관계들은 일시적 필요에 부응하는 것으로서, 등가관계가 이들의 일률적 적용에서 얻어지는 것은 아니다. 두 언어의 요소들에 대한 일률적 **대응관계 설정**이 왜 제대로 된 번역을 낳지 못하는가 하는 이유는 밝히기 쉽지 않다. 그러나 그렇게 된 번역들의 질이 떨어지는 것은 쉽게 눈에 드러난다.

통역에서 이런 유형의 번역이 무슨 소리인지 모르겠는 것이 가장 명료하게 드러난다. 청자는 그러한 통역이 아주 둔탁하고 불편할 뿐 아니라, 알아들을 수 없는 것으로 느끼게 된다. 어조의 속도와 계속성으로 인해 멈춰 생각할 수도 없고, 되돌아갈 수도 없기 때문이다. 대응에 의한 번역은, 이러한 경우, 전혀 먹히지 않는다. 글에서는 무슨 소리인지 모르겠는 것이 덜 두드러지나, 일반화된 대응에 의한 번역은 글이 둔탁하고, 읽기 불편하다. 등가는 인지적일 수도, 외시적일 수도, 그리고/혹은 정감적일 수도 있다.

두 언어에 대한 대응관계들의 설정은 번역의 첫 단계이다. 이 대응은 고립된 어휘나 문장의 경우라면 외국어 교육에서 유용할 수 있다. 그리고 단일 대상을 지시하는 용어라면 거의 항상 불가피하다. 그러나 텍스트들 전체가 문제가 될 때에는 그러한 설정은 통하지 않는다. 이러한 사실들을 잘 알기에 번역가들과 통역사들은 텍스트들 사이의 등가관계에서 번역의 성공을 모색하는 것이다.

2.2. 등가에 의한 번역

에지트에서 수행된 모든 연구들은 언어가 어떤 것이건, 텍스트의 유형이 어떠하건－문학 텍스트이건 기술서이건, 픽션이건 사실적 텍스트이건－ 등가에 의한 번역이 일반적으로 유효함을 보여준다. 이러한 해석 이론의 근본 원리 예시를 위해, 우선 실제적 사실들을 나타내는 독일어 보고서－불어로 번역도 되어 있다－의 한 대목을 검토한 다음, 영어로부터 옮긴 픽션의 한 예(이 역시 *Cannery Row*에서 발췌한 것이다)를 살펴볼 것이다.

2.2.1. 인지적 등가

인지적 등가는 텍스트 의미와 역자의 개념적 보완물의 결합에서 비롯된다. 이의 예를 앞서 인용된 브뤼셀에서 개최된 에너지 생산자 공급자 국제연맹(UNIPEDE)의 전체 보고서의 발췌문에서 보기로 하자.

(D) Es muss zwei Herausforderungen begegnet werden : der allgemeinen Energieverknappung－das bedeutet, es muss Primärenergie eingespart werden－une der drohenden politischen und wirtschaftlichen Abhängigkeit vom importierten Mineralöl－das bedeutet, es muss Mineralöl durch andere Energien ersetzt werden. Hierbei kann der Zielkonflikt zwischen der Forderung nach Einsparung von Primärenergie une der Forderung zur Reduzierung der Abhängigkeit von der politisch unsicheren Mineralöl entstehen.
(F) Il s'agira pour l'essentiel de répondre à deux défis : celui de la pénurie croissante d'énergie－ d'où la nécessité d'économiser l'énergie primaire－et celui du risque grandissant de dépendance politique et économique du pétrole importé－d'où la nécessité de remplacer le pétrole par d'autres sources d'énergie. Ces deux impératifs ne sont pas forcément compatibles; il peut y avoir conflit entre la volonté d'économiser l'énergie primaire et la volonté de réduire la dépendance politique du pétrole.
(C) 문제의 핵심은 두 가지 도전에 직면하는 것이다. 그 하나는 에너지의 점진적 고갈이고(그래서 일차 에너지 절약의 필요성이 있는 것이다), 다른 하나는 수입 원유에 대한 정치적 경제적 의존으로 인해 증대하는 위험성이다(그래서 석유를 다른 에너지원들로 교체할 필요성이 있는 것이다). 이 두 가지 절대적 필요성은 양립하지 않을 수도 있다. 일차 에너지를 절약하려는 의지와 원유에 대한 정치적 의존도를 낮추려는 의지는 상충될 수도 있다.

여기서 독일어와 불어는 각기 다른 형태들로 동일한 의미를 표현하고 있다. 'allgemeine Verknappung'는－대응 표현인 'raréfaction générale'

이 아니라—'pénurie croissante'로 되어 있고, 'drohende (politische une wirtschaftliche) Abhängigkeit'는 대응 표현인 'dépendance (...) menaçante'가 아니라 상황을 고려한 'risque grandissant de dépendance'로 되어 있다. 이 텍스트가 쓰였을 때는 이미 몇 차례의 원유 파동이 지난 후였다. 복수 'Energien'은 'énergies'가 아니라 'sources d'énergie'로 바뀌어 있다. 전기는 수력, 석탄, 원유 등의 일차 에너지로부터 생산된 이차 에너지이다. 그러니까 원유를 다른 'Energien'—일차적이라는 것이 함의되어 있다—으로 대체하는 문제인 것이다. 불어 텍스트는 다른 '에너지원들'에 대해 말하고 있다. 원유가 에너지로 되는 것은 소모될 때니까 말이다. 프랑스 역자는 'andere Energien'을 해석하고 있다.

프랑스인들은 자신들의 언어가 보다 논리적이라고 말할지 모르고, 독일인들은 자신들의 언어가 보다 표현력 있고 보다 유연하다고 말할지 모른다. 어쨌건, 독일어 텍스트의 의미는 명료하고, 프랑스 역자는 프랑스인들에게 명료한 등가 텍스트를 제공하고 있다.

언어들이 동족성을 덜 가질수록 텍스트 번역에 어휘적·통사적 대응관계들이 쓰이는 경우들이 적어진다. 그리고 텍스트가 나타내는 지시물이 픽션이 아니라 실재적인 것일 때, 역자는 그에 대한 자신의 지식을 활용하여 자기 표현을 할 수 있다.

2.2.2. 정감적 등가

스타인벡은 *Cannery Row*에서 칼리포니아의 여름 어느 날 해뜰녘, 대서양에 면한 통조림공장 거리의 한 장면을 묘사한다. 시간을 넘어선 거리, 완벽한 평온, 집울타리 사이를 스스르 빠져나가는 고양이들을 묘사한 다음, 그는 흔들흔들 거닐고 있는 두 군인과 두 여인을 등장시킨다. 이들은 나이트 클럽에서 나온 길이어서 피곤하면서도 흡족하다. 다음은 이들의 모습을 그린 대목이다(14장 세 번째 문단).

(E) The soldiers' tunics were unbuttoned and their belts were threaded through their epaulets. The ties were pulled down a little so the shirt collars could be unbuttoned. And the soldiers wore the girls' hats, one a tiny yellow straw boater with a bunch of daisies on the crown, the other a white knitted half-hat to which medallions of blue cellophane adhered. They walked holding hands, swinging their hands rythmically. The soldier on the outside had a large brown paper bag filled with cold canned beer. They strolled softly in the pearly light. They had had a hell of a time and they felt good. They smiled delicately like weary children remembering a party. They looked at one another and smiled and they swung their hands.

(F) Les soldats avaient déboutonné leur tunique et passé leur ceinture dans leurs épaulettes, ils avaient défait leur cravate afin de pouvoir ouvrir leur col, et ils avaient coiffé les chapeaux des filles : l'un avait le chef adorné d'une paille jaune surmontée d'un bouquet de pâquerettes, l'autre portait un bonichon de tricot blanc décoré d'un médaillon de cellophane bleue. Soldats et filles se tenaient par la main et balançaient leurs mains en mesure. Le soldat qui marchait sur le bord du trottoir portait un cabas de papier brun, rempli de bière en boîtes, et tous quatre avançaient doucement dans la lumière aux tons nacrés; ils venaient de passer une nuit du tonnerre de Dieu, et la vie était belle. Et ils souriaient comme sourient les enfants au souvenir d'une fête. Chaque couple se regardait, souriait, et balançait ses mains de plus belle.

(C) 군인들은 상의 단추가 풀려 있었고, 벨트는 견장에 끼워져 있었다. 그들은 깃이 벌어지도록 넥타이를 풀어헤친 채 아가씨들의 모자를 쓰고 있었다. 한 사람은 한 뭉치의 데이지꽃이 꽂힌 밀짚으로 만든 작고 노란 모자를 썼고, 다른 한 사람은 파란 셀로판지로 만든 작은 메달 같은 것이 붙어 있는 털실로 짠 흰 모자를 쓰고 있었다. 군인들과 아가씨들은 손을 잡고 박자를 맞추어 흔들며 걷고 있었다. 차도 쪽을 걷고 있던 군인은 시

> 원한 캔 맥주가 들어 있는 큼직한 갈색 종이봉투를 들고 있었다. 네 사람은 진주빛 빛 속을 한가롭게 걷고 있었다. 그들은 간밤을 흐드러지게 보낸 참이었고, 기분이 유쾌했다. 그들은 간밤의 파티 생각을 하며 어린애들처럼 생글생글 웃고 있었다. 이들 남녀는 서로 바라보며 웃고 있었으며, 손을 흔들고 있었다.

독자는 위의 번역을 분석하면서 어쩌면 표현을 달리할 수도 있었으리라는 생각을 할지 모른다. 예를 들어, 역자가 맥주가 'froid 시원하다'라는 말을 하지 않았다고 비난할지 모른다. 그렇지만 불어 번역은 등가 개념의 한 훌륭한 예시이다.

역자는 어떻게 이 등가관계를 실현하고 있는가? 위에서 모든 텍스트는 독자에게 해석을 요구한다는 것을 우리는 보았다. 역자는 관심을 가진 독자 그 이상이다. 역자는 그가 번역하는 텍스트의 대표 독자라 할 수 있다. 역자가 위의 스타인벡의 구절을 그와 같이 성공적으로 번역하기 위해서는 문제의 소설에서 언어 외적 현실을 보아야 하고, 감정 이입이 되어야 한다. 역자는 장면을 머리 속에 그리고, 하룻밤 애인들이 축 쳐져 있는 것을 느낀다. 언어를 통해 저자가 말하고자 하는 바를 감지하기 위해 언어를 넘어선 것이다. 영어 텍스트의 어의들과 문체에 의해 촉발되었으나 그 속에 담겨 있지는 않았던 그러한 모습, 그러한 감정이 그를 이끈 것이다. 그래서 역자 M. 파즈는 인지적 요소와 정감적 요소를 불가분의 하나로서 느낀 것이고, 자신의 재능으로 이를 멋지게 재현한 것이다.

등가관계는 숙고된(보고 느끼려 애쓴) 한 방법론의 결과요, 직관의 결과(보고 느낀 것의 표현)이다. 이는 한 저자의 독특한 생각이 역자가 가진 모든 노하우에 의해 재현되어 다른 언어로 현현된 것이다.

물론 모든 번역에는 어휘들과 표현들간의 대응관계들이 포함되기 마련이나, 번역은 등가관계들의 창출 덕에 텍스트가 된다. 이것이 우리 번역 이론의 핵심 요소이다.

이러한 분석은 텍스트에 대한 역자의 반응의 개략적 묘사이다. 앞으로 더 나아가려면 '어떠한 것이 등가의 단위인가?'라는 물음에 답해야 한다. 대응관계들의 경우에는 단위 찾기가 쉽다. 예를 들면, 낱말, 구, 굳은 표현, 용어 등이 대응관계들로 설정될 수 있다. 그렇지만, 텍스트상의 등가관계들에 대해서는 번역이 등가관계들에 의해 이루어질 때의 가장 작은 단위들이 어떤 것들인지 알아야 한다.

2.2.3. 등가의 포괄적 성격

텍스트 읽기는 각 낱말들의 어의의 순차적 포착을 통해 이루어지는 것이 아니라 일군의 낱말들의 민첩한 포괄적 파악을 통해 이루어진다. 이들 중 하나가 그 개별성으로 인해 너무 튀어보이지만 않으면, 그 전체는 필자가 '의미 단위'라고 부르는 의미 조각을 나타낸다. 이 의미 단위는 'idée'라고－필자가 말하는 의미 단위보다 훨씬 광범위한 개념을 나타낼 위험도 없진 않지만－부를 수도 있을 것이다.

이러한 의미 단위가 번역 단위이고, 다른 언어에서 등가관계를 설정할 수 있는 텍스트의 최소 조각이다. 위의 1.5.4.에서 낱말들의 의미내용과 언어 외적 지식 사이에 하나의 연합관계가 생기기에 충분한 정도로 낱말들이 묶일 때마다, 어떻게 동시 통역사가 이 의미 단위를 잘라내 등가관계를 설정하는지 보인 바 있다.

이와 달리, 글은 고정된 것이고 눈은 텍스트의 대목을 쉴새 없이 오가기 때문에, 의미 단위들을 명확히 가르는 것이 보다 어렵거나 거의 불가능하다.

그렇지만 하나의 텍스트와 그 번역을 주의깊게 분석해 보면 등가물들이 나타나는데, 이들은 역자의 이해의 포괄적 성격을 확인시켜주기도 하고, 의미 단위가 언어의 명시적 부분에서 비롯된 하나의 이미지일 수도 있음을 보여주기도 한다.

위에 인용되었던 다음 문장에서 등가관계는 하나의 이미지에서 비롯된 것으로 보인다.

(E) The ties were pulled down a little so the shirt collars could be unbuttoned.
(F) Ils avaient défait leur cravate afin de pouvoir ouvrir leur col.
(C) 그들은 깃이 벌어지도록 넥타이를 풀어헤쳐 놓았었다.

역자는 각 낱말을 하나하나 번역한 것이 아니다. 역자는 'les cravates étaient un peu tirées vers le bas, pour que les cols de chemise puissent être déboutonnés 넥타이는, 와이셔츠의 깃을 풀어낼 수 있도록, 조금 풀어내려져 있었다'라고 옮기지 않았다. 역자는 의미 단위—여기서는 이미지—를 본 것이고, 이를 그가 본 대로—풀어진 넥타이, 벌어진 깃—묘사한 것이다. 그러니까 역자의 상상이 낱말들의 의미내용에 보태져, 이미지가 프랑스 독자들이 보는 방식으로 표현된 것이다. 역자는 원본이 등가 표현들을 사용하여 환기한 것과 동일한 이미지를 불어로 보이고 있다.

두 번째 예는 지식이 낱말들의 의미내용과 결합하여 하나의 의미 단위를 이루는 것을 보다 명료하게 보여준다.

(E) They walked holding hands.
(F) Soldats et filles se tenaient par la main.
(C) 군인들과 아가씨들은 손을 잡고 있었다.

대명사 'they'는 불어로 'soldats et filles 군인들과 아가씨들'로 풀어썼으나, 'walked'의 해석은 빠져 있다. 역자도 이야기 서두부터 젊은 사람들이 걷고 있는 것을 알고 있고, 독자도 알고 있다. 영불 텍스트는 각기 말하지 않은 내용을 담고 있다. 'walked'와 'soldats et filles'가 각기 함축되어 있고, 양측 독자들은 이를 이해한다. 두 경우 모두, 명시적 언어 표현과 언어 외적 지식이 결합하여 동일한 의미 단위를 이룬다. 한 경우에는 명시적 부분 (a)와 묵시적 의미 (b)가 결합되어 있고, 다른 한 경우에는 (a′)과 (b′)가 결합되어 있으나, 이들의 총합은 동일하다. 요소들은 동일하지 않지만.

대응의 단위는 가려내기가 쉽지만, 의미 단위에는 정해진 언어상의 길이가 없다. 생각은 잴 수 있는 것이 아니다. 등가관계도 마찬가지이다.

어떠한 의미idée도 결코 완벽하게 명시적은 아니다. 그래서 모든 화자는 상대의 협조에 기대를 하며, 자신의 말의 명시적 부분을 상대가 갖고 있다고 생각되는 지식에 맞춘다. 화자의 텍스트는 상대가 다루어진 주제를 잘 모르고 있다고 생각되면 그럴수록 보다 자세해질 것이고, 잘 알고 있다고 생각되면 그럴수록 그 텍스트는 더욱 농축될 것이다. 그렇지만 텍스트에서 결코 명시적 부분만 이해되는 것이 아니며, 여러 언어에서 동일한 의미 단위를 나타내는 것이 결코 동일한 명시적 부분은 아니다.

의미 단위와 의미 일반의 언어적 토대는 하나의 전체에 대한 일부분에 지나지 않는다. 말하자면 제유인 것이다. 이 언어적 토대는 청자들이나 독자들이 적절한 지식의 기여를 통해 보완할 필요가 있다.

2.2.4. 명시적 부분 혹은 제유

모든 텍스트는 알고 있는 것들로 인해 발화가 지루하지 않을 정도로는 충분히 짧은 명시적 부분과 이 명시적 부분이 나타내는 의미를 독자가 모르지 않을 정도로는 충분히 명료한 묵시적 부분의 절충물이다.

예를 들어, 독자가 'Minitel 3615 FR 3'라는 안내 메시지가 나온 상황을 모르면 이 메시지의 내용을 모를 수밖에 없을 것이다. 그런데 이 메시지가 몬테카를로에서 벌어지고 있던 한 테니스 투어의 녹화 중계 방송에 자막으로 나온 것이라고 필자가 밝히면, 독자는 이 메시지가 테니스에 관심있는 시청자들을 대상으로 한 것이라는 걸 이해할 것이다. 이 시청자들에게 이 메시지는-미니텔이 있다면-다음과 같이 풀어낼 수 있는 의미가 있다.

> 당신이 실시간으로 현재 몬테카를로에서 개최되고 있는 경기들의 결과들을 알고 싶으면 미니텔을 연결하여 전화를 거십시오. 번호는 3615입니다. 삐이- 하는 소리가 나면 미니텔의 '연결' 버튼을 누르신 다음, 스크린

에 코드를 요구하는 화면이 나타나기를 기다렸다 FR 3를 눌러 답하십시오. 그러면 선수, 경기, 예상 결과 등에 대해 제기 가능한 문제들의 리스트가 나타날 것이고, 이 때 원하는 문제들을 선택하시면 됩니다.

의미의 명시적 부분을 가리키기 위해 필자는 수사학에서 제유라는 용어를 빌렸다. '미니텔 3615 FR 3'는－필자가 비언어적 구성 성분들로 채워 넣은－의미의 제유이다. 제유들은 텍스트들에 많이 나타나는데, 자신들보다 보다 큰 부분을 나타낸다.

제유 현상은 동일 대상에 대한 낱말들의 층위에서도 찾아볼 수 있다. 이탈리아어가 형태를 부각시키고(quadro), 불어가 표면을 부각시키며(tableau), 영어가 제품이 표면에 발라진 결과(painting)를 부각시키는가 하면, 불어로는 수도꼭지(un robinet)가 'fuir 달아나다'한다고 하고, 이탈리아어로는 'perdre 잃다'한다고 하고, 독일어로는 'courir 달리다'한다고 한다. 지시물은 동일하지만, 의미의 명시적 부분인 제유는 서로 다르다.

격언들의 경우도 마찬가지이다. 이들은 유사하거나 동일한 의미이지만, 서로 다른 언어들에서 동일한 제유에 의해 표현되는 적은 거의 없다. 불어로는 'porter de l'eau au moulin'(강에 물을 가져가다, 즉, 쓸데없는 짓을 하다)라고 하지만, 이를 영어로는 'to bring coal to Newcastle'(뉴캐슬에 석탄을 가져가다)라고 하고, 독일어로는 'Eulen nach Athen bringen'(올빼미를 아테네로 데려가다)라고 한다. 필자의 학생들에 의하면, 아랍어로는 'vendre des dattes à Hajar'(대추야자 열매를 하자르에게 팔다)라고 한다고 한다. 서로 다른 언어에서 서로 다른 표현을 사용하여 동일한 의미를 나타내는 것은 의미들idées과 언어 표현 사이에 동형성이 존재하지 않는다는 것을 잘 보여주는 것이다.

J. P. 비네와 J. 다르벨네[4]는 굳은 표현들에 대해 이를 아주 잘 보이고 있다. 한 언어에서 하나의 의미를 가리키는 명시적 표현이 다른 언어의 것

---

4. Vinay, J.-P./Darbelnet, J.(1973): *Stylistique comparée du français et de l'anglais*, Didier, Paris.

과 동일한 경우는 아주 드물다.

제유라는 현상이 랑그 층위에 국한된 것이라면, 그리고 텍스트 층위에서 부단한 문체적 창출의 계기가 되지 않는다면 번역 이론의 별관심 대상이 아니었을 것이다. 제유는 본질적으로 담론 현상이다. 예를 들어, 생각, 감정, 사실들을 독일어 화자, 영어 화자, 중국어 화자나 불어 화자들이 동일한 방식으로 표현하는 것은 아니다. 제유들은 낱말과 성구들의 층위에서는 알기만 하면 되지만, 텍스트상의 등가관계들의 구축에서는 창출의 대상이다. 대응관계들을 벗어나 등가관계들을 창출하기 위해서는, 원어로 나타낸 생각, 사실, 감정을 역어에서도 동일하게 나타내는 낱말들을 발견하기 위해서는, 다음의 것들이 고려되어야 한다.

> 모든 경우들에 있어서, 담론이 표현하는 의미들idées에 대해, 그 질료적 형식은 늘 서술이라기보다는 지적에 가깝다. (...) 랑그에서 'verre'란 낱말이 질료를 말하면서 그것을 사용해 마시는 대상을 명명하는 것처럼, 담론에서 대부분의 발화는 하나의 의미 전체를 전하기 위해 그 의미의 한 특징적 자질을 제공하는 것에 그친다. (...) 이러한 일반적 현상이 번역에 미치는 결과들은—이들은 제유들이다—지금까지 충분한 주목을 받지 못했다. 그런데, 각 언어가 대상과 개념들을 명명하는 특징적 자질들을 서로 다르게 선택하고, 의미들을 특징짓는 특성들을 서로 다르게 선택하기에, 번역에 대한 이러한 현상의 파급 효과들은 본질적인 것으로 보인다. 이러한 효과들은 번역이 왜 언어들에 대한 작용일 뿐 아니라 의미sens에 대한 작용들이 되어야 하는지 다른 어떤 요소보다 잘 설명해 준다.[5]

자유롭게 구성된 제유들은 텍스트 전반에 걸쳐 그 의미내용보다 보다 광범위한 의미들을 나타내며, 역자에 의해 자유롭게 구성된 제유들은 번역 전반에 걸쳐 등가관계들을 창출한다. 이는 영어와 불어처럼 상당히 가까운 언어들에서도 관찰할 수 있는 현상이며, 독일어와 불어처럼 다소 거리가 있는 언어쌍이나, 중국어와 불어처럼 서로 아주 먼 언어들에서는 거의 피

---

5. Lederer, M.(1984): "Implicite et explicite", *Interpréter pour traduire*, Didier Érudition, p. 38.

할 수 없는 현상이다.

왜 *Cannery Row*의 역자는 첫 문단에서 'no automobiles are running then'을 'pas encore d'automoblies'이라고 옮겼는가? 그것은 이 문장 저변에 깔려 있으며, 그 구성 낱말들과 텍스트 전체로부터 비롯되는 정적감이 역자 나름대로는 그렇게 느껴진 때문이다.

반면에, 원어의 제유들이 그대로 간직된 번역의 결과는 신통치 않다. 이와 관련해 S. 츠바이크6의 한 단편 소설의 첫 대목과 그 불어 번역을 보기로 하자. 이 짧은 텍스트의 역자는 여러 방법들을 두고 머뭇거린다. 때로는 자신이 이해한 것을 쓰는가 하면, 때로는 원어에 충실하려는 명백한 의지를 가지고 코드변환을 한다.

> (D) In der kleinen Pension an der Riviera, wo ich damals, zehn Jahre vor dem Kriege, wohnte, war eine heftige Diskussion **an unserem Tische** ausgebrochen, die **unvermutet** zu rabiater Auseinandersetzung, ja sogar zu Gehässigkeit und Beleidigung **auszuarten drohte**.
>
> (F) Dans la petite pension de la Riviera, où je me trouvais alors (dix ans avant la guerre), avait éclaté **à notre table** une violente discussion, qui **brusquement** menaça de tourner en altercation furieuse et fut même accompagnée de paroles haineuses et injurieuses.

이 번역은, 부정확한 대응관계들(예를 들면, 'unvermutet'는 'brusquement'이 아니라 'à l'improviste 예고없이', 'inopinément 느닷없이', 'sans crier gare 경고 없이'의 뜻이다)을 여럿 보이고 있는 것 이외에, 특히 전적인 대응관계 구축은 불가능하다는 것을 보여주고 있다. 역자가 이 대응

6. Zweig, S.(1983): *Vierundzwanzig Stunden aus dem Leben einer Frau*, Fischer Bibliothek, Frankfort, (1re éd. 1927). 불역: Bournac, O./Hella, A.(1981): *Vingt-quatre heures de la vie d'une femme*, «Bibliothèque cosmopolite», Stock.

관계를 벗어났다면 그것은 마지못해서이다. 억지로 직역을 하려다 보니 역어를 왜곡하게 되었고, 원문의 명료한 내용이 난삽하게 되었으며, 원작의 분위기가 변질된 것이다.

에지트의 한 학생에게 S. 츠바이크가 묘사한 장면을 머리 속에 그리고, 그것을 자연스럽게 표현해 보라고 하였더니, 초벌 번역을 하고 다시 원문으로 돌아가 사건들의 추이를 검토해 본 다음, 다음의 결과를 내놓았다.

(F) Je me trouvais à cette époque–dix ans avant la guerre–dans une petite pension de famille de la Côte d'Azur. **Un soir**, une altercation éclata **à la table où je dînais** ; on pouvait craindre qu'elle ne dégénère à tout moment en insultes et propos haineux.
(C) 당시–전쟁이 나기 십여년 전이다–나는 코트다쥐르의 한 작은 집에 하숙을 하고 있었다. 어느 날 저녁, 식탁에서 언쟁이 벌어졌는데, 언제 욕지거리가 튀어나올지 모르는 험악한 상황이었다.

출판된 번역과 달리, 이 등가물은, 원문이 독일어의 결과 맞는 것처럼, 불어의 결과 맞는다. 독일어 낱말들 자체는 그렇지 않지만, 이들이 환기시키는 언어 외적인 것들은 불어 낱말들을 통해 재현되어 있다.

그러면 독일어 제유 두 개에 대한 대응 번역과 위에 말한 학생이 찾아낸 불어 제유를 비교해 보자.

독일어 제유	대응	등가
an unserem Tische	à notre table	Un soir, à la table où je dînais
unvermutet	à l'improviste	à tout moment

문제의 장면을 머리 속에 그린 이 학생은 이 장면을 당연히 저녁이라고 보았다. S. 츠바이크의 작품에는 이에 대한 명시적 언급이 없다. 반면에, 'Un soir, à la table où je dînais'라고 한 불어 표현은 명시적이다. 말다툼을 하고 있던 사람들이 저녁 식사 중이었다는 것을 확실히 일러준다. 독일어

표현은 이를 함축적으로만 말해줄 뿐이다. 'à tout moment 하시라도'이라는 제유는 맥락에 의해 설명된다. 격렬한 말다툼이 욕지거리로 'inopinément 느닷없이' 바뀐다는 것은—그 격렬함으로 인해 그리 되리란 것을 예측할 수 있었기 때문에—불어의 논리로는 받아들이기 곤란하다. 'à tout moment'은 말다툼이 잘못 돌아가는 그 시점을 나타낸다.

필자는 "독자가 수월하게 텍스트를 읽어나가기 위해서는 텍스트가 그 수단이 된 언어의 관습에 어긋나지 않아야 한다"는 지적도 했고, 다음과 같은 지적도 한 바 있다.

> 번역이 번역에 의존하는 사람에게 이해되기 위해서는 번역을 해나가면서 번역이 커뮤니케이션의 한 특수한 경우에 지나지 않는다는 것을 줄곧 마음에 새겨야 한다. 무언가 할 말이 있을 때 어떻게들 하는가? 모든 사람이 인정하는 형태들을 통해 그것을 표현하지 않는가? 의미는 개인적인 것이나, 형태는 사회적인 것이다.[7]

원어의 명시적 부분은 독자의 지식에 맞추어져 있고, 역자는 자신의 명시적 부분을 독자들에게 맞춘다. 역자는 그럼으로써 명시적 부분과 묵시적 부분에 대한 또다른 균형을 자신의 언어에서 되찾아 원텍스트의 사건, 생각, 감정들을 나타낸다. 명시적 부분에는 해당 언어에 고유한 표현 습관들이 드러나 있다. 그래서 역자는 자신의 언어에서 표현 습관들에 맞으면서도 창의성이 살아나는 형태들을 찾게 된다. 그러니까 역자의 문제는 두 가지이다. 텍스트의 의미 이해를 위해서는 텍스트 각 부분의 세부 내용을 알아야 하고, 동일한 정감적·인지적 내용을 자신의 언어에서 적절한 제유로 나타낼 수 있어야 한다. 그렇게 해서 원문 제유의 등가물이 만들어지게 되는 것이다.

2.2.5. 언어의 특질과 등가물의 창출

고유어법이란 말 대신에 'génie de la langue'(언어의 특질, 결)라는 표

7. Lederer, M./Seleskovitch, D.(1984): *op. cit.*, pp. 31과 34.

현을 쓰는 것은 잘못이라는 소리를 가끔 듣는다. 이 표현이 모호한 것은 사실이나, 조금 더 현학적인 'stylistique 문체(론)'란 말이—J.-P. 비네와 J. 다르벨네의 저서가 훌륭히 예시하고는 있지만—보다 더 명확하다고 생각하지는 않는다. 한 언어의 'génie 특질'는 그 언어의 우월성을 뜻하는 것은 결코 아니다. 이 말은 불어가 모국어인 사람이 어떤 경우들에 '이건 불어가 아니야'라고 말하게 하는 직관적 사용에 초점을 맞춘 것이다. 독일어로는 이를 'Sprachgefühl 언어 감정'이라고 하는데, 여하한 음운론적, 형태어휘론적 혹은 통사적 기술도 아직 밝혀내지 못하고 있는 것이다.

어떤 이들은 대조 연구를 계속하다 보면 두 언어 사이의 모든 차이점들을 규명하고 열거할 수 있으리라 생각하기도 했다. 그러한 연구가 유용하기는 하겠지만, 체계화되지 않은 모든 것을 포괄하는 언어의 'génie'라는 개념이 뜻하는 바가 모두 포함되는 것은 아니다. 'génie'라는 말은 문장들의 구성 방식에 기술되지 않은 규칙들, 원어민이 직관적으로 구사하는 텍스트 구축 방식이 있다는 것을 함축한다. 원어민은 문체상의 자유를 누리면서도 담론 구축시 이러한 규칙들을 준수한다. 이 규칙들에는 시니피에와 시니피앙의 관계('chat'라고 말하고자 할 때 'fenêtre'라고 말할 수는 없다)뿐 아니라, 의미idée 전체가 드러나게 하는 변별적 양상들도 포함된다. 이러한 규칙들이 등가관계, 제유들의 창출 자유에 영향을 미치지는 않는다. 이들은 서로 다르게 구성되어 발화들과 의미들idées 사이에 관계가 이루어지게 하고, 그럼으로써 부분을 통해 전체가, 낱말들을 통해 의미가 자연스레 이해되게 하는 것이다.

아직까지 직관적 지식이나 언어의 반사적 구사는 기술하지 못하고 있다. 그렇지만 유능한 역자는 이러한 것들을 활용해 원문을 복원한다. 한 번역의 고유어법과 그 충실성 사이에는 직접적 관계가 있다. 대응관계들의 최대 설정을 통해 텍스트를 번역하는 것은 고유어법의 언어로 쓰인 것을 횡설수설식으로 번역하는 것이다. "각 언어에는 나름의 분위기와 고유한 매력이 있기에, 잘된 번역의 선행 조건은 이러한 분위기와 매력에서 벗어나는 것이다. 그래야 자신의 언어로 자유롭게 펼쳐보일 수 있다."라고 지적한

M. 투르니에[8]는 이를 잘 꿰뚫고 있다.

설사 국지적으로는 대응관계가 정확한 것일지라도, 역자는 저자의 언어를 번역하려고 하는 한 저자에게 충실한 것이 아니다. 저자는 자신의 언어로 쓴 것이고, 역자도 자신의 언어로 쓰는 것이다. 그래서 두 텍스트의 언어가 동일한 문체 수준에 이르도록 하는 것이다. 모든 화자처럼, 저자도 자기 생각들을 이해시킬 수 있는 낱말들을 통해 스스로를 표현한다. 역자도 그렇게 해야 한다. 이해시키려는 생각들과 느끼게 하려는 감정들을 자신의 언어로, 자신의 재능에 따라 표현해야 하는 것이다. 한 언어에서 그 '결'에 따라 쓰인 텍스트에는 다른 언어에서도 그 '결'에 따라 쓰여진 텍스트가 요구된다.

한 언어의 결을 존중하는 것이 그 언어의 어휘・통사・문체 규범들의 준수에 국한되는 것은 아니겠지만, 어쨌건 개인의 창의성은 규범들의 준수와 별개의 것이 아니다. 역자의 자유 의지가 무한한 것은 아니나, 모든 화자와 마찬가지로, 역자가 자기 것으로 만든 생각들을 전하는 데에 한 가지 방법만 있는 것은 아니다. 그가 선택한 어떤 것들은 자신의 고유한 언어 습관들에 기인한다. 어떤 낱말들이나 표현법들을 선호한다든가, 저자의 문체에 걸맞는 문체를 선택한다든가－맹목적으로 흉내내는 것이 아니라－하는 것이 그것이다.

언어의 결에 대한 것이니 만큼, 원어민들이 번역 텍스트를 자신들의 언어로 쓰인 것으로 인정하는 한, 모든 개인적 고안들이 허용된다.

2.2.6. 등가 판단

낱말들도 문법 구조들도 정확히 대응되지 않는다면, 무엇을 근거로 하나의 번역이 그것의 원문과 등가라고 판단하는가? 달리 말해, 무엇을 보고 어떤 번역이 잘 됐다고 말할 수 있는가?

---

8. Tournier, M.(1977): *Le vent Paraclet*, Gallimard, Paris.

W. 콜러9는 그의 『번역학 입문』에서 등가의 기준들을 밝히려는 노력을 경주했다. 그는 캣포드, 나이다와 테블러, 윌스, 예거 등의 저자들에게서 '등가'란 용어와 등치되었던 용어들이 다양했음을 상기시키고 있는데, 불변 내용이라고도 불리는 '내용적 등가', '형태적 등가', '텍스트적 등가', '의사소통적 등가', '결과적 등가' 등이 그것이다.

등가 개념의 내용을 좀더 섬세하게 파악하기 위해, 콜러는 전체의 등가 관계를 결정하는 요소들을 분석한다.

- 번역은 원본이 언어 외적 현실에 대해 제공한 정보를 전해야 한다. 콜러는 이를 '외시적 등가'라 부른다.
- 번역은 언어 사용역, 사회 언어, 표현의 사용 지역 등의 문체를 존중해야 한다. 그는 이러한 등가를 '공시적 등가'라 부른다.
- 번역은 번역된 텍스트의 유형에 적합해야 한다. 예를 들어, 누구도 조리법을 법학개론처럼 쓰지는 않는다. W. 콜러는 이 경우, '규범적 등가'라는 말을 쓴다.
- 번역이 이해되려면 독자의 지식에 맞추어져야 한다. 이러한 경우의 등가는 '화용적 등가'이다.
- 마지막으로 번역의 형태는 원문과 동일한 미적 결과를 산출해야 한다.

이러한 기준들은 번역을 판단할 때, 의식적이건 무의식적이건, 틀림없이 고려의 대상이 된다. 그런데 한 가지 지적할 것이 있다. 이러한 기준들이 번역 비평의 뒷받침에 유용한 것이기는 하나, 번역 방법들은 아니고, 또한 그렇게 제시된 것들도 아니라는 것이다. 이러한 기준들이－비네와 다르벨네가 관찰한 번역의 7가지 절차들도 그렇지 않지만－번역을 배우도록 해주는 것은 아니나, 우리가 혹 어떤 점에서든 필요한 등가관계를 놓치지는 않았는지 살펴 보게 해 준다. 다른 가치 판단과 마찬가지로, 번역의 등가에 대한 판단은 어쨌든 항상 상당 부분 주관적일 수밖에 없다.

W. 콜러의 기준들을 위에 인용된 *Cannery Row*의 번역을 통해 테스트

---

9. Koller, W.(1979): *Einführung in die Übersetzungswissenschaft*, UTB 819, *Quelle und Meyer*, Heidelberg, 4e éd., 1992.

해 보자.

(E) The ties were pulled down a little so the shirt collars could be unbuttoned. And the soldiers wore the girls' hats, one a tiny yellow straw boater with a bunch of daisies on the crown, the other a white knitted half-hat to which medallions of blue cellophane adhered. They walked holding hands, swinging their hands rythmically. The soldier on the outside had a large brown paper bag filled with cold canned beer. They strolled softly in the pearly light. They had had a hell of a time and they felt good. They smiled delicately like weary children remembering a party. They looked at one another and smiled and they swung their hands.
(F) Les soldats avaient défait leur cravate afin de pouvoir ouvrir leur col, et ils avaient coiffé les chapeaux des filles : l'un avait le chef adorné d'une paille jaune surmontée d'un bouquet de pâquerettes, l'autre portait un bonichon de tricot blanc décoré d'un médaillon de cellophane bleue. Soldats et filles se tenaient par la main et balançaient leurs mains en mesure. Le soldat qui marchait sur le bord du trottoir portait un cabas de papier brun, rempli de bière en boîtes, et tous quatre avançaient doucement dans la lumière aux tons nacrés; ils venaient de passer une nuit du tonnerre de Dieu, et la vie était belle. Et ils souriaient comme sourient les enfants au souvenir d'une fête. Chaque couple se re gardait, souriait, et balançait ses mains de plus belle.
(C) 군인들은 깃이 벌어지도록 넥타이를 풀어헤친 채 아가씨들의 모자를 쓰고 있었다. 한 사람은 한 뭉치의 데이지꽃이 꽂힌 밀짚으로 만든 작고 노란 모자를 썼고, 다른 한 사람은 파란 셀로판지로 만든 작은 메달 같은 것이 붙어 있는 털실로 짠 흰 모자를 쓰고 있었다. 군인들과 아가씨들은 손을 잡고 박자에 맞추어 흔들며 걷고 있었다. 차도 쪽을 걷고 있던 군인은 차가운 캔 맥주가 들어 있는 큼직한 갈색 종이봉투를 들고 있었다. 네

사람은 진주빛 빛 속을 한가롭게 걷고 있었다. 그들은 간밤을 흐드러지게 보낸 참이었고, 기분이 유쾌했다. 그들은 지난 밤 파티 생각을 하며 어린 애들처럼 생글생글 웃고 있었다. 이들 남녀는 서로 바라보며 웃고 있었으며, 손을 흔들고 있었다.

- 이야기에 담긴 정보가 충분히 전달되었다.
- 불어 표현이 언어 사용역과 원문 표현의 단순성을 존중하고 있다.
- 불어 표현에 번역 냄새가 안 나고, 문체도 문학 장르에 적합하다.
- 프랑스 독자에게 성공적으로 맞추어져 있다. 'large brown paper bag'를 'cabas de papier brun'이라고 한 것은 미국에서 식료품을 담아주는 종이 봉투의 크기가 어떠한지 암시한다. 'grand sac en papier'라고 번역했다면 이 크기가 잘 이해되지 않았을지 모른다.
- 원문의 온화한 미적 효과가 번역에도 그대로 나타나 있다.

W. 콜러의 다섯 가지 기준은 충족되었다고 말할 수 있다. 번역가들은 번역한 것을 써나갈 때, 이해한 것과 텍스트를 읽으며 느낀 것으로부터 착상을 얻어 자연스레 써지도록 하지만, 번역이 끝난 후 그 번역의 정당성 분석을 할 때는 어느 정도 의식적으로 W. 콜러의 등가의 기준들을 고려한다.

2.3. 대응에 의한 번역

번역에는 두 가지 접근법이 있는데, 각기 지지자들이 있다. 그 하나는 등가에 의한 번역으로, 방금 살펴 본 것이다. 철저한 대응관계들의 탐구에 의해 특징지어지는 다른 하나는 시니피앙들을 바꾸면서 시니피에들은 유지되도록 애쓰는 것이다.

번역에 대한 탐구는 채택된 접근법에 따라 달라질 것이다. 유능하고 정통한 역자에 의한 의미 산출과 그 재표현을 좇아 가게 되면 하나의 해석 이론이 구축될 것이고, 언어들에 국한되게 되면 언어 기호들의 어의들의 비교에 대한 한 이론[10]이 구축될 것이다.

'an unserem Tische'의 경우, 지시물은 불어로 'à notre table'이 아니라 'à la table où je dînais'로 번역되었는데, 대응어 대신에 상황의 이미지를 표현한 것이다. 반면에, 낱말들이 한 텍스트에서 그 정체성이 바뀌지 않아 그 권한이 유지되기에 그 어의가 대응관계를 필요로 하는 경우도 흔하다. 이들은 의도적으로 선택된 낱말일 수도, 낱말 리스트일 수도, 지시물이 아주 분명한 기술 용어들일 수도 있다. 다른 언어에 이 낱말들의 대응어가 있다면 이들은 대응 번역이 된다.

2.3.1. 의도적으로 선택된 어휘

시에서는 일반적으로, 그리고 문학과 정치 담론에서는 간헐적으로, 낱말들이 공들인 선택의 결과인 경우들이 있다. 예를 들어, 법률 텍스트들에서, 공증・계약・협정서들에서, 낱말들은 의미 지각의 도구로서만이 아니라 그들 고유의 비중을 갖는 경우들, 맥락이 여하하든, 하나의 불변 어의를 갖는 경우들이 있다. 이들은 선택된 것이다. 이들은 사고와 말 사이의 무의식적 접촉의 산물이 아니다. 낱말들의 지시물을 나타냈다기보다는 낱말들의 어의가 번역된 것이라 할 수 있다. 드골 장군이 소련(URSS)을 방문해 'Russie'란 말을 썼을 때,[11] 이 'Russie'라는 말은 의도적으로 선택된 것이고, 따라서 대응에 의해 'Rossia'라고 번역해야 했다. 그러나 상황이 달랐다면, 그리고 사람이 달랐다면, 'Russie'는 얼마든지 'URSS'로 번역될 수 있었을 것이다.

2.3.2. 열거

지시표현들이 열거된 경우, 이는 하나의 의미 덩어리의 구성에 쓰인 것

10. 번역에 대한 이론적 저술에서는–어쩌면 번역 자체에서 늘 그런지 모른다–오랜 동안 어의가 의미에 우선했는데, 아마도 모든 번역에 항상 대응관계들이 들어 있기 때문일 것이다.
11. 드골 장군이 1966년 7월 1일에서 20일까지의 소련 공식 방문 여행에서 한 연설을 말한다.

이 아니다. 텍스트 내에서나 밖에서나, 이들은 대상이나 개념의 명명이라는 동일 기능을 담당한다. 이들의 번역에는 다른 언어에서도 같은 것을 지시하는 명사가 요구된다.

*Cannery Row*의 5장의 한 발췌문은 열거의 한 예를 보여준다.

(E) From this room come smells...
(F) D'étranges odeurs émanent de cette pièce...
(C) 이 방에서 이상한 냄새들이 난다...

여기까지는 번역이 해석적이나, 그 다음의 열거에는 대응관계들이 요구된다.

(E)	(F)
formaline	odeur de formol 포르말린 용액
and dry starfish	d'étoiles de mer séchées 건조된 불가사리
and seawater	d'eau de mer 해수
and menthol	de menthol 멘톨
carbolic acid	d'acide phénique 석탄산
and acetic acid	d'acide acétique 초산
smell of brown wrapping paper	odeur du papier goudronné pour emballage 누런 포장지 냄새
and straw	de la paille 짚
and rope	de la corde 밧줄
smell of chloroform and ether	odeur du chloroforme et de l'éther 클로로포름과 에테르 냄새
smell of ozone from the motors	odeur d'ozone des moteurs 모터의 오존 냄새
등	등

열거된 요소들은 영어와 불어가 하나하나 서로 대응된다. 이들은 이들이 사용되는 일반 영역에서 규정된 정체성을 계속 유지한다.

2.3.3. 기술 용어

용어에 대해, A. 레[12]는 다음과 같이 그 성격을 밝히고 있다.

> '용어'는 한 언어 기호인 낱말이나 구에 의해 관찰 가능한 방식으로 제시되긴 하지만, 그 용도가 원래 단의의 개념적 명표이고, (...) 일반 어휘에 보편적인 공시적connotative 가변성은 없다. 용어에는, 적어도 경향상으로는, 동의어가 없다. 그래서 홀로, 경쟁어 없이, 명명을 짐진다.

기술 용어의 어의는, 언어들에서나 텍스트들에서나, 특정 대상을 가리킨다. 두 언어 사이에 설정된 동일 대상을 가리키는 대응관계는 텍스트들에서도 유효하다. 그러니까 원칙적으로 용어는, 대응이 종종 가능하지만 그 못지 않게 잘못된 경우들도 많은 일상 표현들과는 달리, 대응 번역이 되어야 한다. 그런데, 기술 용어가 대응에 의해 번역된다는 것은 이러한 대응관계들의 구축이 늘 용이하다는 것을 뜻하는 것은 아니다. 한 대응관계의 변별성을 지시된 기술적 대상과 사용 영역에 따라 결정하는 데에는 때로는 상당한 작업이 요구된다. 이는 국제전기공학위원회의 기술사전[13] 같은 것을 보면 잘 알 수 있다. 이 사전에서 예를 들어 'poste'란 하나의 용어에 poste의 유형이나 기능에 따라 50개의 정의가 주어져 있고, 이들은 각기 서로 달리 대응된다.

다언어 용어사전은, 기술 사전이든 문학사전이든,[14] 오래전부터 번역에 필수적 도구이다. 용어들은 언어에서 텍스트로의 전이과정에서 바뀌는 것이 아니기에, 해당 주제의 전문가들에 의해 사전에서 인정된 대응관계들은 번역자들이—해당 전문 영역에서 유효한 것으로 확인만 되면—이용할 수

---

12. Rey, A.(1989): "Lexico-logiques", *L'univers philosophique*, PUF, Paris, pp. 775-776.
13. *Dictionnaire CEI multilingue de l'électricité*, Bureau central de la Commission électrotechnique internationale, 3 rue de Varembé, Genève (Suisse).
14. 모든 문학 텍스트는 하나나 몇 종류의 특수 용어사전을 필요로 할 수 있다. 예를 들어 J. 콘라드의 해양 소설을 생각해 보라.

있다.

참고로, 다언어 대용량 용어 은행들의 개설로 인해 주어지는 다양한 가능성들을 지적한다. 이 용어 은행들의 정보 처리 기술은 실시간의 최신 자료 처리를 가능하게 한다. 그래서 이 용어 은행들은 과학과 기술의 발전과 보조를 같이 하지만, 인쇄되는 저술들은 이에 비해 늘 뒤늦을 수밖에 없다.

필자가 방금 환기시킨 경우들의 대응관계들은 미리 주어진 것이다. 명백히 의도적으로 선택된 숫자, 용어, 열거 요소, 낱말에, 전체적으로는 등가관계들에 의해 번역되는 텍스트에서 곧바로 언어 층위의 대응관계들이 주어지는 것이다. 그렇지만 그 가능성이 번역 도중에야 나타나는 다른 대응관계들도 있다.

2.3.4. 다의성과 실현

J. 라이언스[15]는 그의 『이론언어학 입문』에서 – 한 언어의 어휘에서 의미자질들이나 의소들을 탐구하는 – 성분 분석이 수세기 전부터 언어학, 논리학, 철학에서 수많은 고찰들의 대상이 되어 왔는데, 그 출발점은 각 언어의 어휘를 분석하면 개별적인 어떤 한 언어가 아니라 모든 언어에 속하는 한정된 수의 의소들을 얻을 수 있으리라는 생각이었다고 지적하고 있다.

번역학자는 낱말들에 내재적 다의성이 있다는 것에 의구심을 갖는다. 예를 들어, 영어의 'you'에 불어로 'tu'로 표현되는 의소와 'vous'에 해당되는 의소가 있다고 보지 않는다. 오히려 하나의 지시소가 있는데, 맥락에 따라

---

15. Lyons, J.(1968): *Introduction to Theoretical Linguistics*, Cambridge University Press, Reprinted 1989, (p. 472) "The componential approach to semantics has a long history in linguistics, logic and philosophy. (...) It has frequently been suggested that the vocabulary of all human languages can be analysed, either totally or partially, in terms of a finite set of semantic components which are themselves independent of the particular semantic structure of any given language."

가까움에 다소간 차이가 나는 것으로 본다. 영어권인에게는 'you'에 한 가지 어의밖에 없고, 불어로 옮길 때에 코세리우[16]가 말하는 '대조적 다의성'이 나타나며, 이 덕분에 역자로서는 'tu'와 'vous' 사이의 선택이 가능하다. 어떤 어의들이나 뜻들은 맥락이 그것들을 두드러지게 하기 때문에 텍스트 번역 시에 나타난다. 불어로, 개가 좇고 있는 'piste'라는 말을 하는데, 이 말은 영어로, 비행기가 내려앉는 'piste'(runway 활주로)와는 달리 번역된다(trail 흔적). 각 경우, 실현된 'piste'의 어의는 다르게 이해되고, 필요한 경우, 다르게 번역된다. 그 낱말을 둘러싸고 있는 낱말들과 함께 지각되기 때문이다.

우리는 이러한 현상을 가리켜 'actualisation 실현'이라고 하는데, 이는 F. 프랑수와[17]가 1968년에 '고립 단위들의 비한정 의미로부터 이들이 개별적 전언에서 갖는 명확한 의미로의 이행'이라고 정의한 것을 다소 확장시킨 것이다.

'mother'와 같은 말의 번역 예를 살펴 보자. 우선 보기에 이 말은 항상 'mère'로 번역된다고 믿는 경향이 있는 것 같다. 그러나 어떤 맥락들에서는 'mother'가 'mère'로 대응시킬 수 없는 방식으로 실현될 수 있다. 예를 들어, 'pregnant mothers'는 'mères enceintes'가 아니라 'femmes enceintes 임신부'로 번역된다. 'mother'의 유효성과 그 '값'은 'mère'의 것보다 보다 광범위하다. 'maternité 모체' 개념은 아이의 수태 때부터 시작되는 것으로 보인다. 그러니까 위 경우의 'mother'의 실현은 'mère'의 개념

16. Coseriu, E.(1981): "Kontrastive Linguistik und Übersetzungstheorie: ihr Verhältnis zueindander" in Kühlwein, Thome, Wills(eds), *Kontrastive Linguistik und Übersetzungswissenschaft*, Wilhelm Fink Verlag, München, p. 192: "'언어 내적 다의성'라는 것에는 동의하기 어렵지만, '대비적 다의성'에는 동의할 수 있다(원칙적으로는 그렇다. 개별적인 것에서도 언제나 그렇다는 것은 아니지만). 물론 이 대비적 다의성은 동일 언어 내에서의 '다의성'이 아니라, 등가 표현을 고려한 다른 언어로의 번역에서 기술적으로 용인될 수 있는 다의성이다. (...)"

17. François, F.(1968): "Le langage et ses fonctions", *Le langage*, Encyclopédie de la Pléiade, Gallimard, Paris.

영역 이전의 것이다. 원인은 중요치 않다. 역자는 어휘들을 벗어나, 일상어들 사이의 대응관계들을 텍스트 내에서의 실현 이후에 설정하는 것이다.

여기서 다시 *Cannery Row*의 14장을 첫 대목을 다시 보자. 이 대목의 번역은 원문의 훌륭한 등가물이다. 대응관계가 이루어지는 부분은 강조되어 있다.

> (E) Early morning is a time of **magic** in **Cannery Row**. In the **gray** time after the light has come and before the **sun** has risen, the Row seems to hang **suspended out of time** in a **silvery** light. The **street lights** go out, and the weeds are a brilliant green. The corrugated iron of the **canneries** glows with the **pearly lucence** of **platinum** or old **pewter**. No **automobiles** are running then.
> (F) Le lever du jour est un moment **magique**, dans la **Rue de la Sardine**. Quand le soleil n'a pas encore percé l'horizon **gris**, la Rue paraît **suspendue hors du temps**, enveloppée d'une lueur **d'argent**. Les **réverbères** sont éteints, l'herbe prend des tons d'émeraude, la ferraille des **conserveries** prend des **reflets** de **perle**, de **platine**, et **d'étain** vieilli. Pas encore d'**automobiles**.
> (C) 통조림공장 거리의 아침은 마치 마술과도 같다. 빛이 밝아오고는 있지만 해는 아직 뜨지 않은 어스름한 때, 거리는 은백색의 빛 속에 시간을 넘어선 듯하다. 가로등은 하나 둘씩 꺼져가고, 잡초들은 생기나는 초록빛을 되찾고 있다. 통조림공장 거리의 건축구조를 이루고 있는 철판 구조물들은 플래티늄이나 주석에서 볼 수 있는 진줏빛으로 반짝이고 있다. 차들은 아직 보이지 않는다.

두 텍스트에서 굵은 글씨로 된 낱말들은 서로 대응된다. 'magic', 'Cannery Row', 'gray', 'sun', 'suspended out of time', 'silvery', 'street lights', 'canneries', 'pearly', 'platinum', 'pewter', 'automobiles'이 영어쪽 표현들이다. 이 12개의 대응관계에서 기술적 대응관계라고 할 수 있는 것이 5개(canneries, pewter, street lights, platinum, automobiles), 항상 'rue de la Sardine'라고 번역되는 고유 명사가 하나(Cannery Row), 성구가 하나(suspended out of time) 있다. 나머지 5개의 대응관계(magique, gris, soleil, d'argent, reflets de perle)는 영어와 불어의 병행 실현의 결과들이다.

대응관계들의 분석은 이러한 정도를 결코 넘어설 수 없다. 'time', 'light', 'early morning', 'brilliant green', 'corrugated iron' 등에 대해서도 대응관계들을 설정하려고 할지 모르나, 이는 역자의 선택은 분명 아니었다. 역자는 번역의 구성을 위해 대응관계들을 설정하기보다는, 의미, 즉, 통조림공장 거리의 해뜰 무렵의 마술과도 같은 아침 모습으로부터 이에 대한 묘사로 나아간 것이다.

번역을 설명하고 싶다면, 맥락 외적으로 아는 대응관계들인 선험적 대응관계들과 텍스트 번역에서 사후적으로 찾아내는 대응관계들을 구분하는 것이 중요하다. 대응관계들은 때로는 언어적 사실이지만, 때로는 언어 외적 현실의 변별적 양상들이 서로 대응되는 낱말들에 의해 표현되어 텍스트에서 실현된 것이다. 등가에 의한 텍스트 번역이 규칙이지만, 등가 표현들 중에는 방금 살펴 본 일시적 대응관계들이 늘 존재한다.

2.3.5. 대응 번역의 여러 경우

여기서 언어 번역의 여러 경우들을 열거해 보자.

- 대어역 혹은 텍스트 행간역

다음 중국어 문장과 그 대어역을 보라.

zuijin	Hu Yao-Bang	tongzhi	zai	yigè	wenjian...
Récemment	Hu Yao-Bang	camarade	à	un(특정)	document...

- 유연적 번역

— 낱말

(D) 'Steuerzahler' : 'payeur d'impôts'. 사실은 'contribuable'(납세자)이 되어야 한다.

— 언어

(D) 'in weiten Kreisen der Bevölkerung' : 'dans de larges cercles de la population'. 사실은 'dans de nombreuses couches de la population'(국민의 여러 계층)이 되어야 한다.

— 굳은 표현

(D) 'Zwei Fliegen mit einer Klappe schlagen' : 'abattre deux mouches d'une tape'. 사실은 'faire d'une pierre deux coups'(일거양득)가 되어야 한다.

- 맥락을 고려하지 않은 문장 번역

(E) 'You pay her?'는 직역하면 'Vous la payez?'이나, 맥락 속에서는 (4장 참조) 'C'est vous qui la payez?'가 된다.

위의 첫 번역들은 언어적 사실들만 고려한 것들이다.

텍스트들의 번역은 오랜동안 언어들의 번역과 이론적으로 동일시되었다. 그리고 이러한 언어 번역류의 연습에서 제기되는 문제들도 심각하게 검토되어왔다. 번역에 대해 말하는 많은 사람들이, 다른 사람들 못지않게 대어역을 권장하는 것은 아니면서도, 오늘날에도 여전히 텍스트들에서 일부 낱말들을 일부 뽑아내어 이들에 대한 대응어들을 찾는 데에 머물고 있다. 역어의 언어 구조를 존중하는 원어의 변별적 어의들에 대한 대응 표현들을 찾으려다 보면, 언어 측면을 벗어나지 않는 번역은 불가능해진다. 그러나, 그러한 종류의 번역은 비교 분석, 이중어사전 편찬, 외국어 교육 측면에서나 의미가 있을 뿐이다. 바꾸어 말하면, 그러한 번역은 텍스트 번역에서는 하지 말아야 한다는 것이다. 텍스트에서 의미의 동일성을 얻기 위해서는 번역에서 형태의 등가물들을 찾아내야 하기 때문이다. 이는 번역가들이 계속적으로 확인하고 있는 사실이다.

여기서는 순전히 언어 측면에서만 낱말에 관심을 갖는 사람들이 제기하는 몇몇 문제를 검토하는 것으로 만족할 것이다.

번역 불가능어라는 코드변환 불가어

수많은 유명 학자들이 번역 불가능성에 대한 의견들을 말해왔다. 이들은 언어들 사이에 대응관계들이 성립되지 않는 일부 어휘들이 있음을 환기시키면서 '번역 불가능어'라는 표현을 만들어냈다. (D) 'Gemüt', (E) 'home', (Ru) 'toska', (F) 'détente' 등이 이러한 부류에 속한다.

그러나 실은 모든 고립적 낱말들의 번역이 불가능하다. 이는 헤겔[18]이 앞서 관찰한 바 있다 – 그 관찰에서 드러나는 언어 내셔널리즘적 요소는 공감하기 어렵지만. 그는 번역을 한답시고 한 낱말을 다른 낱말로 대치하는 것은 공연한 짓으로 본다. 한 쪽의 환기 개념이 다른 쪽의 환기 개념과 완전하게 대응될 수 없고, 한 쪽이 그것을 사용하는 대중에게 속하듯, 다른 쪽도 – 그 개념들도 그들의 언어 못지않게 다른 – 다른 대중에게 속하기 때문이다. 언어적 개념을 가리키는 고립적 어휘들에 관한 한, 헤겔의 말이 맞다. 독자적으로 변해온 언어들에는 동일한 분류법이 적용되지 않는다. 개념들도 동일한 방식으로 분류되어 있지 않고, 낱말들에서 느껴지는 정서도 동일하지 않다. 프랑스인은 'serrure 자물쇠'에 'trou 구멍'가 나 있다고 보아 이를 'trou de serrure 자물쇠 구멍'라 부르나, 영국인은 이를 열쇠를 위한 구멍이라 보아 'keyhole 열쇠 구멍'이라 부른다. 'révolution 혁명'이란 개념도 프랑스에서는 긍정적 공시 의미를 가지나, 다른 언어들에서도 꼭 그런 것은 아니다.

텍스트 번역에 적용 가능한 대응관계들의 범주들은, 앞서 살펴 보았듯이, 별로 많지 않다. 그러나 사고나 감정은, 원문에서 사용된 어휘가 어떤 것이든 간에, 다른 언어들로도 전달될 수 있다. 다행히도 언어적 측면에서 낱말들에 엄밀한 대응관계가 있는가 하는 것은 역자에게는 별로 중요하지

18. Coseriu, E., *op. cit.*, 1981, p. 183에서 Hegel 재인용: "한 민족의 언어 표현을 ... 그것과 완전히 일치하는 우리말로 번역하도록 요구하는 것은 사물의 특성과 바로 모순된다. 우리말의 낱말은 그러한 사물에 대한 우리의 특수한 표상을 제공하는 것이지, 언어뿐 아니라 표상까지도 상이한 다른 민족의 표상을 제공하는 것이 아니다."

않다.

흔히 비번역가들은 대부분의 어휘들이 텍스트들에서 고립 상태 때의 어의 전체를 간직하고 있는 것이 아니라는 걸 잘 모른다. 예를 들어, C. 케르브라-오레키오니[19]는 영어 낱말 'gap'에 걸려, 이 낱말의 번역 방법에 대해 고심한다.

> (또한) 불행히도 명료성과 경제성이라는 이중 조건을 만족시키는 번역이 하나도 없는 경우들도 생긴다('gap'의 번역에 'pause'는 중의적이고, 'pauses inter-répliques 말 사이 간격'은 아주 잠깐의 순간을 이르는 말치고는 너무 무겁다).

그녀는 나중에 영어 낱말과 불어 낱말을 같이 쓰다(les 'gaps' ou silences inter-répliques), 드디어는 불어에 'gap'를 차용하기로 작정한다. 그렇지만 그녀의 저서를 보면 'pause'도 쓰고, 'silence'도 'intervalle'도 쓰다가 이 대응관계들의 어느 것도 모든 경우에 다 적용될 수는 없기에 결국은 영어 낱말을 차용하고 만다.

항상 같은 낱말에 의해 번역될 수 없는 모든 낱말들, 말하자면 단일대상 지시어들을 제외한 모든 낱말들은 '번역 불가능어'로 분류되어야 할 것이다. 그러나 텍스트 차원에서는 모든 것이 번역 가능하다. 낱말들이 실현되어, 재표현이 가능한 의미들로 용해되기 때문이다. 예를 들어, 독일어의 'Forderung'은 'un souhait ardent clairement exprimé 분명하게 표현된 간절한 소망이고', 'une exigence 요구'나 'une revendication 요구사항'이다. 그리고 'une créance 채권'이기도 하다.[20] 어떠한 불어 낱말도 이 낱말과 완전히 대응되지는 않고, 따라서 '번역 불가능'하다. 그렇지만 한 텍스트 내에서는, 이 낱말이 기여하는 구성상의 의미는 아무 문제없이 표현된다.

---

19. Kerbrat-Orecchioni, C.(1990): *Les interactions verbales*, t. 1, Armand Colin, p. 6.
20. Cf. Dictionnaire Wahrig : *Forderung : ausdrücklicher strenger Wunsch, Verlangen, Anspruch eines Gläubingers, Rechnung, Herausforderung.*

예를 들어, 다음 텍스트(앞서 인용된 UNIPEDE의 브뤼셀 대회 보고서)에서 'Forderung' 개념은 용해되어, 불어의 'impératifs'와 'volonté'라는 낱말들의 원천에 자리하게 된다.

(D) Es muss zwei Herausforderungen begegnet werden: der allgemeinen Energieverknappung−das bedeutet, es muss Primärenergie eingespart werden−une der drohenden politischen und wirtschaftlichen Abhängigkeit vom importierten Mineralöl−das bedeutet, es muss Mineralöl durch andere Energien ersetzt werden. Hierbei kann der Zielkonflikt zwischen der **Forderung** nach Einsparung von Primärenergie une der **Forderung** zur Reduzierung der Abhängigkeit politisch unsicheren Mineralöl entstehen.

(F) Il s'agira pour l'essentiel de répondre à deux défis : celui de la pénurie croissante d'énergie−d'où la nécessité d'économiser l'énergie primaire−et celui du risque grandissant de dépendance politique et économique du pétrole importé−d'où la nécessité de remplacer le pétrole par d'autres sources d'énergie. Ces deux **impératifs** ne sont pas forcément compatibles; il peut y avoir conflit entre la **volonté** d'économie d'énergie primaire et la **volonté** de réduire la dépendance politique du pétrole.

(C) 문제의 핵심은 두 가지 도전에 직면하는 것이다. 그 하나는 에너지의 점진적 고갈이고(그래서 일차 에너지 절약의 필요성이 있는 것이다), 다른 하나는 수입 원유에 대한 정치적 경제적 의존으로 인해 증대하는 위험성이다(그래서 석유를 다른 에너지원으로 교체할 필요성이 있는 것이다). 이 두 가지 필요성은 양립 불가능한 것이 아니다. 그러나 일차 에너지를 절약하려는 의지와 석유의 정치적 의존도를 낮추려는 의지 사이에 갈등이 있을 수는 있다.

'Forderung nach Einsparung'과 'Forderung zur Reduzierung'은 불어로 'volonté d'économiser'와 'volonté de réduire'로 되어 있다. 그

러나 어떤 사전도 'Forderung'의 항목에 'volonté'를 내놓지는 않을 것이다. 'Forderung'이 창출하는 데에 기여했던 의미 속에 녹아버려 그 형체가 잊혀진 것이다. 동일한 과정을 통해 역자는 'Ces deux *impératifs* ne sont pas forcément compatibles; il peut y avoir conflit entre la volonté de... et la volonté de...'라고 옮기게 된 것이다. 이 번역에서 물론 'impératifs'는 'Forderung'의 내용의 상당 부분을 포함하고 있고, 이는 'volonté'에도 포함되어 있다.

이 텍스트의 번역의 질은 *Cannery Row*의 번역의 질에 뒤지지 않는다. 우선, 개념적 의미와 정감적 의미(전자에 깔려 있는 두려움)를—스타인벡의 이야기와는 사뭇 다른 정서이기는 하지만—잘 살리고 있기 때문이고, 다음으로는 잘 읽히기 때문이다. 불어 텍스트는 독일어 원문 못지 않게 얼른 읽히고 쉽게 이해된다. 이 번역을 하기 위해 꼭 전기 기술자일 필요는 없으나, 말하려는 상황을 알아야 하고, 저자의 논리를 이해해야 한다. 그렇게 해서 텍스트들의 등가관계들이 구축되고, 번역 불가능어라는 낱말들이 처리되는 것이다.

(D) 'Gemüt', (E) 'home', (Ru) 'toska', (F) 'détente' 같은 낱말들에 대해서도, 방금 'Forderung'에 대해 살펴본 것처럼, 재현 방법을 찾아낼 수 있다. 이는 텍스트 내에서의 의미 단위들을 번역하는 것인데, 이 텍스트 의미는 맥락 속에서의 낱말의 변별적 실현에 따라, 그리고 그 낱말이 속한 논증 과정의 추이에 따라, 서로 다르게 구축된다. 낱말들을 번역하는 것이 아닌 것이다.

번역 불가능성에 대해 M. 페르니에[21]도 언어 체계들의 차원에 속하는 번역을 문제삼고 있다.

> 번역은 언어 체계들을 어떤 하나에서 다른 하나로 바꾸는 것이 아니라, 체계들의 차이들을 넘어, 형태를 입은 언어에 속하지 않는—그 언어를 빌

---

21. Pergnier, M.(1976): *Les fondements sociolinguistiques de la traduction*, Honoré Champion, Paris, p. 466.

린-하나의 개별적 '내용'을 소통시키는 것이다. 그래서, 번역 가능성에 대한 장애는 결과적으로 언어 사이의 일치나 불일치가 아니라, 개별 전언들의 의미와 등가 표현들을 발견할 수 있는가 없는가에서 찾아야 할 것이다.

어휘 공백, 손실과 이득

어휘 공백은 원어에서 번역 불가능어라고 하는 낱말들에 대한 역어에서의 대응짝이다. 문제인 것은, 원어에서든 역어에서든, 어느 한 쪽에 직접적 대응관계가 없다는 것이다. 그런데 완벽한 일대일의 대응관계가 없는 것은 거의 모든 낱말들의 속성이어서, 주어진 대응관계가 없는 것이 놀랄 일은 아니다. 이는 내용의 재표현에 의해 벌충된다.

J. 들릴은 문장을 재표현하는 대신에 대역어를 찾는 궁리를 하는 방법론에 대한 자신의 생각을 피력한 바 있다. 그가 든 예는 그의 학생들 사이에서 자주 쓰이는 표현인 'lift'로서, 'Peux-tu me donner un lift?'는 영어 'Can you give me a lift?'의 모사 표현이다. 문제인 것은 불어에 'lift'에 해당되는 표현이 없다는 것이 아니라, 영어 표현을 통사적으로 모사했다는 것이다. 영어를 흉내내지 않아도 'Es-tu en voiture? 차 있니?', 'Peux-tu me déposer quelque part? 어디 좀 내려줄래?' 등의 다양한 방법이 있는데도 말이다.

비번역가들은 다른 언어의 낱말들에 대응어들이 없으면 궁금해진다. 'bourgeois'를 영어로 뭐라고 하지? 혹은 (Esp) 'movida'는 불어로 뭐지? 그런데 말을 해주지 않는 경우가 흔하니까, 낱말이 다른 언어로 그대로 넘어가는 것이다. 그러나 번역가의 반응 방식은 전혀 다르다. 그는 주어진 경우에 무엇이 문제인지 생각해 보고, 문제인 '그것'을 의미 등가에 의해 나타낼 수 있는 여러 가능성이 있음을 확인한다. J. 들릴이 잘 지적했듯이, 텍스트들의 번역은 등가관계들의 가능한 경우들을 증대시키지만, 언어들의 번역은 곧 그 한계에 도달한다.

어휘적 공백은 분명히 존재하나, 실제적으로 문제가 되는 것은 원어의 낱말들이 지시하는 대상이나 관습이 역어 문화에 존재하지 않는 경우들이다. 문화적 차이(요리, 풍습 등)가 있어서 그럴 수도 있고, 과학적이나 기술적으로 새로운 것들이어서 그럴 수도 있다. 낱말 이전에 그 대상이 문제인 것으로, 그 대상을 이해시켜야 하는 것이다. 채택되는 해결책은 차용으로부터 설명의 삽입, 그리고 역주에 이르기까지 다양하다. 이 문제는 2부 1장에서 다룰 것이다.

손실[22]과 이득 개념 역시 번역의 언어적 인식에서 직접적으로 비롯된 것이다. 한 낱말의 의미 외연 전체가 번역에 모두 나타날 수는 없으니 번역은 원낱말의 무엇인가를 잃는다는 것이고, 그 뜻 중 하나를 선택해 번역해서 명료해지면 무언가가 보태진다고 보는 것이다.

J.-P 비네와 J. 다르벨네[23]는 손실과 이득의 예로서 'We passed few cars on the road'를 든다. 다음은 이 예에 대한 그들의 지적이다.

> 영어 동사 'pass'의 의미 외연으로는 말하는 사람이 뜻하는 것이 'croiser'인지 'dépasser'인지, 아니면 'croiser'와 'dépasser' 둘 다인지 알 수 없다. 불어에는 그와 같은 포괄적 낱말이 없기에 세부적 표현을 쓸 수밖에 없다.

위의 예는 맥락 외적으로 주어진 것이고, 맥락 외적으로 불어에 대응어가 없다는 것은 분명한 사실이다. 그러나 텍스트 내에서라면 역자는 'croiser'의 경우인지 'dépasser'의 경우인지 모른다는 것을 인정하며 다른 표현을 쓸 수 있을 것이다. 예를 들어, 'il n'y avait pas beaucoup de circulation 차들이 별로 다니질 않았다'나 'nous ne vîmes pas beaucoup de voitures en chemin 우리는 도중에 차들을 별로 보지 못했다' 혹은 'la route était presque vide 도로는 거의 비어 있었다' 등으로 옮길 수 있다. 그 밖에도, 맥락을 통해 통행 방향을 알 수 있었다면 'nous ne rencontrâmes pas beaucoup de voitures 우리는 차들을 많이 보지는

---

22. 때로는 '엔트로피'라고 잘못 불리기도 하는데, 이는 물리학에서 차용한 것으로서 특정 개념을 가리키나, 번역에서는 모호한 개념이다.
23. Vinay, J.-P./Darbelnet, J.(1973). *op. cit.*, p. 166.

못했다'나 'nous dépassâmes seulement quelques voitures 우리는 차를 몇대만 추월했다'라고도 옮길 수 있었을 것이다.

J.-P 비네와 J. 다르벨네는 텍스트들의 번역에서 손실과 이득 개념이 인위적인 것임을 의식한다. 이들은 매우 훌륭한 번역가들이기에 이러한 단순 비교 분석에 만족하지 않는다. 그래서 이들은 말한다.

> 그렇지만, 유능한 번역가는 낱말들뿐만이 아니라 그 이면의 생각을 번역한다는 것, 그리고 그러기 위해서 늘 맥락과 상황을 살핀다는 것을 염두에 두어야 한다(p. 163).

기억해야 할 것은 텍스트들에서 각 어휘의 개념적 표면 전체가 총체적으로 드러나는 적은 없다는 것이다. 언어 맥락이 낱말들의 일부만 실현시키거나, 한눈에 들어오는 것이 실현된 어의들만이 나타나기에 충분할 정도의 일련의 낱말들이기 때문이다. 그러니까 고립적 낱말 층위에서의 손실은 있어도, 텍스트 층위에서의 손실은 없는 것이다.

실현에 의한 상세화는 낱말에 적절한 어의 자질들을 할당하는 인지적 맥락 덕분이다. J.-P 비네와 J. 다르벨네는 아래의 것과 같은 아주 좋은 예를 하나 보이면서, "상황을 알아야 문제의 인물이 자기 마차가 아니라 삯마차로 역에 간 것을 알 수 있다"고 지적한다(p. 165).

> He 〔...〕 drove to the Warsaw Station... – (il) se fit conduire à la gare de Varsovie.
> 그는 마차를 타고 바르샤바 역으로 갔다.

우리는 비네와 다르벨네가 많은 다른 사람들과 더불어 '상황'이라고 부르는 것을 '인지적 맥락'이라 부른다. 텍스트를 읽는 과정에서 얻는 지식이기 때문이다.

필자는 (D) 'Das Buch liegt auf dem Tisch'(문자적으로는 '책이 책상 위에 누워 있다')를 (F) 'Le livre est sur la table 책이 책상 위에 있다'로 번역할 때 수평 개념이 사라지는 것에 대해 '손실'이라 말하지 않는다. 프랑스인들은 책이 책상 위에 있다고 할 때, 책 가장자리 단면으로가 아니라 평평하게 놓여 있는 것을 알고 있다. 심리학자 르니[24]가 말하듯이, "(...) 이 구분은 언어적으로는 중요하나, 인지적으로는 중요치 않다".

어휘적 공백과 손실은 번역의 언어적 인식으로부터 비롯되는 개념들이다. 이러한 인식은 하나의 동일한 낱말이 텍스트의 여러 다른 곳에서 그 어의가 아니라 지시물에 따라 번역되어야 한다는 사실의 수용을 거부하는 것이다.

양적 대응과 이중어

『번역을 위한 해석』[25]에서 필자는 언어 번역들에서 볼 수 있는 양적 동등성의 묵시적 요구와 이러한 요구에 따르기 마련인 방법상의 오류를 지적한 바 있다. 사실, 역자가 두 언어의 낱말 수를 똑같이 해야겠다, 혹은, 그 반대로, 원어가 이중어doublet로 동일 개념을 나타낼 때, 서로 다른 두 낱말을 써야겠다 생각한 것이 아닌가 싶은 경우들이 적잖이 있다. (E) 'industry'는 영어에서 집단적으로 이루어진 경제 활동을 말하나, 그 구체적 성격은 'fishing industry 어업', 'building industry 건축업'처럼 낱말을 하나 덧붙여 나타내는데, 불어로는 'la pêche', 'le bâtiment'이 된다. 그러나 오늘날에는 영어의 영향으로 무심코 양적 등가에 의한 번역을 하여 'industrie de la pêche', 'industrie du bâtiment'이라고 한다.

이중어는 영어와 독일어에 많다. 이들 각 경우에 서로 다른 대응관계를 부여하려다 보면 번역에서 불필요한 구별을 하게 되는 경우가 잦다. 예를 들어, 프로이트의 용어 번역에서 번역자들은 'Instinkt'와 'Trieb'를 서로 다른 낱말, 즉 'instinct'과 'pulsion'으로 줄곧 번역하기로 결정한 바 있다. 필자는 정신분석학에 대한 지식이 충분치 않아, 불어로는 'instinct'이라는 용어만 써야 했다고 자신있게 말할 수 없다. 그러나 베른하임[26]의 한

---

24. Le Ny, J.-F.(1976): "Sèmes ou mêmes?", *La mémoire sémantique*, Bulletin de psychologie de l'Université de Paris, p. 53.
25. Seleskovitch, D./Lederer, M.: *op. cit.*, 1984.

저서를 프로이트 자신이 번역한 『암시』*La suggestion*를 보고는 의심스럽다는 생각이 들었다. 프로이트는 불어 'instinct'을 경우에 따라 'Instinkt'로도 'Trieb'로도 옮기고 있었다. 분명히 이 두 용어를 'instinct'을 가리키는 이중어로 간주했던 것이다.

'같은 것은 같은 것으로'라는 생각은 지시 대상이 하나밖에 없는 개념들, 예를 들어, 기술 용어, 고유 명사들의 경우에는 맞다. 이러한 언어 범주들에서 엄밀한 대응을 소홀히 하다 보면 모호한 경우들이 생겨날 수 있다. 그러나, 나머지 경우들에 대해서는 역자가 자유로운 태도를 취할 수 있다. 가능하다 생각되면 사후적 대응관계들을 택할 수도 있고, 필요하거나 선호하는 경우, 등가관계들을 택할 수도 있다.

외국어의 이국성

어떤 사람들은 신(神)의 말씀은 해석될 수 없거나, 사용언어가 그 말씀의 일부를 이루기 때문에 원전에 최대한 가깝게 대응 번역이 되어야만 한다고 생각한다. 이것이 일부 역자들에게는 모델로 되어 있다.

예를 들어, H. 메쇼닉[27]은 극단적 문자주의에 의거하여, 이국성을 드러내고 '중심 어긋내기 décentrement'를 하고, 언어의 '안-퐈 만들기 le dedans-dehors를 시도한다. 그는 '병합 annexion'을 거부하는 입장을 보이는데, '병합'은, 그에 의하면, 자연스럽다는 환상, 원어로 된 한 텍스트가 －문화・시대・언어 구조의 차이를 무시한 채－마치 번역어로 씌어진 것 같다는, '마치' 현상에 지나지 않는다고 한다.

번역이 원전의 문화나 시대를 삭제한다면, H. 메쇼닉이 '병합'이라는 말

26. '*Die Suggestion und ihre Heilwirkung*' von Dr. H. Bernheim, Autorisierte deutsche Ausgabe von Dr. Freud, S., Leipzig und Wien, Franz Deuticke, 1886.
27. Mechonnic, H.(1973): *Pour la poétique II, Épistémologie de l'Écriture poétique de la traduction*, Éd. NRF Gallimard, Le Chemin, Paris, pp. 306 이하.

을 하는 것이 일리가 있다. 그러나 언어 구조에 관한 한, 그렇지 않다. 번역이 언어들을 교육하는 것이 아니라 사고와 감정들을 전달하고자 할 경우에는 외국어의 구조들과 상관이 없다. 역어의 자연스러움을 통해, 문화와 시대의 차이들을 가장 잘 이해시킬 수 있는 것이다.

메쇼닉의 생각은 A. 베르망[28]의 생각이기도 하다. 베르망[29]은 분명한 번역으로 인해 원전의 이국적 성격이 말소되지 않을까 염려하여, 원어가 원독자들에게도 이국적이었나 생각해 보지 않은 채 이국성을 권장하고 있다.

이러한 생각들은 미국 성서학파의 생각과는 극단적으로 상치된다. 이 학파는 E. A. 나이다가 중심이 되어 '역동적 등가'를 내세우는데, 독자를 낯설게 하는 것이 아니라 성서와 가깝게 하는 것이 목표이다. 그래서 평이하고 이해하기 쉬운 언어를 사용한다. 나이다의 제자인 J.-C. 마르고는 이 점을 강조한다.

> 그러니 용기를 가지고 분명히 할 필요가 있다. 우리는, 많은 사람들이 그렇듯이, 성서 번역이 이해가 안 될수록 그만큼 더 신뢰할 만한 것이라고 믿는 그런 경향에서 벗어나야 한다.[30]

J.-R. 라드미랄[31]은 그가 '소스' 문자주의라고 부르는 것을 성토한다.

> '소스' 문자주의는 번역해야 할 텍스트에 성서의 위상을 부여한다. 그러니까 그 '원'어는 그와 동시에 '기원'어의 위상을 갖게 되는 것이다. (...)

---

28. Berman, A.(1984): *L'Épreuve de l'étranger*, Gallimard, Paris.
29. Berman, A.(1985): "La traduction et la lettre-ou l'auberge du lointain", dans *Les tours de Babel (Essais sur la Traductologie)*, T.E.R., p. 140: "번역을 위해 역자는 자신의 언어에서 규범화되지 않은 것을 부단히 찾아야 한다. (...) 번역은 그러한 것이다. 모국어에서 규범화되지 않은 것을 찾고 발견하여 그 속에 외국어와 그 표현 방식을 받아들이는 것이다."
30. Margot, T.-C.(1979): *Traduire sans trahir*, l'Âge d'Homme, Lausanne, pp. 248-249.
31. Ladmiral, J.-R.(1989): "Pour une philosophie de la traduction", *Revue de métaphysique et de morale*, Janvier-Mars 1989, n° 1, « La traduction philosophique », pp. 20-21.

> 마치 온갖 환속과 속화의 경우들에도 불구하고—표현이 적절한지 모르겠으나—'신학적 무의식'이라고 할 만한 무언가가 우리 모두에게 남아 있기라도 한 것처럼. 소스 텍스트의 '원'어, '기원'어에 지고한 언어, 한 마디로 신어(神語)의 위상을 부여하려는 그러한 무의식이.

많은 사람들이, 여러 이유로 인해, 아직도 번역을 할 때는 원전의 언어를 존중해야 한다는 깊은 신념을 갖고 있다. 자신들의 작품이 번역된 언어를 거의 모르는 저자들이 그 번역에서 그들의 언어가 드러나지 않으면 자신들의 것으로 느끼지 못하는 경우들도 있다. 대응관계들을 추구하는 나머지, 대응관계들을 통해서는 그들의 작품이 복원되지 못한다는 것을 미처 이해하지 못하고 있는 것이다.

익숙치 못하고, 그래서 이국적으로 보이는 언어로부터 '번역'을 하는 사람들은 이 이국성을 재현하는 것이 정당하다고 믿는다. 그런데 번역된 텍스트의 이국 정서는 대응관계들에 의해 번역된 때문인 경우들이 너무도 빈번하다.

원어를 다소간 모사한 탓으로 인한 번역의 이국성은 서로 다른 문화들의 접근이 어려웠으며, 차용·구문 모사·비순정어법 등이 이국 정서를 낳았고, 그것이 역어를 풍요하게 하는 결과를 가져오기도 했던 시절에는 그 옹호자들이 있을 수 있었다. 그러나 수백만의 앞에 놓인 영상, 항공기, 텔레커뮤니케이션 덕분에 예전의 이국성이 상당 부분 제거된 현 시대에는 정당성을 갖지 못한다.

일부 낱말들, 예를 들어 고유 명사, 숫자, 기술 용어들에는 그것이 나타내는 현실을 알게 해주는 기능이 있다. 이 기능은 다른 언어들에도 있고, 그래서 이들 사이에는 대응관계들이 성립된다. 이 대응관계들은 새로운 번역이 실현되기 이전 번역들의 부산물들로, 미리 주어진 것들이다. 그러나 다른 대응관계들은 낱말들의 실현의 결과물들이다. 이들은, 전자와 달리, 의미의 재표현으로부터 비롯되는 사후적 대응관계들이다. 언어 기호들과 인지적 보충물와의 결합으로 인해 시초의 기호들이 사라지면 등가관계들이 나타나는 것이다. 등가관계들은 미답적 성격의 특정 현실들을 나타낸다. 등가관계와 대응관계의 이원성은 인간이 기호들을 통해 세계와, 그리고 사고와 맺고 있는 관계들의 성격에 의해 부과된 것이다.

2.4. 충실성과 자유

일부 번역학자들의 문자주의적 요구는 수세기에 걸친 해묵은 의문을 상기시킨다. 역자는 자유로워야 하는가, 충실해야 하는가? 이런 식의 양자택일은 잘못된 것이다. 이는 '충실성'과 '자유'라는 이 용어 각각이 한 텍스트에 전체적으로 적용되어야 한다는 것인데, 모든 번역에는 대응관계들(문자에 대한 충실성)과 등가관계들(문자로부터의 자유)이 교차되어 나타나기 마련이기 때문이다.

자유를 텍스트의 내용과 관련지어 생각하게 되면, 번역은 분명히 자유로워서는 안 된다. M. 투르니에[32]는 E. M. 레마르크의 소설을 번역할 때 일부분을 고의적으로 자유롭게 번역하면서 느꼈던 다소간의 거북스러운 느낌의 기억을 *Le vent Paraclet*에 토로하고 있다. 다음은 저자와의 대담에서 몇 쪽이 그의 글로 바뀌었다는 지적에 대한 그의 변이다.

> 나는 스무살이었고, 거들먹거리는 멍청이었다. 그래서 E. M. 레마르크의 글에 대한 과도한 존경심은 갖고 있지 않았다. 홍당무가 되어 더듬거리다 건방지게도 나는 이렇게 대꾸하고야 말았다. '중요한 건 나중 것이 먼저 것보다 낫다는 것 아닙니까?'

회의통역사들도 비슷한 일화를 이야기한다. 시몬느 시뇨레의 부친이며, 통역을 맡았던 모든 국제회의에서 크게 인정받았던 순차 통역의 대가 앙드레 카밍케르는 한 참석자가 불충실한 통역이라는 비난을 하자, "난 당신이 한 말을 전한 것이 아니라 당신이 해야 했던 말을 전한 것"이라고 응수했다 한다.

필자가 위에서 말한 등가관계들이 저자의 의도로부터 자유로운 것이 아

32. Tournier, M.(1977): *Le vent Paraclet*, Gallimard, Paris, p. 162.

니라는 것은 두말할 필요도 없다.

자유스러움을 완전히 부정하면 또다른 극단에 이른다. 프로이트의 전집[33] 제1권의 번역본이 1988년에 출간되자 호된 비난들이 쏟아졌다. 그 중 하나는 J. 르리데르가 1989년 4월 28일자 『르몽드』지에 기고한 것으로, 그 번역자 그룹의 프로그램이 프랑스 독자들에게 프로이트 텍스트의 문자성에 대해 '이국성 시험'을 치르게 한다는 비난이었다.

사실 저자의 언어에 충실한 것이 저자에 충실한 것은 아니다. 프로이트의 언어를 문자적으로 번역하는 것은 프로이트에 대한 반역이고, 역어에 대한 폭력이다.

번역의 충실성에 대한 저서에서 A. 위르타도[34]는 충실성을 저자의 의도, 역어, 독자라는 세 관점에서 정의하고 있다.

> 충실성에 대한-말하고자 하는 바, 역어, 번역의 대상인의-이 삼중관계는 불가분의 것이다. 이 기준들의 어느 하나에만 충실하여 나머지를 저버린다면 의미에 대해 충실한 것이 아니다.

실제에 있어서는 역자의 책임감이 그의 선택들에 결정적 역할을 한다. 역자는 위르타도가 말한 충실성의 제약을 받는 것이다. 이러한 제약들이 역자로 하여금 원텍스트의 표현으로부터 자유로워지게 종용하는 것이다. 이러한 문자로부터의 자유가 모든 번역 유형의 속성이라는 점에도 유념해야 할 것이다. 이는 문학 번역에서 더 두드러지지만, 기술 번역이라고 해서 예외는 아니다. 가능한 대응관계들과 불가피한 등가관계들의 과다에 따른 자유의 정도 차이가 문제될 뿐이다. 기술 번역가들도 그들 분야에서의 표현의 자유를 그것을 누리지 못하는 사람들만이 부정한다는 것을 잘 알고 있다.[35]

---

33. Freud, S.(1988): *OEuvres complètes. Psychanalyse*, Direction de la publication Bourguignon, A., Cotet, A., direction scientifique : Laplanche, J., vol. XIII, 1914-15, PUF.
34. Hurtado-Albir, A.(1990): *La notion de fidélité en traduction*, Didier Érudition, p. 118.
35. *Cf.* Durieux, C.(1988): *Fondement didactique de la traduction techni-*

문학 번역과 기술 번역은 실은 말하고자 하는 바의 전달의 목표로 하는 하나의 동일한 행위의 두 가지 측면이다. 그 어느 경우에 있어서나, J.-R. 라드미랄36이 지적하듯이, "(...) 얼핏 모순되어 보이는 두 요구를 동시에 충족시켜야 한다. 이들은 실은 동일한 하나의 이중적 요구의 양면이다. 충실성과 우아함, 내용과 문자 (...) 모두 필요하다."

문학 번역가는 원텍스트의 형태에 대해 자유를 누리는 것이지, 그 형태가 산출하는 효과에 대해 자유를 누리는 것은 아니다. 이러한 자유는, 어떤 면에서는, 역어의 기계적 표현들로부터의 자유이다. 이는 시 번역가들에게 더욱 그러하다. 시 언어는 사실 자신에게로 돌려진 언어이다. 시는, 산문과 달리, 말하자면 자신을 지시한다. 그래서 시 번역에서는 시의 문자 복원을 위한 부단한 투쟁이 요구된다고 말할 수 있다. 그렇지만 시 정신을 되살리기 위해서는 자유가 필수적이다. F. 이즈라엘37에게는 이것이 역설이 아니다. 그는 말한다. 언어가 지고해질수록 번역가의 창의성 또한 치열해진다고.

번역자는 등가관계들의 창출에 의해 낱말들, 즉 원전의 형태로부터 자유로워질 수 있고, 또 그래야 하지만, 의미에 대해서도 그러한 자유를 누리는 것은 아니다. 번역에 있어서 자유의 당연한 귀결은 의미에 대한 충실성이다. 이 때의 의미는 문자와 대비되는 정신이 아니라, 수신인에 대한 텍스트의 총체적 효과를 말한다.

충실성의 지지자들과 자유의 지지자들의 대립으로 인한 논쟁은, 세부적 구분 없이 전반적으로 충실성이나 자유를 요구하면서 '번역'에 대해 말하는 한, 아마 계속될 것이라 생각된다. 그러나 필요할 때, 문자를 되살리기 위해서는 대응관계들이 필요하고, 정신을 되살리기 위해서는 등가관계들이 필요하다.

자유와 충실성 논쟁은 모든 성공한 번역에서의 등가관계/대응관계의 이

---

que, Didier Érudition, Paris.

36. Ladmiral, J.-R.(1979): *Théorèmes pour la traduction*, Payot, Paris.
37. Israël, F.(1991): "La traduction littéraire : l'appropriation du teste", *La liberté en traduction*, Didier Érudition, Paris, pp. 17-41.

중성으로 인해 종결된 셈이다. 대응관계들은 고유 명사, 숫자, 기술 용어들의 경우 필수적이다. 다른 대응관계들은 낱말들의 실현으로부터 비롯된다. 이들은 전자와 비교할 때 사후적 대응관계들이다. 이들은 모든 경우에 적용가능한 것이 아니라, 의미의 재현으로부터 비롯되는 것들이다. 반면에, 예전에 수없이 사용된 대응관계들이 새로운 텍스트에는 적용되지 않을 수 있다. 이 때는 의미가 등가관계를 필요로 한다. 사고는 언어적 테두리들에 갇혀 있지 않다. 역자의 표현은 〈지금 여기서〉 나타내야 하는 사물의 상태들에 달린 것이지, 낱말들 사이에 사전에 이루어진 대응관계들에 달린 것이 아니다. 기존의 대응관계들은 새로운 번역을 하기 이전 번역들의 결과들이고, 등가관계들은 지금의 구체적 혹은 추상적 현실들을 나타낸다는 것을 잊지 말아야 할 것이다. 이러한 등가관계들의 미답적 성격은 문제된 현실의 특수성에 기인한다.

대응관계들과 등가관계들은 번역 과정에서 서로 밀접하게 연관되어 있다. 그 어느 한쪽이 다른 한쪽을 완전히 압도하는 경우는 결코 없다.

3. 언어와 번역

에지트에 등록할 때, 학생들은, 학사이건 석사이건, 프랑스인이건 외국인이건, 번역은 대응관계들의 문제이고 언어학 연구의 문제라고 굳게 믿는다. 그런데 번역은 랑가쥬langage의 문제이다. 한 언어langue의 사용에는 지식을 비언어적 형태로 습득하고 저장하는 속성이 따른다. 번역의 경우도 이러한 규칙에 예외가 아니다.

3.1. 언어학과 번역

금세기의 언어 이론들을 대략 훑어 보면 구조주의언어학과 생성언어학에 대한 번역학의 위치가 보다 잘 드러날 것이고, 최근 경향들에 대한 그 독창성도 알 수 있게 될 것이다. 그렇게 함으로써 번역이 왜 언어학이 아닌 다른 측면에서 다루어져야 하는가 그 이유들이 드러나기를 기대한다.

3.1.1. 구조주의언어학

19세기 언어학은 주로 어원적이고 통시적이었으며, 그러한 점에서 번역학과는 별로 관련이 없다.

20세기의 구조주의언어학은 공시적·기술적·비교주의적이다. 이 구조주의언어학은 여러 분야에 걸쳐 근 반세기 가량 군림하게 되는데, 번역 연구도 그 중 하나이다. 이 언어학이 번역에 대한 여러 글들에 영향을 미쳤으므로, 이를 살펴 보는 것이 필요할 것이다.

소쉬르는 언어들(불어, 독일어, 영어 등)을 하나의 기호가 그 언어의 다른 기호들과 관련하에서만 그 어의를 갖는 체계들로 본다. 언어 기호들은 '값 valeur'(독일어로는 'Geltung': 유효 범위)을 가지며, 서로 다른 언어 체계들의 기호들은 서로 다른 값들을 갖는다. 예를 들어, 불어의 'mouton'의 값은 영어의 'sheep 양'과 'mutton 양고기' 중 그 어느 하나가 아니라 양자의 값의 합에 해당된다. 프랑스인은 'mouton'을 음식으로 먹을 수도 있고, 들판에서 'moutons'을 볼 수도 있으나, 영국인은 들판에서는 'sheep'을 보고, 식탁에서는 'mutton'을 먹기 때문이다. 기호들의 '값'의 차이는 낱말들의 번역, 따라서 언어들의 번역이 불가능한 과제임을 설명해준다.

소쉬르는 파롤을 랑그에 대해 이차적인 것으로 간주한다. 랑그의 사용이라는 가장 기본적 말뜻의 파롤에는 담론적 기준들이 결여되어 있다. '의미 sens'가 빠진 것이다. 필자는 '파롤'에 대한 것이고, 현실(실재적이건 상상의 것이건)과 아무런 관련도 없이 독자적 언어 지식만 개입시키는 번역을 '언어 번역' 또는 '코드변환'이라고 부른 바 있다. 의사소통의 상황과 무관하게 맥락 외적으로 문장들을 만들어낼 수 있듯이, '파롤'도 코드변환할 수 있다. 이 층위에서는 낱말들이 다른 낱말들과 맥락을 이루어, 그 의미 잠재력의 일부는 잃은 상태이다. 그러니까 '파롤' 층위는 번역에서 '낱말'보다는 상위 층위이다. 이 층위의 대응관계들은 어휘집이나 사전들에 나타난다.

번역을 다룬 구조주의학자들 가운데에 프랑스에서 첫 번째로 꼽아야 할 사람은 G. 무냉[1]으로, 그의 『번역의 이론적 문제』는 오랜동안 권위서였다. 활기찬 문체로 쓰인 이 학위 논문에는 언어를 다룬 많은 학자들이 거론된다. 무냉에게 번역은 언어간 접촉이고, 언어상의 작용이다. 그래서 그는 언어들간의 구조적 차이들로 인해 번역 불가능성이라는 결론에 다다른다. 그건 맞는 말이나, 텍스트의 번역과는 상관 없다. 그는 공유 상황과 의사소통에 대해 말하며 번역 불가능성이라는 그의 단언에 뉘앙스를 주기는 하나, 그렇게 되면 '랑그'의 층위를 떠나 텍스트들의 층위로 넘어간다는 것을 미

1. Mounin, G.(1963): *Les problèmes théoriques de la traduction*, Gallimard, Paris.

처 의식하지 못하고 있다.

R. 야콥슨[2] 역시 번역의 언어적 관점을 취해 "번역의 언어적 양상"이라는 논문에서, 번역의 문제점들 중 하나는 언어들이 전할 수 있는 것들에서가 아니라 전해야만 하는 것들에서 서로 다르다는 것이라고 지적한다. 이 어려움을 보이기 위한 예로 그는 영어의 'worker 직공'를 드는데, 이 낱말은 'ouvrier'도 뜻하고 'ouvrière'도 뜻하기 때문에, 남성(rabotnik) 혹은 여성(rabitbuca)의 문법성을 의무적으로 표시해야 하는 러시아어로는 번역이 불가능하다. R. 야콥슨도 번역이 서로 다른 두 코드에서 두 개의 등가 메시지를 구축하는 것이라는 선언은 하지만, 무냉과 마찬가지로 번역의 일부 측면을 언어적 요소들의 층위에 위치시킨다. 이는 텍스트에서는 어떤 'worker'에 대한 것인지 알 수 있고, 따라서 문제의 인물을 적절한 표현을 통해 나타내리라는 것을 잊는 것이다.

R. 야콥슨과 B. 러셀은 랑그 층위와 텍스트 층위의 끊임없는 혼동임이 분명한 논란으로 대립되어 있다. 러셀에 의하면, 치즈의 언어 외적 지식을 갖고 있지 않는 한 누구도 'cheese'라는 말의 어의를 이해할 수 없다고 한다. 그러나 야콥슨은 영어의 어휘 코드에서 'cheese'라는 낱말에 부여된 어의를 모른다면 누구도 이 낱말을 이해하지 못할 것이라고 반박한다.

해석 이론은 한 낱말이나 문장의 어의와 이들이 텍스트에서 나타내는 의미 사이에 근본적 차이를 설정한다. 랑그 층위에서는 낱말들이 고유한 어의를 갖지만, 이 의미가 반드시 외부 현실을 지시하는 것은 아니다. 그러나 텍스트 층위에서는 낱말들이 언어 외적인 지시물들을 지시한다. 우리는 이제 러셀과 야콥슨 간의 논란으로 다시 돌아가 이를 번역학의 차원에서 새로이 자리매김할 수 있다. 즉, 번역은 한 언어의 어휘적·문법적 어의들을 옮기는 것인가(야콥슨), 아니면 그 반대로, 역어의 표현 양식에 따라 묘사된 '것'을 이해시켜야 하는 것인가 하는 것이다. 이 묘사된 '것'은 물질적 대상과 감각 현상들은 물론, 추상적 개념, 감정, 상상력의 산물 등, 한 마디

---

2. Jakobson, R.(1971): *Selected writings* (vol. II), Mouton, La Haye.

로 사고가 표현할 수 있는 모든 것들을 나타낸다.

번역의 해석 이론은, 경험의 뒷받침을 받아, 재현해야 하는 것은 '사물'[3]의 지시표현들로 본다. 번역자는 치즈가 무엇인지 그 '사물'에 적합한 하나 혹은 여러 낱말들을 통해－이들이 다른 언어의 주어진 낱말과 반드시 대응되는 것은 아니니까－이해시키는 것이다.

어의들의 코드변환에 대한 우리의 비판에 훨씬 앞서, A. 가디너는 담론을 '사물들'에 대한 지시 없이 랑그의 실현으로서만 이해하는 것은 양자를 혼동하는 것이라고 지적한 바 있다. 반 세기를 거슬러 올라가, 랑그의 언어학이 행사한 막강 권력으로 인해 잊혀진, 이 혼동에 대한 그의 말을 상기해 볼 필요가 있다.

> 담론에 대한 현재 정의의 (보다 더 심각한) 결함은 '사물들'에 대해 아무런 언급도 없다는 것이다. 그런데, 상식으로 보나 영어라는 언어로 보나, 우리는 분명 '사물들'에 대해 말을 할 수 있다. 진정 '무엇'인가 지시하지 않는 발화들은 전혀 담론이 아니라고 해야 할 것이다.[4]

3.1.2. 생성언어학

구조주의언어학에 이어 생성언어학이 대두되어, 생득적－자연어의 습득에 따라 조정된다는－언어능력에 해당된다고 하는 심층구조들과 언어 보편소들을 탐색하게 된다. 생성언어학자들은 오랫동안 이 심층구조들에 의거하여 하나의 번역 체계를 구축할 수 있다고 믿어왔는데, 이것이 인적 번역의 설명에 성공하지는 못했어도 자동 번역에 결정적 자극제가 된 점은 인

---

3. 요즈음에는 '사물'보다는 '지시물'이라는 말을 보다 흔히 쓴다.
4. Gardiner, A.(1932): *The Theory of Speech and Language*, Clarendon Press, Oxford, p. 22: "A (still graver) defect of the current definition of speech is that it makes no allusion to 'things'. Yet common sens and English idiom alike tell us that we can talk about 'things', and indeed utterances which do not refer to 'something' are not speech at all."

정된다.

N. 촘스키는 그의 이론을 전개하면서, 그가 '미국식 언어학'이라고 불렀던 미국 구조주의와 행동주의 심리학 모두에 대해 반발했다. L. 블룸필드와 그의 후계자들에 의해 대표되는 전자는 언어langage 연구를 객관적인 관찰이 가능한 언어들langues의 구체적 현상에 국한하려고 했고, 행동심리학은 이 구조주의의 노선을 따른 것이었다. 즉, 뇌가 접근 불가능하다 보니, 미국의 행동주의학자들은 뇌를 고려 대상에 포함시킬 수 없는 '블랙 박스'로 간주해버린 것이었다. 그 결과, 그들은 정신 측면을 망각하게 되었고, 자극에 직접적으로 반응이 이어지는 것으로(S-R 메커니즘) 설정하게 되었다. J. 피아제[5]는 이러한 생각을 준열하게 비판하며, 정신 측면을 재도입하여 자극－심적 구조schème[6]－반응이라는 도식(S-S-R)을 제시한다. 그는 외부 세계의 자극과 개인의 관찰 가능한 생리적 반응 사이에 직접적 관계를 설정하는 학파를 연합주의적 학파로 규정한다. 다음은 이에 대한 피아제의 지적이다.

> 주기적으로 끊임없이 되살아나는 하나의 경향이 있는데, 현대적 대표 인물들도 있고, 역사적 대표 인물들도 있다. 바로 실증주의 경향으로, 단지 관찰가능한 현상들에 머물러, 설명들의 모색이나 해석적 이론들의 구축을 통해 일반적 사실들이나 법칙의 층위를 넘어서려는 생각 없이, 이들 사이에 반복 가능한 관계들을 구축하려는 것이다.

N. 촘스키도 행동주의에 대해 반기를 드나, 발화들의 산출에 있어서의 대화 상황들은 접근하기를 거부한다. 이 영역은 심리언어학과 심리학에 미루고, 아무라도 자신의 '언어능력'으로부터 산출할 수 있는 문장들만을 연구한다. 언어에 정신적 측면을 재도입하고자 했기에, 촘스키는 언어에 심층구조들을 가정한 것이다. 언어적 의미들의 포착과 이들간의 대응관계 구

5. Piaget, J.(1972): *Épistémologie des sciences de l'homme*, Gallimard, Paris, p. 143.
6. 'schème'는 환경과 동화되기 위해 혹은 환경에 적응하기 위해 형태가 바뀌는 능동적인 정신 구조이다.

축을 목표로 삼았던 기계 번역의 초기 시도들도 심층구조들이 정신적 표상들과 대응되는 것으로 간주되는 문법적 분석에 자리를 내주게 된다.

생성 이론은 구조주의와 마찬가지로 언어 측면에 국한되어 있으나, 번역학에—발화들이 아직 의미를 갖지 않으나 그 의미적 잠재 부분의 일부가 이미 삭제된—매개적 층위를 제공한다. 그러나 이 층위는 텍스트 층위와 너무 자주 혼동된다.

행동주의 이론들에 대한 생성언어학의 공적이 어떤 것이건 간에, 복잡한 인적 번역을 설명한다는 주장을 할 수는 없다. 생성언어학은 번역을 언어들의 문제로만 본 사람들을 고무시켰고, 따라서 번역에 대한 언어적 관점을 강화시켰을 뿐이다. 반면에, 생성언어학은 기계 번역에는 새로운 전기를 마련했다.

인적 번역에 대해, 구조주의언어학과 생성언어학은 지금으론 정밀과학에 대한 열등의식처럼 보이는 것으로 인해 함구했었다. 거의 강박관념을 가지고 언어를 사물화하는 데에 주력했을 뿐이다. 언어를 객관적 관찰이 가능한 대상으로 삼음으로 인해 과학적으로 되고자 한 것이다. 이들은 측정 가능한 것, 양화 가능한 것, 예측 가능한 것에 스스로를 제한함으로써, 사고하는 개인에 의한 상황 속에서의 사용이란 언어의 핵심을 놓쳐버렸다.

3.1.3. 의사소통과 상호작용 접근

오늘날 대부분의 번역학자들은 번역을 커뮤니케이션 영역에 소속시킨다. 이러한 관점은, 인적 커뮤니케이션이 동일한 이름의 이론이 다루는 커뮤니케이션이 아니라면, 충분히 타당성이 있다. 송신자가 신호들을 전달하면 수신자는 이들을 의미들로 해석한다. 번역자의 경우도 마찬가지이나 다른 신호들도 사용하는데, 이를 그 수신자가 다시 의미들로 해석하는 것이다. 번역은 이와 같이 해석이며, 신호 전달이다. 이에 반해, 전자 커뮤니케이션은 신호 전달일 뿐이다.

그러니까 번역을 포함하는 인적 커뮤니케이션은 이른바 커뮤니케이션 이론에 속하지 않는다. 전자가 의미를 담은 말들의 교환이라면, 후자는 형식적 전언의 전자적 전달이다.

철학자 P. 레비[7]는 그의 탁월한 저서에서 인적 케뮤니케이션과 전자 커뮤니케이션의 동일시에 대해 본질적 비판을 가하고 있다.

> 40년대에 구축된 커뮤니케이션의 수학 이론은, 아다시피, 의미에 대한 고려 없이 통계적 관점에서 메시지의 비개연성improbabilité에 의해 정보량을 측정한다. 그런데 인문과학은, 이와 반대로, 의미signification[8]를 중심적 관심사로 삼는 커뮤니케이션 이론을 필요로 한다.

P. 레비는 인적 커뮤니케이션이 'herméneutique 해석'(우리는 'interprétative'라고 말한다) 이론에 입각해야 한다고 본다. 그는 이렇게 말한다(p. 81).

> 이 이론의 중심 작용자들은 코드화도, 코드풀이도, 잉여성에 의한 잡음과의 투쟁도 아니다. 그것은 의미의 지속적 변신을 실현하는 결합과 분리의 미세한 작용들이다.

언어학의 가지들에서 자라난 많은 잔가지 중에 미국의 민족방법론학자들이 내세운 것으로 언어학의 영역을 넓힌 것이 하나 있는데, 바로 언어적 상호작용들의 연구이다. 상호작용적 접근의 요점은 언어의 연구는 추상적 문장들이 아니라 구체적 커뮤니케이션 상황들 속에서 실현된 발화들에 대한 것이어야 한다는 것이다. 번역학자들이 관찰하는 것들과 유사한 언어 현상들이 지적되었는데, 언어적 의미들이 외적 요소들의 영향으로 담론에서 바뀌고, 이 의미들이 맥락(상황), 비언어적인 것, 준언어적인 것들에 의해 변화된다는 것이다. 상호작용 연구는 구어상의 교환을 연구의 중심 과제로 삼고, 수신자도 그 연구 영역에 포함시키고자 한다.

C. 케르브라-오레키오니[9]의 말을 들어 보자.

---

7. Lévy, P.(1990): *Les technologies de l'intelligence, l'avenir de la pensée à l'ère informatique*, Éditions La Découverte, Paris, p. 80.
8. P. 레비에게 있어서 'signification'과 'sens'는 동의어이다.

> 대체적으로 안정된 일련의 언어 규칙들이 의사소통적 교환들에 앞서 존재한다는 생각을 부정할 수는 없다. 그러나 이 규칙들은 모호하고 가변적이며, 맥락 의존적이다. 따라서 이들이 실현된 발화들의 의미의 유일한 열쇠일 수는 없다. (...) 이는 수신자가 그 추출에 만족하지 않고, 복잡한 '해석 계산'을 거쳐 (재)구축해야 하는 의미이다.[10]

3.2. 랑그, 파롤과 텍스트 : 몇몇 정의

번역학에서는 용어상의 혼란이 심각하기 때문에, 어떤 것들은 그 정의가 주어져야 한다. 전체적으로는 용어들이 일상 용법과 될 수 있는 한 멀어지지 않게 하려고 애썼으나, '랑그', '파롤', '텍스트'(혹은 담론)의 구분은 매우 중요하다.

랑그

랑그(혹은 언어 : 불어, 독일어, 영어 등)는 하나의 공동체가 사용하는 형태적・의미적 연합과 변화의 규칙들이 지배하는 언어적 요소들의 합이다. 따라서 이는 하나의 추상체이기도 하고, 사회적 현상이기도 하다. 각자의 사용법이 어떠하든, 이 랑그는 한 언어 공동체의 모든 구성원들을 위한 존재이고, 그렇기 때문에 객관적 성격을 갖는다. 역자에게 있어서 랑그는 분석과 이해의 대상이라기보다는 지식의 대상이다.

파롤

랑그의 실현으로서의 파롤은 언어들의 문장 분석, 문장간 분석의 대상이다. 이 파롤은 프랑스의 'l'analyse du discours 담론 분석', 미국의 'Discourse Analysis 담론 분석', 독일의 'Textlinguistik 텍스트 언어학'에 의해 연구되고 있다. 이러한 명칭들은 언어 현상들을 텍스트적 실현과, 그

---

9. Kerbrat-Orecchioni, C.(1990) : *Les interactions verbales*, Tome I, Armand Colin, Paris.
10. Kerbrat-Orecchioni, C.: *op. cit.*, p. 28.

산출과 수용의 여건들을 통해 연구하고자 하는 연구자들의 여망을 잘 보여준다. 담론 분석은–의미 발현에 필수적인 탈언어화 과정이 언어 표현들로 인해 급작스럽게 제동이 걸리지 않도록 하기 위한–언어들과 그 작용에 대한 충분한 통제 능력을 보유하고 있는 번역가들의 직접적 관심의 대상은 아니다. 파롤은 여러 기호 체계들 가운데 하나로, 의미의 발현에 기여하기는 하나, 이 의미를 간직하고 있지는 않다.

번역에서는, E. 코세리우[11]와 더불어, 텍스트 언어학에 속하는 파롤과, 모든 언어사용자들의 언어 행태에 속하는 텍스트 사이에 경계선을 그을 필요가 있다. 텍스트들에 나타나는 언어들의 특성들의 연구를 지칭하기 위해, 코세리우는 '문장간 문법'이란 표현을 사용한다. 이 문법은 텍스트들이 말하는 '내용'이 아니라, 그 내용을 말하는 '방식'을 목표로 삼는다. 한편, 텍스트가 갖는 언어적 특성들의 포착과, 텍스트가 전제하고 원어민 독자(그리고 따라서 번역자)가 텍스트의 명시적 표현과 연결짓는 비언어적 지식로부터 비롯되는 텍스트 이해에 대한 연구는 '의미의 텍스트 언어학'이라 불린다.

번역의 측면에서 볼 때, '문장간 문법'이란 표현은 '텍스트 언어학'이란 표현보다 더 명료하다. 그러나 이 '문장간 문법'이 이론적으로는 매우 흥미있을지라도, 번역의 연구에는 별다른 도움이 되지 못한다. 번역 교육에는 더더욱 그러하다. M. 살라마-카르[12]는 이에 대해 다음과 같은 지적을 한다.

---

11. Coseriu, E.(1981): *Textlinguistik, eine Einfürung*, Gunter Narr Verlag, Tübingen, pp. 149-150: "언어가 텍스트의 의미 생성에 제1단계로서만 가담한다면, 의미가 피전달문 자체를 통해서도 생겨난다면, 언어가 의미를 만들고 전달하는 하나의 의미 체계에 불과하다면, 텍스트 언어학은 텍스트의 완전한 이해를 위해 언어학의 범주 내에만 머물 수 없다. 텍스트 언어학은 언제나 기호학의 일부이며, 기호를 다룬다. 물론 이 때 언어 기호는 일반적으로 시니피앙으로서만 작용한다. 텍스트 언어학은 언어학일 뿐만 아니라–오늘날 좀 낡은 의미에서–문헌학이기도 하다. 문헌학은 과거에는 텍스트의 이해 기술로 파악되었다. 즉, 한편으로는 텍스트 언어에 기초하고, 다른 한편으로는 텍스트 배경의 물질적·정신적 문화에 기초한 텍스트 이해 기술로 파악된 것이다.
12. Salama-Carr, M.(1990): "Linguistique du texte et didactique de la tra-

> (...) 번역에 적용된 텍스트 언어학은, 그 활용 방법이 서투르면, 본질적으로 다학문분야인 번역이 언어학에 회수당하는 결과가 될 수 있고, 그렇게 되면, 번역가 양성에 앞서 이론언어학 훈련이 필수적으로 되고, 복잡하면서도 이질적인 용어들의 조작이 불가피하게 된다(p. 168).

번역의 본질을 알기 위해서는 역자가 의미를 이해하고 표현하는 방식이 연구되어야 한다. 그리고 텍스트들이 어떠한 것들인지 알아야 한다.

텍스트

본 연구의 대상이 말에 국한된 것이 아니니, '텍스트'란 말을 말담론과 글텍스트 모두에 적용하기로 한다. 필요한 경우에는 말의 경우인지 글의 경우인지 밝힐 것이다.

번역학에서 원텍스트는 역자와 일련의 철자나 소리들 사이의 상호작용의 산물로 정의될 수 있다. 이는 지식의 정적 대상들인 랑그와 파롤의 테두리를 벗어난다. 이들은 이해의 역동적 대상이다. 랑그에 대한 이 원텍스트의 자리매김을 위해 E. 코세리우[13]의 말을 다시 빌리기로 하자. 코세리우는 언어에서 세 층위를 구분하는데, 이는 M. 페르니에[14]의 입장과 일치한다. 첫째 층위는 언어 기원에 대한 것으로 보편 층위이고, 인간 종을 특징짓는 언어 능력 층위이다. 코세리우는 이를 '언어 능력'이라고 부른다. 두 번째 것은 역사적인 것으로, 태생의 결과에 따른 모국어 층위이다. 이는 서로 다른 언어들의 층위, 즉 '개별언어 능력'이다. 세 번째 것은 텍스트 혹은 담론의 층위이다. '텍스트 능력'은 주어진 상황에서 자신의 언어를 사용하는 개인 능력으로, 기존의 언어 지식과 비언어적 지식을 활용하여 창조적 행위를 수행한다. 그 결과 새로운 의미가 산출된다.

---

duction", *Études traductologiques*, Minard Lettres Modernes, Paris, pp. 165-172.

13. Coseriu, E.(1988): *Sprachkompetenz*, A. Francke Verlag, Tübingen.
14. Pergnier, M.(1976): "L'envers des mots", *Études de linguistique appliquée* n° 24, Didier, Paris, pp. 92-126.

번역은 세 번째 층위, 텍스트 능력층위에 속한다. 역자에겐, 누구에게나 그렇듯이, 언어 능력이 있다. 이 능력 덕분에 '개별언어 능력'을 습득한 것이다. 번역자는 모국어와 다른 하나 혹은 여러 언어들에 대한 능력을 가지고 있다. 그는 자신의 텍스트 능력을 사용해 번역을 하는 것이다.

코세리우는, "대조언어학과 번역학의 관계"라는 글[15]에서, 텍스트의 의미('Sinn')와 텍스트에서 명시적으로 말한 것 사이의 구분을 명확히 하고 있다. 그는 텍스트의 명시적 표현에 동반되는 독자들 머리 속의 비언어적 요소들에 대한 문제를 제기한 다음, 저자는 독자의 지식을 전제하고 있고, 이 지식은 명시적으로 말한 것의 이해에 필수적인 것임을 밝힌다. 그는, 우리와 마찬가지로, '텍스트들', 즉, 독자와 독자가 대하는 언어 기호들 사이의 상호작용 상황들에서만 나타나는 것을 의미('Sinn')라 부른다.

U. 에코[16]는 텍스트를 사뭇 다른 식으로 정의하나, 그 핵심은 유사하다.

> 텍스트는 메꾸어져야 하는 공란들, 틈들의 직물이고, 텍스트의 산출자는 이들이 메꾸어질 것을 예상하여 공백으로 남겨둔 것인데, 두 가지 이유에서이다. 우선, 텍스트는 수취인에 의해 도입되는 의미 잉여 가치에 기대어 사는 나태한 (혹은 경제적) 메커니즘이기 때문이다. (...) 다음으로, 텍스트는 교육적 기능에서 미적 기능으로 나아감에 따라 독자에게 해석의 주도권을 넘기려 하기 때문이다. 비록 텍스트에 일반적으로 그 해석이 단의성의 여유폭을 크게 벗어나길 바라지 않는 면이 있긴 하지만. 텍스트가 작용하려면 누군가의 도움이 필요하다.

실제로, 텍스트가 언어적 메커니즘들의 작용만으로 산출되는 것은 결코 아니다. 언어 외적 지식이 항상 언어 지식과 결합되기 마련이다. 개인에게서 '언어 능력'과 '텍스트 능력'의 차이를 고려하지 않는 것은 심장의 박동

---

15. Coseriu, E.(1981): "Kontrastive Linguistik und Übersetzungstheorie: ihr Verhältnis zueinander", in Kühlwein, Thome, Wilss(Hrsg.), *Kontrastive Linguistik und Übersetzungswissenschaft*, Wilhelm Fink, München.
16. Eco, U.(1979): *Lector in fabula*. 불역: Bouzaher, M.(1985), Grasset, Paris, p. 66.

연구를 위해 심장 절제를 하려는 것 못지않게 이치에 어긋난다.

3.3. 거시 기호와 의미 가정

번역이 파롤이 아니라 텍스트들에 대한 것이란 말은 텍스트들이 정말로 위에 정의된 의미의 텍스트들이어야 유효하다. 그런데 늘 그런 것은 아니다. 독자가 어떤 텍스트의 단편에 대해 언어만 알고 저자도, 쓰여진 시기도, 그 대상이 누구인지도, 저자가 그 글을 쓰게 된 동기도 모르면, 다시 말해 그 글이 위치한 상황을 모르면, 필자가 이를 거시 기호라 부르는, 하나의 랑그와 파롤 현상을 대하고 있는 것이다. 그 독자는 낱말들이 아무렇게나 열거된 것이 아니기에 구문관계도 알 것이고, 낱말들이나 낱말 그룹들이 어의들을 가진 형태, 논리・수사적 연쇄들을 구성하기에－거시 기호는 조직적이다－의미 구조도 알 것이다. 또한 그 독자는 어의들에 하나의 상상의 현실을 연결지을 수도 있을 것이다. 그러나, 그가 이러한 상상의 현실을 무한히 전개시키더라도 텍스트의 진정한 의미를 안다는 확신은 갖지 못할 수 있다. 거시 기호는 언제나 모호하다. 반면에, 담론 변수들이 주어지면 텍스트의 의미들은 분명해진다. 모호성이 완전히 제거되는 것이다.

번역의 어려움 내지 불가능성을 단언할 때, 흔히 글의 명료성 결여와 모호성이 언급된다. 적어도 부분적으로는, 변별적 인지적 보충물을 동원할 수 없는 기계번역이 이러한 지적들과 무관하지 않을 것이다. 그렇지만 완벽한 이해가 가능한 텍스트와 거시 기호 사이에 다양한 텍스트들이 자리한다는 것을 알아야 한다. 이들 중에는 그 의미에 대한 직접적인 접근이 가능하지 않거나 부분적으로만 가능하여 거시 기호와 유사한 것들도 있다. 텍스트들은 여러 요인들로 인하여 거시 기호 쪽으로 나아가는 경향이 있다. 이를테면, 텍스트가 진부해졌거나, 텍스트가 쓰여질 당시의 상황과 독자들이 텍스트를 알게 되는 시기 사이에 시간상의 단절이 있다거나, 다루어진 주제도 모른 채 하나의 텍스트를 대하거나, 혹은 텍스트들이 때로 증빙 자료로 지어낸 것에 지나지 않거나 맥락에서 떼어낸 것인 경우 등에 그러하다. 텍스트들이 거시 기호들로 바뀌는 데에 작용하는 요소들은 번역이 코드변환되도록 부추기는 요소들이기도 하다.

물론 인적 번역치고 언어 지식 외에 인지적 보충물을 개입시키지 않는 경우는 없으나, 이러한 보충물은 역자의 언어 외적 지식에 따라 그 적절함에 다소간 차이가 있을 수 있다. 역자에게 낱말 하나만, 문장 하나만 주어지더라도, 역자는 이를, 언어적 의미들 이외에, 항상 하나의 대상이나 상상의 현실과 연관지을 것이다. 그렇지만 이들이 일정한 말하고자 하는 바와 대응될 가능성은 거의 없다.

필자는 1976년[17]에 '의미 가정'이란 개념을 제시한 바 있다. 모든 발화에는 언어 지식과 세상 지식이라는 이중의 지식이 동원된다는 것, 그리고 명확한 담론 변수들이 결여된 경우에는 역자가 언어적 의미들이 나타낼 수 있는 의미들에 대해 가정들을 한다는 것을 보인 것이다. 필자는 컴퓨터가 합성한, 따라서 아무런 의사소통 의도도, 그리고 의미도 없는 'Le chien jaune fume la pipe 개가 파이프 담배를 피운다'와 'Un jeune homme blond regarde la manoeuvre 갈색 머리의 한 젊은이가 그 작업을 바라본다'라는 두 문장 예를 보였다. 후자가 전자보다는 세상 지식과 더 잘 어울린다. 보다 그럼직해 보인다. 어떤 젊은이인지 어떤 작업인지는 몰라도, 그 문장은 세상 현실과 모순되어 보이지 않지만, 파이프 담배를 피우는 개라는 생각은 우선 거부감이 느껴지기 때문이다. 문제의 두 문장은 둘 다 잘 구성된 문장이고, 따라서 불어의 언어적 어의들로 인해 젊은이의 경우는 용인되고 개의 경우는 거부되는 것이 아니라, 가능한 현실에 비추어 볼 때, '하나의 작업을 바라보는 젊은이'에는 일관성이 있고, '파이프를 피우는 어떤 개'에는 일관성이 없기에 그런 것이다. 그렇지만, 아이들을 위한 어떤 책의 그림들이나 서커스의 한 레퍼토리를 생각해 볼 수 있지 않겠는가? 사용 시의 언어는 그 언어를 사용하는 개인의 지식과 분리될 수 없다. 파이프 담배를 피우는 개가 전혀 그럼직하지 않다는 사실은 바로 낱말들이 말해주

---

17. Lederer, M.(1976): "Synecdoque et traduction", *Études de linguistique appliquée*, n° 24, Didier, Paris, p. 23.

는 것만으로는 만족스럽지 못하다는 것을 잘 보여주는 것이다.

의미 가정 개념은 여하한 경우에도 텍스트는 그 수단이 된 언어의 측면에서만 이해되는 것이 아니라는 것을 입증하기 위한 것이다. 텍스트의 이해는 모든 경우에 있어서 언어적 지식과 언어 외적 지식의 연합을 가정한다. 우리가 개최한 1980년의 『언어의 이해』라는 심포지엄에서 J. 서얼[18]이 한 "한 문장의 〔언어적〕 의미는 배경에 대한 가정들과 관행들에 따른 하나의 해석을 촉발할 뿐이다. 이들은 문장 의미에 속하지 않을 뿐 아니라 속할 수도 없다"는 말도 이와 다른 것이 아니다.

3.4. 해석

언어들과 언어들의 작용 규칙에 대한 연구는 어제 오늘의 일이 아니다. 어휘 구조, 형태 구조 통사 구조들이 분석되었으며, 언어들의 심리적 측면, 문화적 측면들에 대한 연구들도 있었으며, 두 언어에 고유한 문체론들이 비교되기도 했다. 오늘날에는 언어들이 텍스트들에서 취하는 형태들, 언어들의 명시화 방식과 암묵화 방식, 의사소통의 도구 이상의 것으로 보았을 때 언어들에 부여 가능한 기능들, 언어들이 수행가능하게 하는 행위들 등이 연구되고 있다. 그러나 이러한 연구들을 하면서 언어들에 머물 뿐, 언어들을 사용하는 개인들은 제외시킨다. 반면에, 번역학자들은, 언어철학자들과 마찬가지로, 해석에 관심을 가진다. 이 해석에서 번역학자들은 번역과 불가분한 하나의 보편 현상을 보는 것이다.

이 때의 해석이란 말은 전혀 경멸적 의미를 담고 있지 않다. 해석은 모든 인간 행위와 마찬가지로 주관적이나, 그렇다고 해서 편향적인 것은 아니다. 텍스트의 산출과 이해는 주관적 행위들이다. 텍스트의 저자나 독자나, 각자 세상을 보고 느끼는 고유한 방식, 개인적인 생각들의 연결 방식의—독특할 수밖에 없는—체험 등을 그 과정에 투사하기 때문이다. 개인의 사

---

18. Searle, J.(1981): "Six Principles for the Comprehension of Language", *Comprendre le langage*, Didier Érudition, p. 152.

고, 개인의 지식은 주관적이다. 이들은 개인에게 고유한 것들이다. 그리고 그 표현 형태 역시 주관적이다. 낱말들과 문장들의 배열 방식, 의미들의 표현을 위한 낱말들의 선택 자체도 주관적이고, 그 의미들 자체도 주관적이다. 그렇지만, 의미가 저자에게는 주관적이더라도, 역자에게는 객관적이 된다. 번역학 연구들, 그리고 앞선 동시 회의 통역과 순차 회의 통역에 대한 연구들은 표현은 불가피하게 주관적이더라도 해석된 담론은 객관적임을 분명하게 드러내보였다. 사실 어느 두 통역사도, 어느 두 번역가도, 동일한 담론이나 동일한 텍스트에 대해 동일한 결과를 내놓지는 않는다. 개인의 사고와 그 번역 사이의 중요한 차이점은 전자는 의미들idées과 표현의 양 측면에서 모두 주관적이나, 후자는 의미들의 측면에서는 객관적이나 표현의 측면에서는 주관적이라는 것이다.

번역자는 의사소통 도구를 그 사용자들을 고려치 않고 분석하는 것이 아니라, 오히려 번역자인 인간과 텍스트의 상호작용을 탐구의 중심 과제로 삼는다. 번역자는 광의의 해석 현상을 분석한다. 텍스트들(문학과 비문학을 망라한다)의 이해 현상과－텍스트의 선적 실현을 해석하여 의미가 발현되게 하는－수신자의 역할을 분석하는 것이다. 번역자는 물론이려니와, 수신자도 해석자이다.

거시 기호나 거시 기호를 지향하는 텍스트들－이들은 의미 가정들만 야기한다－의 경우를 제외하면, 그리고 이해도 잘 되고 번역도 잘 된 보다 일반적인 책의 경우를 보면, 언어 지식 이외에도 텍스트의 상황 변수들로부터 이끌어낸 상당수의 지식이 인쇄된 활자들에 덧붙여졌음을 알 수 있다. 저자, 저자가 자신의 텍스트의 대상으로 삼았던 독자, 텍스트가 쓰인 시대와 장소, 이러한 것들이 해석의 원천들로, 인지적 축적물이 포함하고 있는 것들에 덧붙여지는 요소들이다. 텍스트의 서두에 대한 기억, 지각과 기억의 메커니즘들－지적 능력, 시각의 지각 속도, 이 지각의 감지 범위 등－도 인지적 축적물과 더불어 텍스트의 정확한 해석에 개입된다.

그렇지만 문외한이 별생각없이 텍스트를 그냥 대할 때에는 눈에 낱말들과 문장들만 비친다. 역자의 머리속 의미는 보이지 않으니 이 의미가 어의들에 간직되어 있는 것으로 생각한다. 그리고 이들에는 대응관계들이 있어서 열거만 하면 되는 것으로 믿는다. 번역가들은 어느 시대 어느 나라를 막론하고, 자신들의 일을 평가절하하는 이러한 순진한 생각으로 인해 마음고생을 해왔다. 최근의 개탄의 한 경우19는 일반적 몰이해에 대한 번역가들의 불평의 가히 전형적 경우라 할 수 있다.

> 잘못된 생각들은 찾아보기 어렵지 않다. 번역은 텍스트에서 한 언어의 낱말들을 대칭적으로 대응되는 다른 언어의 낱말들로 순서에 따라 대체하는 것이라 생각하는 것이나, 번역가는 텍스트 장르를 막론하고, 너댓개 언어로, 그것도 하루에 백여 쪽씩 번역할 수 있어야 한다고 생각하는 것이나, 모두 잘못된 생각들이다. 또 있다. 통역사들도 말 속도에 거의 맞추어 통역을 하지 않느냐, 게다가 번역가들은 혹 낱말이 생각나지 않는 때에는 사전을 이용할 수도 있잖으냐? 거기에다, 번역가들에겐 온갖 질문을 할 수 있는 여지도 있지 않느냐, 텍스트는 아주 분명한데. 이런 식이다. 그래서 때로는 번역가들은 "Just translate 그냥 번역해요"나 "Just type it in French 그냥 불어로 타이프쳐요" 등의 말을 듣기도 한다.

3.5. 해석의 두 예

그러면 번역 문제는 잠시 놓아두고, 자신들의 방식을 설명한 두 해석자의 말을 들어보기로 하자. 한 사람은 배우이고, 다른 한 사람은 작가인데, 언어적인 것의 설명을 위한 비언어적인 것의 중요성을 보여준 L. 주베와, 다윗과 골리앗의 싸움을 불어 상연에서 해석과 번역이 별도로 나타나도록 배려한 C. 코치올리이다.

3.5.1. 연기자의 해석

L. 주베는 몰리에르의 작품 동주앙의 인물 엘비르가 어떻게 해석되어야

19. Feredj, M.(캐나다 제국상업은행 번역부장), *Circuit* n° 24, 1991년 12월, Montréal, p. 10.

하는가에 대해 한 젊은 여배우에게 설명한다. 1940년 파리 시립연극학교에서 주베가 한 인물해석 강의들[20]은 현장에서 채록되었고, 그 중 일부는 극화되어 1986년 파리 아테네-루이 주베 극장에서 공연되었다. Ph. 클레브노가 주베 역을 맡아 인물 해석 강의를 하는 교수를 연기했는데, 몰리에르의 『동주앙』 문제를 다룬 것이었다. 당시 젊은 배우였던 클라우디아는 주베의 지도를 받으며 제4장 6막의 엘비르 역할을 한다.

주베는 자신을 모델로 제시하지도 않지만, 여배우에게 대사를 어떻게 하라고 명시적 지시도 하지 않는다. 그는 그녀가 일체화해야 하는 엘비르라는 인물을 이해하도록 하고, 정확한 대사를 위해 텍스트에 첨가되어야 할 인지적・정감적 요소들을 느끼도록 이끈다. 그는 특히 다음과 같은 지적을 한다.

> 시작 장면은 좋았어요. 하지만, 동주앙이 한 욕들을 잊고 용서하는, 그 기독교인의 가장 우선되는 덕목을 느낄 수가 없어요. (...) 엘비르는 착한 여자에요, 성격도 온순하고 (...) 모든 걸 포기한 사람이라구요. 그래서 장면이 시작될 때 어떤 초연함 같은 것이 느껴지는데, 정말 굉장해요. (...) 엘비르는 이렇게 사랑의 애가(哀歌)를, 바로 이런 감미로운 독백을 읊은 거란 말이에요...

여배우의 대사도, 텍스트 못지 않게, 그 자신의 해석, 작중 인물이 처한 심리 상황, 그 작중 인물과 완전히 하나가 되는가 그렇지 못한가에 따라 달라지는 것이다.

제대로 느끼고 제대로 생각해야 대사도 제대로 할 수 있는 것이다. 필자는 이를 경험으로 안다. 회의 통역에서는 어조도 적절해야 하고 어휘들도 적절해야 하는데, 통역사가 연사와 일체가 되었을 때 비로소 그러한 어조와 어휘들이 흘러나오기 때문이다. 배우들에게 주어진 가르침과 미래의 통역사들에게 우리가 가르치는 것 사이의 유사성은 아주 놀랍다. 사실, 우리는 학생들에게 "원어에서 이런 낱말을 들었으니 이런 낱말을 써야 했다"거

20. Jouvet, L.(1965): *Molière et la comédie classique*, Gallimard, Paris.

나 "그러한 표현을 옮기려면 이러한 어구를 써야 했다"고 말하지 않고 이렇게 말한다. "화자와 자신을 일체화시켜라, 묘사된 장면을 눈앞에 그려라, 개념들을 연계시켜라, 말 내용에 반응하라", 그리고 "자연스럽게 표현하라."[21]

3.5.2. 명시화된 해석

대개 해석들은 무언의 상태에서 이루어진다. 해석들은 담론이나 텍스트의 번역 표현에 녹아든다. 코치올리의 『다윗왕』[22]은 번역이란 테두리 내에 해석이 명시적으로 드러나 있는 유일한 경우이다.

다윗왕 이야기를 되살리기 위해 저자는 이 이야기에 설명하는 구절을 여기저기 덧붙여가며 구약성서(사무엘서 17장)를 번역한다. 그는 서문에서 말한다.

> 이 책을 집필하면서 텍스트들이 침묵을 지키고 있을 때만은 상상력을 개입시켜도 무방하다고 느꼈다. (...) 본인이 인용한 (성경) 구절들은—이들은 지면의 다른 부분으로부터 어떤 기호나 활자로도 구분되어 있지 않다—따라서, 집착이라 할 정도로 거의 항상 문자역을 고집한 결과이다.

저자는 상상을 통해 모든 유능한 번역자들에게 적절한 어조와 표현을 가능하게 하나 대개는 드러나 있지 않은 그 무엇을 구체화하는데, 이것이 인지적 보충물이다. C. 코치올리는 그의 이야기에 사무엘서 17장의 일부 구절을 그대로 옮겨오나, 거기에 그의 교양, 그의 심리적·시적 감각이 허용하는 상황 설정을 보탠다. 그래서 텍스트에 오늘날 읽어도 예전의 독자들이 느꼈을 것과 필시 다르지 않을 깊이를 부여하는 것이다. 다윗왕의 독백은 그가 골리앗을 물리치도록 한 신비 현상에 대한 하나의 진정한 해석이다.

이제 다윗과 골리앗의 싸움에 대한 몇 구절을 보기로 하자. 히브리어에는 문외한이기 때문에 성서의 이 구절들의 영어본과 불어본[23]을 보이고,

---

21. D. Seleskovitch et M. Lederer, *Pédagogie raisonnée de l'interprétation*, Didier Érudition, 1989.
22. Coccioli, C.(1976): *Mémoires du Roi David*, La Table Ronde, Paris.

그 다음에 C. 코치올리가 번역하고 해석을 덧붙인 동일한 구절을 보이기로 한다. 『킹 제임스』 판은 성경의 전통적 형태들을 그대로 취하고 있다. 그러나 『오스티』 판은 해박한 지식이 담지되어 있고, 각주들도 대단히 많다. 그리고 서문에는 이렇게 쓰여 있다. 번역이 "히브리어의 회화적 pictural 성격을 그대로 간직하고 있다"고.

C. 코치올리는 사무엘서 17장에서 다윗에게 다음과 같이 말하도록 하는데, 도입부를 대신하는 대목이다.

> 어찌나 나와 저 불쌍한 골리앗과의 싸움에 대해 말들을 많이 했는지 실제 사건과 우화가 구분이 잘 안 된다. 나는 소년이었고, 그는 삼십대의 거인이었다. 그러나 나도 어린애는 아니었다. 아니고 말고. 그리고 그 사람도 그 뒤 수없이 이야기되었던 것처럼 동산만한 것은 아니었다. 집채만 하지도 않았다. 단지 멍청함은 실로 대단했다. 그런데 우리 민족이 부여받은 사명의 하나는, 선민의 한 면이지만, 바로 끈질긴 노력으로 현명함이 난폭함을 이겨내도록 함이 아닌가?
>
> 이것이 그 유명한 다윗과 골리앗의 싸움의 간단한 비밀이다. 다른 게 아니다.

여기서 조금에 아래 그의 구약성서 번역이 나온다. 여기 세 버전을 보이는데, 영어와 불어의 두 버전과 코치올리의 번역이다.

- 사무엘서 17장 3절

(E) And the Philistines stood on a **mountain** on the one side, and Israel stood on a **mountain** on the other side : and **there was a valley between them**.

(F) Les Philistins se tenaient sur la **montagne** d'un côté, les Islaélites se tenaient sur la **montagne** de l'autre côté, et **la vallée était entre eux**.

(C) 불레셋과 이스라엘이 골짜기를 사이에 두고 이쪽 저쪽 산 위에 자리

---

23. 여기에 인용한 성서의 판본은 *La Bible Osty*(Seuil, 1973)와 *The Holy Bible*, Authorized King James 판본이다.

를 잡고 있는데(공동번역 성서)

코치올리는 이를 다음과 같이 번역한다.

> Sur la colline de droite se tenait Israël, sur celle de gauche se tenaient les Philistins, et la vallée les séparait.
> 오른편 언덕에는 이스라엘군이 자리하고 있었고, 왼편 언덕에는 불레셋군이 자리하고 있었다. 가운데는 골짜기였다.

코치올리는 자신이 '문자적으로' 번역한다고 말할 때에도 해석을 하고 있다. 그는 "collines"라는 표현을 쓰는데, 싸움이 벌어졌던 곳의 형세로 보아 "montagne 산"라고 하는 것보다 보다 사실적이다. 또한 "et la vallée les séparait"라는 표현도 영어본이나 불어본보다 성서 냄새는 덜 나나, 전략적 기술로서 보다 설득력이 있다. 사실, "et la vallée les séparait"에는 긴장감이 있으나, "and there was a valley between them"이나 "et la vallée était entre eux"에는 그러한 긴장감이 없다.

원어가 어떠했길래 "mountain"이나 "montagne"라고 번역했는지 모르나, 코치올리한테는 "collines"이다. 그가 성서의 영어본이나 불어본의 역자들이 사용한 것과 다른 표현을 쓰게 된 것은, 그 자신은 뭐라고 하든, 그가 번역에 언어 외적인, 위치에 대한 지식을 개입시킨 때문이라고 생각할 수 있다.

■ 사무엘서 17장 28절

(E) Eliab's anger was kindled against David, and he said, Why camest thou down hither? and with whom hast thou left those few sheep in the wilderness?

(F) La colère d'Eliab s'enflamma contre David, et il dit : "Pourquoi es-tu descendu, et à qui as-tu laissé ces quelques brebis dans le désert?"

(C) 다윗이 이렇게 다른 사람들과 이야기하는 것을 큰 형 엘리압이 엿듣고 화를 내며 소리쳤다. "네가 무엇을 하겠다고 여기 내려 왔느냐? (...)" (공동번역 성서)

코치올리의 번역은 다음과 같다.

Irritée, la voix d'Eliab mon frère : "Qu'est-ce que tu es venu foutre ici? À qui as-tu laissé ces quelques brebis..."
신경이 곤두선 형 엘리압의 목소리다. "여긴 도대체 뭣하러 온 거야? 그 양 몇마리는 누구한테 맡기고..."

그리고는 내적 독백 형태로 다음과 같이 덧붙이고 있다.

Il dit "ces quelques brebis", le salaud, pour m'humilier. Mais j'ai franchi trop de barrières : et je ne cesse pas de pénétrer. Pénétrer où? Il n'y a pas de termes pour le décrire. Comme si j'étais moi-même une vibration, j'assiste aux effets de mécanique de ces pantins, et je m'en moque.
"그 양 몇마리?" 나쁜 자식. 날 모욕주려는 거야. 하지만 내가 장벽을 한 둘 넘었나? 그리고 줄곧 침투하고 있고. 어디로냐고? 뭐라고 표현해야 좋을지 모르겠군. 마치 내 자신이 하나의 진동이라도 된 양, 이 꼭두각시 놀음에 끼어들었잖아. 상관없어.

이 정도면 충분할 것이다. 텍스트의 명시적 해석에 관심이 있는 사람들에게는 *Mémoires du Roi David*의 일독을 권할 뿐이다. 전통적으로 성서 번역은 성 제롬24이 내세운 문자성 원칙을 준수한다. 이는 성서뿐 아니라 코란, 그리고 중국에 수입되어 5세기 경부터 번역되었던 불경들의 경우에도 마찬가지이다. C. 코치올리는 전통을 준수하면서도, 사실들에 대한 지식, 예술가의 시각, 그리고 신자의 시각을 통해 이해한 것의 표현도 마다하지 않는다.

다른 번역들에서는 해석의 몫을 구분해내기가 쉽지 않다. 그 자체로는 드러나지 않기 때문이다. *Mémoires du Roi David*에서 우리는 이러한 해석의 예외적인 경우를 본다.

---

24. E. A. Nida의 역동적 등가, 기능적 등가 이론은 성서 번역의 문자주의 도그마에 대한 두드러진 예외적 경우이다.

필자가 코치올리가 다윗과 골리앗의 싸움의 실상을 표현하고 있다고 말하려는 것은 아니다. 그렇지만, 번역학의 관점에서 그의 번역은 대단히 시사적인 것으로 보인다. 원문의 어의들과 인지적·감성적 보완물의 결합을 명백히 보여주고 있기 때문이다.

⁂

오늘날 번역을 기존의 의미 대응관계들의 단순 나열로 보는 그런 관점들은 찾아보기 어렵게 되었다. 모든 번역이 해석이란 것을 점점 더 이해하고 있는 것이다. 시나 소설 같은 텍스트들, 기술적 혹은 실용적 과학 담론들이 그 구성 문장들의 합으로 치부될 수는 없다.

거시 기호들과 텍스트들—문학 텍스트이건 일반 텍스트이건, 글이건 말이건—사이의 핵심적 구분은 후자에는 저자, 주제, 수신인들이 있고, 모두 날짜가 매겨져 있다는 것이다. 간단히 말해, 모든 텍스트들에는 역자가—의식적이건 아니건—고려 대상으로 삼는 일련의 매개 변수들이 있다.

피아제, 에코, 레비뿐 아니라 주베와 코치올리를 인용함으로써, 필자는 기호들의 해석의 보편적 성격을 보이고자 했다. 번역도 예외가 아니다. 해석은 번역과 불가분의 것이다. 해석은 번역에서 핵심 역할을 한다. 해석의 성격은 회의 통역을 통해 드러나게 되었다. 이 회의 통역 덕분에, 담론의 소리 기호들로부터 출발하여 의미내용이 인지적 보충물과 융합되어 담론의 일부분의 의미를 이루는 비언어적 단계를 거쳐 재언어화되는 해석이 지배하는 이 삼단계의 과정을 발견한 것이다. 번역 또한 동일한 과정을 밟으나, 그 과정의 직접적 확인이 상대적으로 어렵다. 원문과 비교할 때, 역문은 하나의 등가물이다. 이 등가물은 형태가 아니라, 인지적·정감적 측면들을 재현하는 것이다.

번역에서의 해석의 보편적 성격의 일단을 보이기 위해, 앞의 장들에서 영불, 독불과 문학텍스트, 기술텍스트 등 서로 다른 언어쌍들과 텍스트 유형들의 예들을 빌렸다. 그러나 성공적 번역예들이 번역을 충분히 설명하지 못할 염려가 있기에, 번역 방법론학자들이 받아들인 몇몇 언어 이론들을 살펴 보았고, 대비된 언어들에 국한하여 이들이 부닥친 문제들의 원인들을 지적하였다.

번역자는 언어들의 번역에 만족할 수 없다. 번역자가 번역을 위해 해석하는 것은 해석이 자연스러운 반작용이기 때문이다. 인간은 하나의 설명을 사실들, 관찰한 기호들과 연결시키려는 근본적 필요를 느낀다. 옛적부터 인간은 자연 현상들을 해석해왔다. 인간은 이러한 현상들을 설명하기 위해 신화, 신, 영적 존재들을 창조해왔다. 인지적인 것 속에 통합되지 않는 지각 현상은 없다. 언어 기호들이라 해서 예외는 아니다. 어떤 독자도, 그리고 번역자도, 철자 기호들에 대한 언어적 지식의 부여에 만족하지 않는다. 사실, 이들은 자연스럽게 텍스트를 해석하게 되는 것이다. 우리는 흔히 번역자의 해석에 겁을 내어, "해석"이란 말에 반역이란 경멸적 의미를 부여하기를 주저하지 않는다. 그렇지만, 독자들은 필자가 제시한 예들을 통해, 유능한 번역자는 가장 좋은 의미에서의 해석을 하며, 그래서 "번역이 반역"이라는 말이 잘못된 것임을 깨달았을 것이다.

제2부

번역의 실제

1부의 장들은 하나의 이론적 설명을 제공한 것으로, 번역이 실행되는 여건들과, 흔히 번역이란 말이 쓰이는 서로 다른 실제 작업들은 다루지 않았다.

이 2부에서는, 1장에서 역자들에게 제기되는 실제적 문제들의 예들을 제시한 다음, 번역의 개별 분야들을 다룬다. 외국어 교육(2장), 외국어로의 번역(3장), 기계 번역(4장)이 그 분야들이다.

1. 번역의 실제 문제

이상적 조건에서는 역자에게 읽는 것이나 쓰는 것 못지 않게 번역이 쉬울 것이다. 역자는 두 언어에서 교양있는 원어민의 능력을 갖추고 있을 것이기 때문이다. 그리고, 역자는 번역할 텍스트의 저자와 동일한 정도의 문체 수준의 보유자일 것이고, 그 저자의 감정(정치적 혹은 종교적 소신, 시적 감정이나 표현 의지)과 깊은 친근감을 느낄 것이며, 번역은 원문의 인지적·정감적 의미의 재현이라는 것을 알고 있을 것이다. 이상적으로 번역은 원텍스트의 저자에 완전히 동화되어 있으며, 자신의 텍스트 독자들의 반응이 어떠하리라는 것을 알고 있는 완벽한 이중어 사용자에 의해 수행되는, 한 언어로부터 다른 언어로의 지적·정감적 내용의 전이 과정이다. 이론적으로는, 이러한 번역에 어떠한 언어적·문화적·문체적·주제적·용어적 장애도 없다.

그러나, 실제에 있어서 이러한 조건들이 모두 갖추어진 경우는 거의 없다. 역자에게는, 다른 모든 사람들과 마찬가지로, 그 자신의 취약점들도 있고, 작업 상황으로 인한 취약점들도 있다. 역자는 완벽한 이중어 사용자도 아니고, 원어를 매우 잘 안다 하더라도 개방적인 어휘 체계 전체를 다 장악할 수는 없는 노릇이다. 역자가 문학 텍스트의 재창출에 필요한 시적 직관을 늘 갖추고 있는 것도 아니고, 저자와 반드시 동일한 신념들을 갖고 있는 것도 아니다. 그리고, 역자는 전지적 인간도 아니고, 최고도의 자료 조사도 전문가의 지식에는 결코 미치지 못한다. 작업 환경 또한 항상 유리한 것이 아니다. 번역에 주어지는 기간이 너무 짧다든지, 자료 접근이 용이하지 않다든지, 원텍스트가 잘못 쓰였거나 의도적으로 모호하게 쓰인 경우 등이 있게 마련이다. 유능한 역자들은 이러한 문제들의 정글을 능숙하게 헤쳐나가지만, 그들의 작업의 어려움에 이러한 요소들의 영향이 있다는 것은 알고 있다.

이하의 내용은 현대 번역의 가장 일반적 관점, 독자가 최대로 원문의 독자에 근접한 여건에 놓이도록 하는－그래서 양자가 동등한 입장이 되도록 하는－번역의 관점에서 전개될 것이다.

1.1. 실제에서 관찰된 몇 가지 문제

직업번역가들의 경험과 숙고의 결과들을 기술해 놓은 잡지들[1]을 들춰 보면 문제들의 많은 예들이 나온다. 하지만, 필자는 보다 구체적으로 에지트에서 1992~1993년도 번역학 박사과정 세미나에 참여했던 6명의 전문번역가들(T1~T6)이 수행한 미국 유머 작가 A. 부크월드[2]의 번역예들을 살피기로 한다. 그렇게 함으로써, 추상적 추론을 피하면서 실제의 문제들의 일부를 맥락 속[3]에서 보일 수 있게 될 것이다.

1. 프랑스에는 Société française des traducteurs(SFT)의 회보인 *Traduire*가 있고, 미국에는 American Translators Association(ATA)의 발표문 서평집이 있다. 국제적으로는, Fédération Internationale des Traducteurs(FIT)의 학회 서평집과 그 정기 간행물인 *Babel*이 있다. 마지막으로, 끝이나 끄트막은 아닌, 세계적으로 보급되고 있는 캐나다 잡지 *META*가 있다. 이들은 세계 곳곳에서 출간되고 있는 번역 잡지들의 극히 일부에 지나지 않는다. 여기에 번역서들에서 흔히 볼 수 있는, 역자들이 자신들이 부닥쳤던 문제들과 채택된 해결책에 대한 변을 담은 머리말들도 덧붙여야 할 것이다.
2. Buchwald, A.(1981): "The woman behind the woman", *While Reagan slept*, G. P. Putnam's Sons, New York.
3. A. 부크월드의 텍스트는 대중을 대상으로 한다. 다루어진 주제도 전문적인 것이 아니고, 따라서 특별한 지식이 필요하지도 않다. 그 텍스트 전문은 부록에 나와 있다. 가장 성공적이라고 판단한 두 번역(T1과 T2)의 전문을 실을 필요가 있다고 생각했는데, 이론적으로나 실제에 있어서, 번역들은 텍스트들에 대한 것들일 뿐 아니라, 그들 자체가 맥락을 이루는 텍스트들로서, 이 맥락을 벗어나게 되면 분석이 왜곡되고 번역이 언어면에 위치하게 하여, 논의가 비교 분석이나 코드변환의 차원에서 진행되게 하기 때문이다. 이 두 번역의 선택은, 번역에서 언제나 그러하듯이,

부크월드는 *New York Times*에 기고한 시평 중 하나에서 한 여자가 "해방"되기 위해서는 다른 한 여자를 자신이 직업활동에 종사하는 동안 가사와 아이들을 대신 맡아줄 고용인으로 부려야만 하는 역설을 잘 보여주고 있다.

여기서는 각 예에 대해 텍스트 흐름에 따라 문제의 텍스트의 적절한 문장이나 구절을 인용할 것이다. 텍스트 전문은 부록에 나온다.

1.1.1. 탈언어화의 부재

해석 번역은 세 단계로 특징지어진다. 이 단계들의 순서가 확정적인 것은 아니며 엄밀하게 순차적이기보다는 겹치는 경우가 더 많으나, 편의상 별도의 것으로 나타내면 읽기-탈언어화-의미 재현이 된다. 중간과정인 탈언어화는 코드변환과 모사를 피하기 위한 필수적 단계이다.

낱말들의 코드변환

어휘적 코드변환의 두 예를 보자.

예 1 : Behind every **liberated woman**, there is another woman who has to do the dirty work for her.

영어를 아는 사람에게 이 구절은 아주 분명하다. 유일한 문제는 탈언어화가 불충분할 경우의 표현 문제이다.

(T1) Derrière chaque **femme libérée**, il s'en cache une autre qui fait le sale boulot à sa place.
(T2) Derrière chaque **femme libérée**, il s'en cache une autre, en tablier.
(C) 해방된 여인 뒤에는 그 여인을 위해 뒤치다꺼리를 해주는 다른 여인

주관적이다. 그러나 이러한 선택이 어쩌면 보다 나은 다른 선택이 가능하지 않았다는 것을 뜻하는 것은 아니다. 사실, 일부에 대해서는 세미나에서 논의도 있었다. 이들 속에 상당수의 참신한 발견도 있었으나 여기서 전문을 언급하지는 않은 것은 전체적으로 덜 잘 읽혔기 때문이다. 때로 부분적으로 이들이 언급되기도 할 것인데, 독자들이 맥락 속에 넣고 생각해 보기 바란다.

이 있기 마련이다.

역자들은 두 사람 모두 'femme libérée'로 모사하고 있는데, 여성지 등에서 보는 표현이다. 속으로 이들은 부크월드가 이 글에서 60년대의 미국 "Women's lib"에서 비롯된 사회 현상을 상기시킨다는 것을 알고 있다. "liberated woman"은 미국에서는 무엇을 말하는지 확실한 아주 분명한 개념이다. 여성 해방 운동은 프랑스에서는 미국에서 만큼 활발하지는 않았고, 부르주와 계층의 여인들이 얼굴깎이지 않고 일할 수 있다는 것이 쉽게 받아들여졌기에, 프랑스인들은 그러한 개념에 해당하는 고유한 표현을 만들 필요를 느끼지 않았던 것으로 보인다. 영어로부터의 문자적 차용으로 그냥 만족했던 것이다.

대부분의 역자들은 'femme libérée'라고 썼으나, 불어의 'libérée'(누구로부터, 무엇으로부터?)라는 말의 어의에 보다 민감했던 몇몇은 'femme libre'로 번역했다. 그리고 'femme active'라고 한 것도 하나 있었으나, 이는 원텍스트와 거리가 멀다. 여성 해방 운동의 주장들에 대한 암묵적 암시가 결여되어 있기 때문이다.

번역가는 언어의 파수꾼이요, 개념들과 언어 사이의 관계의 온전성 유지를 위한 마지막 보루이다. 적절한 표현을 위해 번역가는 낱말 이면의 감추어진 현실을 찾아낸다. 탈언어화가 완벽했더라면, 무엇이 문제인지 의식했었다면, 아마 'liberated woman'의 내용을 보다 분명하게 드러내는 'femme émancipée' 같은 표현을 찾아낼 수 있었을 것이다.

우리 모두 '가짜쌍들 faux amis'의 문제를 안다. 모사는 이들의 친척뻘이다. 경험많은 역자가 의미를 엉뚱하게 잘못 해석하는 경우는 별로 없지만, 〈두 언어에서 유사 형태의 엄밀한 개념적 일치는 항상 의심하라〉는 아주 간단한 규칙의 적용을 깜박하는 수는 있다.

모사는 오늘날 불어에 영어 어휘 의미들이 유입되는 주요 원천이다. 이러한 현상의 영향으로 불어 낱말들의 원래 의미들이 부가적 의미들로 풍요해졌다. 예를 들어, 'initier'는 영어의 영향으로 'révéler', 'admettre à la connaissance'라는 예전 의미 외에, 가끔 'commencer'의 뜻으로 쓰이고, 'global'은 'entier', 'total'이라는 처음 의미 외에 "mondial", "universel"이라는 의미를 갖게 되었다.

예 2 : But one breakdown in the support system and then he starts **screaming** he didn't marry a woman who would ignore her house and children.

여러 번역이 "ils (les maris) se mettent à **hurler** que..."로 되어 있다.

불어의 'hurler'라는 동사가 주는 다소간 신경질적인 폭력적 느낌은 다른 곳들에 기술된 남편의 행동과는 어울리지 않는다. 영어로 'screaming'이라도, 'hurler'로는 내용이 왜곡된다. (T1)의 "Ils se mettent à crier que..."에 쓰인 "crier"가 문제의 탈언어화된 낱말과 맥락의 내용과 더 잘 맞는다. (T2)의 "Ils poussent les hauts cris et disent..."나 다른 한 역자의 "il fait toute une histoire en disant que..."란 번역도 잘 어울린다. 'screaming'이라는 말을 맥락을 고려하지 않고 코드변환하는 것은 방법상 잘못이다. 이러한 잘못을 지적하면 학생들은 자주 "하지만 부크월드(혹은 X)는 분명히 'screaming'(혹은 다른 어떤 낱말)이라고 했다"는 식의 답변을 한다. 필자의 대답은 변함없다. 'screaming'이라는 영어 낱말은 문제의 맥락에서는 'hurlements'을 나타내지 않고, 한 텍스트의 낱말들에는 맥락에서 비롯되는 뉘앙스가 포함되며, 번역은 텍스트 전체에 대한 것이라고. 텍스트를 번역하는 것은 탈언어화된 하나의 의미idée로부터 출발하는 것이다. 한 낱말의 일시적인 명시적 의미는 의미의 발현에 기여한다. 그 의미를 나타낸다기보다는 관련짓는다고 해야 할 것이다.

"He starts screaming - il se met à hurler"는 인지적 맥락을 고려하고 저자가 의도한 뉘앙스를 역어로 표현하기 위해서는 언어를 벗어날 필요가 있다는 것을 보여주는 또 하나의 예이다.

문장의 코드변환

언어간의 통사 구조들의 차이들은 역자들에게 제약들을 가하기 때문에, 아주 시원찮은 초심자라도 대어역을 하지 않고 역어의 구문을 존중하게 된다. 그러나, 언어들로 인한-어떤 식으로든 탈언어화가 불가피했을-현저한 문장상의 재구성이 필요치 않은 경우에는 어휘적 코드변환을 하게 되는데, 이들은 대어역과 동일시될 수 있다.

예 : She always knows where his shirts are.

여러 역자가 이를 "Elle sait toujours où sont ses chemises. 그녀는 그의 와이셔츠들이 어디 있는지 안다."라고 번역하고 있다. 그리고, 부록에 실린 두 번역 중 하나인 (T2)에는 "Elle sait toujours *lui trouver* ses chemises."로 되어 있다. 영어 문장 "She always knows where his shirts are."는 하나의 인지적 집합을 나타내는 제유이다. 후아니타가 소중한 것은 "그녀가 주인의 셔츠들이 어디 있는지 알기" 때문만이 아니라, 주인에게 그것이 필요할 때 〈가져다 주기〉 때문이다. 문제의 영어 표현은 그녀가 셔츠를 〈가져다 준다〉는 것을 함축하고 있고, (T2)의 불어 표현은 그녀가 그것들이 어디에 있는지 안다는 것을 함축하고 있다.

각 언어에서 명시적 제유(제1부 2.2.4.를 보라)는 여러 다른 방법들을 통해 보다 큰 집합을 나타낸다. 역어의 평상적 구조와 대응하는 외국어 문장들은 텍스트들을 번역할 때에는, 그 외견상의 단순성으로 인해, 그 재표현에 상당한 어려움이 있다. 외견상의 번역의 용이성이 의미의 보다 심층적 탐구에는 장애가 되는 것이다.

1.1.2. 탈언어화 : 방법의 문제

탈언어화의 필요성을 인식하지 못하는 사람들에게는 기호들의 지면상의 잔류가 장애가 된다. 원문에서 눈을 떼지 못한 채 번역을 하거나, 머리 속에서 문장을 만들어내지 못한 채 써가기 시작하게 되는 것이다. 결과는 원어의 형태에서 완전히 벗어난 하나의 의미idée를 표현했을 때보다는 훨씬 서툰 것이 된다.

예 : ... (He starts screaming) he didn't marry a woman who would ignore her house and children.

이 문장의 번역에는 서툰 점들이 상당히 많이 나타난다.

(T1) Ils ne se sont pas mariés pour vivre avec une femme qui néglige ses enfants et sa maison.
(T2) Ils n'ont pas épousé une femme qui se fiche de sa maison et de ses enfants.
(T3) En se mariant, il ne croyait pas qu'un jour sa femme négligerait foyer et enfants.
(T4) Il n'a que faire d'une femme qui laisse tomber sa maison et ses enfants.
(T5) Il ne s'est pas marié pour avoir une femme qui néglige sa maison et ses enfants.

(T1)과 (T2)는 서로 다소간 모순이 되고, (T3)은 너무 징징대는 것 같고, (T4)는 너무 자의적이고, (T5)는 표현이 서툴다. 다음의 (T6)만이 완벽하게 의미에 충실한 번역이다.

(T6) (Il pousse les hauts cris en disant que) sa femme abandonne ses enfatns et son foyer et qu'il ne s'est pas marié pour ça.
(C) 아내가 애들하고 집안일을 돌보질 않는데, 자긴 그러라고 결혼하진 않았다(고 소릴 질러댄다).

문장의 내용은 간단하나, (T6)과 같은 표현이 되기 위해서는 언어 구조들을 넘어서는 내용 포착을 해야 한다.

1.1.3. 번역 단위

번역을 하면서 직관적으로는 낱말이 번역 단위가 아니라는 것을 안다. 아직도 어떤 불어 낱말이 영어로 뭐냐거나, 어떤 영어 낱말이 불어로 뭐냐고 묻는 것을 흔히 듣긴 하지만.

J.-P. 비네와 J. 다르벨네4는 번역을 한 언어에서 다른 언어로의 전이로만 보면서도, 번역 단위를 철자상의 낱말의 범주를 넘어 "기호들간의 응집력으로 인해 분리되어 번역해서는 안 되는 발화의 최소 부분"으로 정의한다. 예를 들어, 'prendre son élan', 'de demain en huit' 같은 것들이다.

J. 들릴5은 낱말을 넘어설 뿐 아니라, "텍스트의 번역은 고립된 문장들로 이루어지는 것이 아니다. 그러므로 텍스트 전개의 내적 역동성, 그 텍스트가 비롯되게 된 사고의 비상이 고려되어야 한다."는 사실을 강조한다.

달리 말하면, 문장에는 낱말들의 실현된 어의들을 나타내기에 충분한 맥락은 주어져 있으나 인지적 맥락이 결여되어 있고, 이러한 결여가 역자에게 오류를 범할 여지를 남긴다는 것이다.

다음의 질문은 이런 현상의 좋은 한 예이다.

예 : You pay her?

이 간단한 질문은 맥락 외적으로는 (특히 젊은 여성이 침식만 제공받고 일하는 경우들을 알고 있는 사람들에게) 보수를 받지 않고 잡일을 돕는 경우라는 인상을 주는 "Vous la payez?"로 번역될 수 있었을 것이다. 그러나, 맥락을 통해 주어진 보충 정보는 문제의 인물이 급료를 받는 사람이라는 것을 일러주고 있으며, (T1)과 (T2)는 이를 "C'est vous qui la payez?"로 잘 번역했다. 영문 텍스트에는 "Of course, I pay her. 물론 제가 주지요."라는 하나의 대답이 나와 있고, "You mean your husband

4. Vinay, J.-P./Darbelnet, J.(1973): *op. cit.*, p. 16.
5. Delisle, J.: *op. cit.*, p. 191.

doesn′t contribute to her wages? 남편이 급료를 분담하시지 않나요?" 라는 새로운 질문은 첫 번째 질문의 함의를 이해하게 해준다. 말로 했다면 이를 "You pay her?"라는 대명사 강조에 의해 나타냈을 것이다. 영어로 쓰인 "You pay her?"의 경우에는 이러한 강조 의미가 함축되나, 불어로는 이를 "C′est vous qui..."와 같이 초점화에 의해 나타내야 한다. "you"에 강세가 있음을 이해하는 영어권 독자는 인지적 맥락을 염두에 두고 있는 것인데, 불어 역자가 의미 표현을 위해 생략할 수 없는 것이 이 인지적 맥락이다.

역자가 텍스트를 조사하며 하나의 의미가 일관성 있는 통합을 이루는 것을 지각할 때, 역자는 하나의 번역 단위를 소유하는 것이다. 명시적 의미와 인지적 의미의 혼합물인 이 번역 단위는 의미 단위이다.

1.1.4. 충실성

충실성은 번역학의 핵심 개념이다. 이 충실성은 의미의 여러 다른 양상들에 대한 충실성일 수밖에 없다. 이제 이 충실성이 **상황의 시각화**, **현실에 대한 지식**, 표현의 **상징 기능**의 인식, **굳은 표현**들의 성격, 그리고 마지막으로 **표현의 사용역**의 고려로 인해 실현되는 몇몇 방식을 보게 될 것이다.

예 1 : 시각화
For every liberated woman you see in an office, there is another woman...

몇몇 번역에는 "in an office"가 문자적으로 "dans un bureau"로 되어 있으나, (T2)에는 "derrière un bureau"로 되어 있다. 맥락 전체, 즉, 릴라가 사무책상 너머에서 고객을 맞는다는 것이 고려된 것이다. (T2)의 역자가 의식적으로 "dans" 대신에 "derrière"를 선택한 것은 아닐 수 있다. 그렇지만 그가 문제의 장면을 머리 속에 그린 다음, 그 장면을 묘사한 영어 낱말들은 고려하지 않은 채, 자연스럽게 "Toutes les fois que vous voyez une femme derrière un bureau, il y en a une autre..."라고 옮긴 것이 틀림없다.

다른 역자들은 "Chaque fois qu'une femme libérée travaille dans un bureau"라고 번역했다. "derrière un bureau"나 "travaille dans un bureau"나 모두 역자의 충실성에 대한 염려를 보여준다. 충실성은 의미지향적이다. 반면에, 문자에 대한 충실은 충실로 보기 어렵다. 문제의 구절을 코드변환하면 "Pour chaque femme libérée que vous voyez dans un bureau il y a une autre femme..."가 된다. 그런데, 사무실에서 일하는 여자들을 본다 해도 무엇으로 그녀들이 "libérées 해방"되었는지 알 수 있는가? 일반 가정부인도 일보기 위해 사무실에 올 수도 있다. "derrière un bureau"나 "travaille dans un bureau"는 불어에서 영어와 동일한 인지적 집합을 가리킨다. 이러한 분석은 사후적인 것이라는 점을 상기할 필요가 있다. 탈언어화를 하는 역자는 불어로 자연스럽게 표현을 하는 것이다.

예 2 : 구체적 현실

When we get home at night, he wants to know why there are **no clean sheets** on the bed.

(T1) il fait toute une histoire si **les draps n'ont pas été changés**.

(T2) il me demande comment cela se fait que **les draps n'aient pas été changés**.

어떤 번역에도 "clean sheets"에 대한 "draps propres"라는 코드변환은 나와 있지 않다. "Draps propres 깨끗한 시트"라고 하면 프랑스 독자는 "draps sales 더러운 시트"를 연상하게 된다. 릴라가 사는 풍요로운 환경에서는 시트가 더러워지기를 기다리지 않고 시트를 교환한다.

역자들이 "clean sheets"와 "draps propres"를 짝지어 본 다음, 대응표현을 버리고 의식적으로 다른 것을 찾다 "changer les draps"를 얻었다고는 전혀 생각되지 않는다. 역자들은 해당 의미를 포착하여 불어에서 제일 많이 쓰이는 방식으로 아주 자연스럽게 재현한 것이다. 이것이 영어에서는 "clean sheets"라는 제유에 의해 표현된 것이고, 불어에서는 또다른 제유인 "changer les draps"에 의해 맥락적으로 복원된 것이다. 의미에 충실하면 동일한 인지적 집합이 다른 제유들에 의해 복원된다.

예 3 : 상징 기능
Now it turns out that without Juanita **mopping floors**, you wouldn't be liberated at all.

여기서는 제유(1부 2.2.4.를 보라)가 시각적 표상(사무책상 너머의 여인)이나 구체적 현실(시트갈이)이 아니라 하나의 상징이다. "mopping floors 마루 훔치기"는 직장 여성이 가정부에게 떠맡기는 집안일, 시초에 언급된 "dirty work 궂은 일"을 상징한다.

이 상징은 번역에서 다시 상징들을 만난다.
(T1) Sans Juanita pour passer le torchon.
(T2) Si Juanita n'était pas là pour frotter par terre;
(T3) ... pour laver le carrelage.
(T4) ... pour frotter les parquets.
(T5) ... pour passer l'aspirateur.

번역 (T1)과 (T2)는 보다 자연스럽고, 상징도 지켜져 있다. (T3)에는 "laver le carrelage"로, (T4)에는 "frotter le parquet"로 되어 있는데, 릴라의 집에 "des carrelages 타일 바닥"나 "des parquets 마루"가 있다는 어떠한 단서도 없다. 더구나, "passer l'aspirateur 진공청소기를 돌리는 일"가 그다지 품위가 손상되는 일은 아니다. 그러니까 "mopping floors"가 상징하는 것과 잘 맞지 않는 것이다.

(T1)과 (T2)의 "mopping floors"라는 번역은 구체적 지시와 그것이 상징하는 것에 대해 하나의 관계를 구축한다. 후아니타는 "mopping floors"가 상징하는 모든 집안일을 하는 것이다. "passer le torchon 걸레질"이나 "frotter par terre 바닥닦기" 같은 동일한 층위의 다른 일 또한 이러한 집안일들을 상징할 수 있다.

예 4 : 굳은 표현

I always saw you as someone who had the best of both worlds.

이는 굳은 표현의 한 경우이다. 다른 글에서 성구는 랑그와 담론의 중간 단계의 것이라고 쓴 적이 있다. 이들은 어휘화했기 때문에 랑그에 속하나, 언어적 의미를 넘어서 의미sens를 나타내기 때문에 담론에 속하기도 한다. 굳은 표현의 의미는 그것을 사용하는 나라들의 지혜의 한 단면을 표상한다는 특별한 면이 있다. 그리고, 그러한 표현의 사용은 한 저자가 그러한 형태로서 나타내고자 선택한 의미를 부각시키고 강화한다.

다른 언어에 굳은 표현들과 대응되는 것들이 있을 때에는 일종의 코드변환이 가능하나(언어적인 것에 속한다), 이는 등가에 의한 코드변환 가능성이다(담론에 속한다는 것이다). "A bird in the hand is worth in the bush"와 "Un tiens vaut mieux que deux tu l'auras 남의 돈 천냥이 내 돈 한푼만 못하다" 등과 같은 많은 속담과 격언들이 그러한 경우들이다.

이 굳은 표현들에 대응되는 것들이 없을 때에는 그 해석 표현이 때로는 그 은유적 성격을 상실하게 되고, 따라서 진부하게 되는 경향이 있다.

다음과 같이 번역된 (T1)의 경우가 그러하다.

J'avais l'impression que vous cumuliez les avantages...
유리한 조건들만 갖추신 분으로 알았습니다

(T2)의 역자는 굳은 표현에 개념적인 것 이외의 무언가가 있다는 것을 느끼고 있다.

J'avais l'impression que vous l'emportiez sur tous les tableaux.
안팎으로 승승장구하는 분으로만 알았거든요.

이러한 굳은 표현은 저자의 생각과 문체를 모두 존중하고 있다. 역자는 두 텍스트 사이에 진정한 등가관계를 구축하기 위해 원문의 효과에 충실해야 할 필요성을 느꼈던 것이다.

굳은 표현들에 대해 G. 미즈리6가 한 분석을 읽어 보면 도움이 될 것이다. 미즈리는 '의사소통 구성부'라고 부르는 것을 연구하여 "사전에 제시된 해결책들의 목록에 국한되지 않는 유연한 방법"을 구축하였는데, 이는 연구자에게 굳은 표현들의 번역의 성공 여부의 측정을 가능하게 해주는 것이다. 그의 방법에 의하면, (T2)은 시험을 당당하게 통과하지만, (T1)는 시험에 통과하지 못한다.

예 5 : 표현의 사용역
You've got the picture.

이는 또하나의 굳은 표현의 예인데, 이번에는 대화자 사이의 모종의 친밀감을 나타내고 있다. 언어가 친밀 층위의 것이다. 그 장면에 생동감이 있다. 한참을 더듬거리던 질문자가 상황을 이해하고 릴라에 대한 공감을 표시한다. "Now it turns out that without Juanita mopping floors, you wouldn't be liberated at all. 그러니까 마루 훔치는 후아니타가 없으면 해방이 전혀 안 될 꺼라는 거군요." 그러니까 릴라가 말한다. "You've got the picture. 이제 감잡으셨군요." 표현의 친밀함은 이야기의 두 인물 사이에 새로운 관계를 나타내는 것이고, 역자들은 이에 충실하다.

(T1) Vous y êtes! 맞아요.
(T2) On ne peut rien vous cacher! 척 아시는군요!

미즈리의 말을 다시 들어 보면, "역자는 원텍스트의 수신자로서 자신이 느낀 효과들을 스스로 평가하고, 번역의 수신자의 입장에서 이 결과들의 재현을 도모한다."(p. 147)

1.1.5. 문화적 요소의 전이

가장 빈번히 언급되는 번역의 어려움들 가운데 문화의 문제들이 있다.

6. Misri, G.(1990): "La traductologie des expressions figées", *Études traductologiques*, Minard Lettres Modernes, Paris, p. 160.

주어진 한 문화에만 속하는 대상이나 개념들은 역어의 문화와 어휘적 대응 관계를 갖지 않으며, 이들을 어떻게 표현한다 치더라도, 그것을 읽는 독자가 그러한 대상과 개념들이 어떠한 것인지 정확히 이해하리란 보장이 없다. 그리고, 원전에 언급된 의복이나 음식 습관, 전통과 종교 관습도 번역의 독자에게 분명한 것들이 아니다. 역어에서 원전의 낱말과 대응시켜 어떤 낱말을 쓰느냐 하는 것만이 문제가 아니라, 동시에 그리고 특히 타언어가 나타내는 묵시적 세계를 어떻게 최대한 전달되게 할 수 있는가 하는 것도 문제이다.

우선 "culturel"이라는 낱말의 어의를 잘 이해해야 한다. 프랑스인들에게 "culture"는 예술, 문학, 음악 등을 말한다. 이는 문화부 장관의 담당 분야나 유네스코가 과학 이외에 다루는 주제들이 보여주는 것에서도 잘 드러난다. 반면에, 영어의 "culture"는 관습, 음식, 의목, 주거, 풍속, 전통 등 매우 다양한 요소들을 나타낸다. 번역학 저술들에서는 대개 영어의 이 의미가 받아들여졌으므로, 필자는 "culturel"이라는 말을 영어와 불어의 이중적 의미로 사용할 것이다.

외국 세계의 재표현 문제는 오랫동안 인식론적 논란의 대상이 되어왔는데, 문제가 자못 과장되었던 것으로 보인다. 각 언어가 세상을 자신의 방식대로 재단한다는 관찰로부터 각 언어가 그 언어의 사용자들에게 특별한 세계관을 강요한다는 결론(이것이 그 유명한 사피어-워프 가설이다)을 이끌어냈는데, 관찰은 옳지만 결론은 잘못된 것이다.

여기서 한 발짝 더 나간 입장이 있다. 언어는 그 어휘들과 구조들이 주어진 한 세계의 사실들이나 개념들을 반영하지 못하므로, 이들을 자기 자신의 세계 속으로 받아들이는 것도 불가능하리라 보는 입장이다. 번역이 코드변환이라면 이는 맞는 말이다. 그러나, 텍스트들의 번역 층위에서는 그렇지 않다. 여기서 인지적 보충물은 언어 표현 못지 않게 중요한 역할을 하며, 텍스트를 읽어감에 따라 혹은 번역을 해감에 따라 구축된다. 번역의 이론적 처리는 역자가 저자가 다룬 주제를 잘 알고 있다는 원칙에서 출발하는데, 이는, 실용적 텍스트들의 경우에나 문학텍스트들의 경우에나, 역자가 문제의 언어를 말하는 대중의 '문화'를 알고 있음을 뜻한다(혹 모르는 것이 있으면, 그가 그것을 의식하고 있으며, 그것을 보충하는 데에 필요한 지식을 어떻게 습득하는지 알고 있다는 것을 뜻한다). 이중어 사용자인 역자는 언어 지식 덕분에, 그리고 이 '세상'에 대한 지식 덕분에, 서로 다른 두 언어로 쓰인 글 텍스트들이 나타내는 세계를 볼 수 있는 이중문화 체험자이기도 하다. 외국 세계를 볼 수 있기에 그는 그것을 표현할 수도, 그것을 모르는 사람들에게 볼 수 있게도 할 수 있는 것이다. 인간이 미리 알고 있던 것만 보고 이해할 수 있다면, 언어와 그 어의들의 습득을 넘어서는 지식의 습득은 가능하지 않을 것이다.

외국 문학－이는 인간의 보편성에 호소한다－에 관해서는 모든 독자가 잠재적으로 이해할 수 있는 처지에 있다. 그러나 이 외국 문학이 암시하는 풍습, 전통들에 관해서는 문자역을 통해 그 외국 문화 현상의 전모를 이해할 수 있는 정도로 충분한 지식을 갖추고 있는 외국 독자는 거의 없다. 따라서 역자가 보충 지식을－최소한이지만 독자가 알도록 이끄는 데에는 충분할 정도의 지식을－외국인 독자에게 제공해야 한다. 번역 독자는 문외한일지 모르나, 바보는 아니다. 그래서 독자는, 텍스트 덕분에, 원래는 가지고 있지 않았던 지식의 일부를 이내 얻어갖게 된다. 역자가 원텍스트의 묵시적 의미들의 일부를 명시적으로 바꾸면서, 자신의 언어에 직접적 대응표현이 없는 지시물들을 충분히 나타낼 수 있는 언어 수단들을 사용하면서, 독자를 돕는 것이다. 번역 독자가 원어민 독자만큼은 모르겠지만, 무지한 상태로 있지는 않게 될 것이다.

문화의 전이 현상에 대한 일반적이며 유일한 해결책은 없다. 적절한 해결책은 번역해야 할 구절에 따른 개별적인 것일 수밖에 없다. 역자들이 문화 전이의 어려움들을 실제에서 어떻게 해결하는가 보이기 위해, A. 부크월드의 텍스트와 그 번역들을 다시 살펴 보기로 하자.

이국적 현실 전이의 몇가지 방식

■ 번안

법률 체계의 차이들은 코드변환에 가장 큰 장애가 된다. 그래서 그러한 텍스트들의 역자는 번역의 맥락과 목적을 고려하여 이를 극복한다.

예 : She works for a **law firm** from 9 to 5...

몇몇 번역에 "cabinets juridiques"가 눈에 띄기는 하나, 대다수 역자들은 "law firm"에 대해 "cabinet d'avocats"라는 번역을 선호하였다. 물론 'lawyer'가 반드시 'avocat'는 아니지만, 미국을 조금이라도 아는 사람, 'law firms'이 미국 현실에 개입되는 정도, 아주 빈번한 소송 제기를 아는 사람들이 번역에서 이러한 문화적 현실들을 고려하여 'cabinet d'avocats'를 선택한 것이다.

■ 전환

요리에는 구성이 있어서 어떤 방식으론가 조리되어 있다. 그리고, 일상 음식이라든가 축하연에 나온다든가 하는 사회적 기능도 있다.

예 : …frankly we're all getting a little tired of **fried beans.**

남아메리카에서의 'fried beans'는 미국에서의 햄버거나 프랑스에서의 비프스테이크만큼 일상적인 음식이다. 이는 'frijoles refritos'를 말하는 것이다. 버터나 기름에 데친 적두나 흑두의 퓨레로, 거의 모든 음식에 곁들여 나온다. 'fried'가 튀김을 말하는 것도 아니고, 'beans'가 프랑스인들에게 익숙한 백두나 '플라졸레' 같은 콩을 말하는 것도 아니다. 이 'beans'는 검거나 붉은 작은 콩이다. 남미 음식이 나오는 상당수의 식당들로 인해 미국 독자들은 'fried beans'를 보면 어떤 음식인지 아나, 프랑스인 독자들은 이 음식을 대개는 모르며, 말 그대로 'haricot frits'라고 하면 다른 음식을 가리키는 것이 된다.

문제의 텍스트에서 'fried beans'는 가정부의 음식 습관의 일부인데, 릴라가 이에 대해 말하는 것은 그 가정에서는 낯선 음식이라는 것을 뜻한다.

'fried beans'의 의미는 지시물(음식)과 맥락(그 가정과 음식의 부조화)에서 비롯된다. 여기서의 문제는 음식의 어떤 조리법을 일러주는 것이 아니고 콩이라는 건 물론 날로 먹는 것이 아니기에, (T1)과 (T2)는 'fried'의 번역은 생략하고, 'fried beans'를 각각 'haricots rouges', 'haricots noirs'라고 옮겼다. 그렇게 해서 그 음식이 릴라의 가족에게 이국적이라는 점과 콩의 종류라는 현실적인 면 모두를 충족시키고 있는 것이다.

또다른 역자는 'fried beans' 못지 않게 이국적이면서도 그보다 프랑스에 더 잘 알려진 외국 음식을 생각해서 'chili con carne'(고추로 양념을 한 멕시코 스튜 요리)로 옮겨놓았다. 필경 남미 음식을 강요당한 미국 가정이라는 의미가 특히 전달되도록 해야 한다고 판단한 것이리라. 이 'chili con carne'의 선택은 방법론적으로 잘 한 것으로 볼 수 있다. 이 음식이 'fried beans'보다 프랑스에 더 잘 알려진 것이라면 그렇다.

■ 명시화

명사에는 개체와 범주에 대한 판별 기능이 있다. 개체의 경우에는 번역에서 아주 자연스럽게 그 형태가 유지된다. 범주들의 경우, 번역에서의 명사로의 처리는 그것이 어떤 것을 가리키는지 알 수 있다는 것을 함축한다.

예 : I could'nt work if it weren't for her 〔Juanita〕, and the fact the Safeway stays open until nine.

(T1)에는 'Safeway'가 그대로 있으나, (T2)에서는 범주로 바뀌어 'le supermarché'로 되어 있다. (T1)은 묵시적으로 프랑스 독자들이 미국을 알고 있는 것으로 간주하고 있고, (T2)는 프랑스 독자들이 미국을 전혀 모르는 것으로 간주하고 있다. 다른 몇몇 역자들은 'le supermarché Safeway'라고 명시하여 양자 사이에서 선택을 분명히 하고 있다. 프랑스 독자들에게 미국 독자들이 받는 정보와 동일한 정보를－적어도 동일한 낱말수는－제공하는 것이다.

명시화 원리는 번역의 근간이다. 모든 텍스트의 묵시적인 것/명시적인 것의 관계에서 저자는 자신의 독자들이 일정 양의 정보를 보유하고 있다고 가정한다. 역자도 그러한 동일한 정보량을 보유하나, 번역의 독자는 그렇지 못하거나 전체적으로 보유하고 있지는 않다. 유능한 역자는 원문의 묵시적인 것/명시적인 것의 관계를 솜씨있게 변화시켜 자신의 언어에서 묵시적인 것/명시적인 것 사이에 새로운 균형이 생겨나도록 한다.

■ 자민족중심주의

타자를 받아들이게 하려고 하다 보면 때로는 그것을 알리려는 마음을 넘어서, 텍스트가 내보이는 사실들을 역자가 자신의 문화의 것들로 대치하는 경우들도 생기게 된다. 말하자면 텍스트들을 순화시켜버리는 것이다.

예 : Safeway

어느 번역에는 'Safeway'가 'Monoprix'로 옮겨져 있다. 그리고 동일 역자의 텍스트 말미에는 'Latin American Employment Agency'가 'l'ANPE'(Agence Nationale Pour l'Emploi 국립직업국)로 번역되어 있다. Monoprix는 프랑스의 한 상호로, 미국에서는 볼 수 없다. 그리고 ANPE는 프랑스에 고유한 행정 제도이다. 미국의 한 상호를 프랑스의 한 상호로, 그리고 미국에 있는 사설 직업 소개소를 프랑스의 국가 기관으로 대치하는 것은 알려주어야 할 미국의 현실을 왜곡하는 것이다.

아마 이러한 방식으로 문제의 역자는 원텍스트의 문화와 독자의 문화 사이의 차이를 최소화하면서, 독자들이 일부 이국적 요소들을 이해하지 못할지도 모르는 하나의 텍스트를 받아들이게 하려 했던 것이리라. 그렇지만 그렇게 함으로써 그는 원문의 문화적 독특성을 제거한 것이고, 결국은 잘못된 정보를 제공한 것이다. 'Monoprix', 'ANPE'라는 번역은 '자민족중심주의'라고 부를 수 있는 번역('annexion 병합', 'naturalisation 순화'라고도 불린다)의 한 예이다.

번역이 되지 않을 위험을 무릅쓰면서 원문의 이국적 성격을 그대로 유지시키느냐, 아니면 그와 반대로, 텍스트를 순화시키느냐 하는 것은 혼란스러운 가운데에 논의되고 있는 문제이다. 일러주어야 할 사실·관습·생각들에 있어서도 그렇고, 넘어서야 할 원어 표현에 있어서도 그렇다.

문화적 요소들을 제거하는 것은 모든 지식의 역동성 부분을 소홀히하는 것이다. 아는 것과 모르는 것은 정적인 것이 아니다. 텍스트는 독자가 모르던 것을 부분적으로 메꾸어준다. 독자가 외국 문화에 대해 모르던 것을 텍스트를 읽으며 알게 되는 것이다. 매 순간 독자의 지식은 텍스트를 읽는 덕분에 확장된다. 유능한 역자는 원텍스트의 문화를 순화시키지도, 이해해야 하는 것을 모르는 채로 남겨두지도 않는다.

문화적 요소에 대한 무지

역자는 전지전능하지도 않고, 낱말들을 넘어 텍스트들의 이해를 가능하게 하는 정보들을 늘 찾을 수 있는 것도 아니다.

예 : But **every magazine you read** in the supermarket features husbands of working wives sharing the household duties.

잡지들을 읽을 수 있는 이 수퍼마킷은 어떤 곳인가? 잡지들을 파는 곳을 말하는 것인가, 잡지들을 무료 배포하는 곳(광고비로 충당되는 지역 신문처럼)을 말하는 것인가?

잡지가 식료품・가정용품과 동일한 공간에서 판매되는 미국의 문화적 현실을 알고 있는 것으로 보이는 두 역자 (T2)와 (T3)는 그 표현에 별 어려움을 느끼지 않았다.

(T2) Pourtant, dans toutes les revues que l'on **voit** dans les supermarchés, on vante les hommes qui mettent la main à la pâte quand leur femme travaille. 그렇지만, 수퍼마킷들에 보이는 모든 잡지들에선…
(T3) les magazines qu'on **trouve** dans les supermarchés… 수퍼마킷들에서 보는 모든 잡지들은…

나머지 다른 역자들은 모두 적절한 낱말을 찾지 못했다. 이들은 문제의 구절은 대략 이해했으나 적절한 지식을 갖고 있지 않았기에 코드변환만 피하면서, 'tous les magazines qu'on lit au supermarché 수퍼마킷에서 읽는 모든 잡지들' 등과 같이, 그럭저럭 표현했던 것이다. 그러나 이런 표현은 어딘지 어색하다. 적절한 지식이 없어 문화적 현실의 재구성이 가능하지 않았던 것이다.

(T1) Pourtant, **tous les magazines populaires** nous montrent des couples qui travaillent et où mari et femme partagent les travaux du ménage. 그렇지만, 모든 대중잡지들은...
(T4) **les kiosques sont pleins de revues** où... 가두판매점에는 잡지들이 잔뜩 있는데...
(T5) **dans tous les magazines**, on voit... 모든 잡지들에서...
(T6) chez **mon coiffeur**, il y a toujours des revues qui... 내가 가는 이발소에서...

(T1)과 (T5)는 문제를 피해갔고, (T4)와 (T6)은 해석의 한계를 넘었다. 잡지들이 각각 가두매점과 이발소에 있는 것으로 처리한 이 역자들은 정보를 수정했으니 의미를 반역한 것이다.

⁂

위에 제시된 몇몇 예들은 문화의 전이가 외국 독자들에게 그들의 세계가 아닌 한 세계에 대한 지식을 전하는 것임을 보여주었다. 그렇다 해도 이러한 전달이 두 세계 사이의 거리를 완전히 메꾸어주지는 못한다. 원문화에 대해 문을 조금 열어 보일 뿐이다. 이를 위해, 역자는 이해가능한 형태를 통해 전달되도록 하여, 이국 지시물이 그대로 유지되도록 한다. 번역을 통한 문화들간의 접근은 물론 하나의 낱말이나 텍스트를 통해 완성되는 것이 아니다. 무지가 해소되고 문화들이 접근되는 이미지가 점차 형성되기 위해서는 많은 번역된 텍스트들이 필요하다.

A. 부크월드의 시평과 그 번역 과정에서 제기된 문제들에 대한 탐색은 얼마든지 이어질 수 있다. 이러한 작업을 통해, 탈언어화의 문제점들, 코드 변환의 유혹, '충실해야 하는 대상'에 대한 탐구, 문화 전이의 가능성 등을

살펴볼 수 있었다. 또한 이 책의 1부에서 설명한 것들, 즉, 원전이 갖는 마력, 인지적 축적물과 인지적 맥락의 개입, 모든 담론과 번역의 핵심요소이며 각 언어마다 서로 다른 제유의 역할, 자유로우면서도 충실한 재표현을 가능하게 하는 탈언어화의 중요성 등도 살펴볼 수 있었다.

부크월드의 텍스트가 남김없이 모두 활용된 것은 결코 아니다. 사실, 번역의 다른 문제들도 다루어질 수 있었다. 그러나 필자의 목표는 모든 것을 남김없이 다루는 것은 아니었다. 필자는 추상적 추론을 보이기보다 이론적 논의들에서 제기된 일부 문제들이 실제의 번역들에서 어떻게 해결되는가 보이고자 한 것이다. 언어들의 숙달과 사물에 대한 지식을 주어진 조건들로 본다면, 나머지는 모두 방법론의 적용 문제로 요약된다. 하나의 텍스트를 이해하고 그 의미를 표현하는 사람에게는 번역은 언제나 가능하다.

2. 번역과 언어 교육

'번역'이란 낱말 속에는 여러 서로 다른 목적들이 감추어져 있다. 이 '번역'이란 낱말은 언어 교육enseignement des langues에서도 사용된다. J. 들릴[1]은 이를 '교육적 번역'이란 표현을 통해 명백히 하고 있는데, '외국어의 습득을 목표로 하는 학습에서의 번역의 사용'을 말한다. 그는 이 교육적 번역을 번역 교육, 즉, '이미 외국어를 잘 알고 있는 사람들을 대상으로 하는 직업 번역가 양성'과 대비시키고 있다.

한편, J.-R. 라드미랄[2]은 엄밀한 의미의 번역 혹은 그가 'traduction traductionnelle 번역적 번역'이라 부르는 것과, '학습으로서의 번역이라는 번역의 아주 특별한 유형'인 'thème 작문'와 'version 해석'을 확실하게 구분한다.

이는 필자가 하게 된 언어 번역과 해석 번역이라고 하는 구분과 거의 유사한 것이다. 교육적 번역은 언어 교육의 여러 방법 중 하나로, 대응관계들의 층위에 속한다. 이 교육적 번역은, 때로 해석을 하기도 하나, 핵심적으로는 언어 번역이다. 반면에, 번역 교육은 등가표현들의 창출을 통해 원문을 훼손치 않는 하나의 방법을 구축하고자 한다.

교육 현장에서 언어들의 기초적 교육은 교육적 번역과 짝을 이룬다. 그리고, 이상적으로는, 교육적 번역은 학생들이 진정한 번역 교육을 받을 수

1. Delisle, J.(1992): "Les manuels de traduction : essai de classification", *TTR*, vol V, n° 1.
2. Ladmiral, J.-R.(1979): *Traduire: théorèmes pour la traduction*, Payot, Paris, p. 41.

있도록 준비시켜주어야 할 것이다.

2.1. 학습자들의 자연적 성향

단일어 사용자인 초심자들에게 가장 인상적인 것은 외국어 형태들의 낯설음이다. 우리는 이들이 이 형태들 이면의 어의들이 자신들 언어의 것들과 같지 않다는 것을 미처 짐작하지 못하는 것을 흔히 목격한다. 게다가, 이들은 이 어의들이 맥락과 상황에서 쓰이면 바뀐다는 것을 모른다. 이들은 어쨌든 대응관계들이 개략적인 것에 지나지 않으며, 따라서 이들이 텍스트의 단편들의 자동적 등가물들로 쓰여서는 안 된다는 것을 모르는 것이다.

흔히 접하게 되는 언어 교육에서의 번역과 제대로 된 번역 사이의 혼동은 외국어를 처음 배우는 단일어 사용자들의 성향에 상당 부분 기인한다. 외국어의 습득이 상당히 진척된 단계에서도 학생들이 이런 저런 낱말을 어떻게 번역하냐고 묻는 것을 우리는 본다. 'préposé'는 영어로 뭡니까, 혹은 'pronouncement'는 불어로 뭡니까, 묻는 것이다. 이들은 어의는 안 바뀐 채 소리만 다른 형태가 주어지는 답을 기대하는 것이다. 그러니까 학습자들에겐 형태들의 차이들에 의지하여 언어를 배우려는 경향이 있는 것이다. 동일한 시니피에가 서로 다른 시니피앙들의 이면에 있다는 것을 굳게 믿으면서. 형태들이 같거나 유사한 경우에는 말할 것도 없다.

학생들은 외국어에서 자신들의 언어와의 대응관계들만을 본다. 외국어를 이해하고자 할 때, 모국어라는 여과장치를 거치는 것이다. 학생들이 외국어를 충분히 알기 때문에 이야기된 것을 이해하기 위해 자신의 언어를 통할 필요가 없는 그러한—상당히 높은—레벨에 도달하지 못한 경우, 이 여과장치는 초기의 번역 기계들—이들은 초기 고안자들과 동일 성향의 것들이다—처럼 작용할 것이다.

이러한 자연적 성향은 현재 영어가 불어에 미치고 있는 영향을 설명해준다. 불어와 유사한 영어 낱말들에는 우선 불어의 어의가 주어진다.

영어 낱말 'control', 'region', 'opportunity'는 우선 'contrôle 검사', 'région 지방', 'opportunité 시의적절함'라는 불어 의미로 이해되었다. 그런데, 이 영어 낱말들이 다양한 맥락들에서 쓰이다 보니 결국 이들의 고유 의미가 이해되기에 이르렀고, 이들이 불어 의미를 밀쳐내게 된 것이다. 오늘날 'contrôle'은 시초 어의의 대부분을 상실하고 영어의 'maîtriser 제어하다', 'commander 통솔하다', 'diriger 이끌어가다'라는 의미를 갖게 되었다. 'région'은 여러 나라를 아우르게 되었고, 'opportunité'는 'occasion'을 대신하는 경우가 점점 잦아지고 있다. 'global', 'rampant', 'attractif' 등도, 그 정도는 다르지만, 이러한 의미 변이 과정을 겪었다. 오늘날 'global'은 'entier', 'total'이라는 자신의 어의 이외에, 영어에서처럼, 'universel'도 뜻한다. 'rampant 기는'은 불어의 어의를 간직하고 있으나, 영어에서 비롯된 '막 퍼지는'의 뜻으로도 빈번히 쓰인다. 'attractif'는 'attrayant', 'attirant'의 뜻도 간직하고 있으나, 영어 형태로 되어 있다.

언어 교육에서의 번역에는 두 가지 과제가 있는 셈이다. 학습자에게 모국어의 시니피앙들과 상응하는 시니피앙들을 보이는 것과, 이들이 나타내는 시니피에들과 모국어의 시니피에들은 개략적으로만 일치한다는 것을 이해시키는 것이다. 언어 번역은 잘 이끌면 비교를 가능하게 하고, 그렇기에 대단히 유용할 수 있다. 그러나 등가에 의한 번역의 하나의 전 단계로 남아 있어야 한다.

2.2. 비교와 번역 교육

'번역은 두 언어 체계의 비교'라고 단언한 사람이 H. 반 후프[3] 한 사람만은 아니다. '번역 방법'이나 '번역 문제'라는 이름으로, 주어진 두 언어 사이에 체계적 비교를 시도한 상당수의 입문서들이 있다는 사실이 이를 입증한다.

3. Van Hoof, H.(1989): *Traduire l'anglais: théorie et pratique*, Duculot, Paris, p. 11.

J.-P. 비네와 J. 다르벨네[4]는, 외견상 대응관계에 있으나 실상은 거의 같지 않은, 영어와 불어의 시니피에들을 특징짓는 미묘한 차이들에 대해 주의를 환기시킨 공이 매우 크다. 이들은 두 언어에서 특정 상황들을 나타내는 표현법들의 관찰(미국에서는 'Slow'라고 하는데, 프랑스에서는 'Ralentir'라고 한다)을 통해 비교문체론의 길로 들어서게 되었는데, 이 비교문체론은 오늘날에도 많은 나라들의 중등학교와 대학교들에서 사용되고 있다.

그런데, 많은 장점들에도 불구하고, 『불어와 영어의 비교문체론』은, 〈번역방법론〉이라는 그 부제가 내비치는 것과 달리, 텍스트들의 번역 방법론은 아니다. 그렇게 될 수가 없는 것이, 동일한 상황들에서의 서로 다른 지시수단들의 관찰을 통해서는 그 결과는 분석할 수 있어도 등가관계들에 의한 번역을 설명할 수는 없기 때문이다.

비교문체론학자들은 텍스트 차원에는 못미친다. 이 텍스트 차원에서는 언어적 대응관계들 이상의 것이 허용되기에, 등가에 의한 번역은 항상 가능하다. J. 들릴[5]은 "비교문체론학자들이 하는 언어 분석은 담론 분석 단계 이전의 것이나, 모든 진정한 번역은 담론 분석 차원의 것이다."라고 지적하고 있다.

『불어와 영어의 비교문체론』의 그 유명한 7가지 기법[6]은 근본적으로 해석 연습인 번역에 기여할 수가 없다. 전언의 분석이나 그 재구를 용이하게 하는 것이 아니기에, 번역의 실천적 규칙들로 간주될 수 없기 때문이다.[7]

이러한 비판으로 인해 불어와 영어라는 두 언어의 차이들을 현시한 『불어와 영어의 비교문체론』의 가치가 떨어지는 것은 아니다. 이 두 언어는 어휘·통사·문체의 모든 면에서 서로 다르다. 이러한 차이의 관점에서는 『불어와 영어의 비교문체론』(그리고 다른 번역 입문서들)이 학생들의 자율

---

4. 이들의 유명한 저서 『불어와 영어의 비교문체론』은 1958년에 출판되었으나, 오늘날에도 수많은 번역학교들에서 번역 입문서로 쓰이고 있다.
5. Delisle, J.: *op. cit.*, p. 88.
6. 이 7가지 기법은 차용, 모사, 문자역, 치환, 변조, 등가, 번안이다.
7. Delisle, J.: *op. cit.*, p. 88.

적 언어 학습에 큰 도움을 줄 수 있다. 학습자는 비교의 원천을 탐색하여 자신의 언어 지식을 숙달할 수 있는 것이다.

성인들에게서 외국어는 일차 언어 체계인 모국어 체계 위에 구축된다. 그런 만큼, 모국어와 외국어에 대한 의식은 번역에서의 고유어법 표현에서, 그리고 간접현상들에 대한 투쟁에서 유리하게 작용할 수밖에 없다.

2.3. 번역이란 불편한 상황

교육적 번역과 직업적 번역이라는 목적이 아주 다른 두 번역은 분명히 구별하는 것이 바람직할 것이다. 전자를, 번역할 외국어에 익숙한 번역가에 의해－저자의 생각들과 열정들을 독자에게 전달할 목적하에－실현되는 작용과 혼동하는 것은 실천 측면에서도, 이론과 번역 교육 측면에서도 모두 바람직하지 않다.

교육적 번역은 직업적 번역이 될 수 없고, 작문과 해석은 '본격적' 번역, 즉 본서가 다루고자 하는 번역 교육을 표방할 수 없다. 작문과 해석 모두 외국어의 습득 단계에 있는 중등학생과 대학생을 대상으로 하지만, 번역 교육은 외국어들을 알고 있는 것으로 간주되는 학생들에게 하나의 방법론을 제공하는 것을 목적으로 한다. 외국어 교육은 언급하지 않는다. 이론적으로는 구분이 명확하다. 한 쪽에서는 두 언어 사이의 대응관계들을 습득하게 하는 것이고, 다른 한 쪽에서는, 문제의 언어들이 어떤 것이건, 등가표현들의 창출 방법들을 습득하게 하는 것이다. 그러나 실제는 그렇게 간단하지 않다. 텍스트들에서 통합적 연쇄의 어떤 요소들, 낱말들의 어떤 어의들에는 맥락 외적인 번역이 요구된다. 즉, 대응관계들이 요구되는 것이다. 게다가 교육적 번역에서는, 원텍스트에 대한 충실성 요구의 정도가 어떠하든, 때로는 해석이 부분적으로 필요해서 등가표현들이 요구되기도 한다.

한 언어의 작용 방식을 가르치는 데에는 문장이 제공하는 것보다 넓은 테두리가 필요하다. 그런데, 이 문장의 테두리를 벗어나면 맥락이 어의들을 변화시킨다. 외국어를 교육하려면 텍스트들을 쓰지 않을 수 없으나, 해석 이론의 방법을 적용하기는 어렵다. 이 방법은 일시적이며 특별한 등가 표현들의 설정이 목적이어서, 안정적이며 객관적인 언어 체계의 습득과는 상충되기 때문이다.

대역본들은 교육적 번역이라는 목적이 의심의 여지없이 분명한 한 예이다. 다음은 G. 그린[8]의 텍스트와 그 불어 번역이다.

> Philip had never seen the girl, but he remembered Baines had a niece. She was thin and drawn*, and she wore a white mackintosh**; she meant nothing to Philip; she belonged to a world about which he knew nothing at all.
>
> 역주 : *drawn, de : to draw ; drawn features : traits tirés, visage hagard.
> **mackintosh : du nom de l'inventeur du tissu, Charles Mackintosh(1823).

> Philip n'avait jamais vu la jeune fille mais il se souvint que Baines avait une nièce. Elle était maigre, abattue et elle portait un imperméable blanc; elle ne signifiait rien pour Philip; elle appartenait à un monde dont il ignorait tout.
>
> 필립은 소녀를 보지 못했다. 그러나 그는 베인즈에게 질녀가 있는 것이 생각났다. 그녀는 말랐고 핼쑥했으며, 흰색 우의를 입고 있었다. 그녀는 필립에게 아무 의미도 없었다. 그녀는 그가 전혀 모르는 세상에 속했다.

이 번역은 교육적 번역의 아주 좋은 한 예이다. 'Elle ne signifiait rien pour Philip'은 'She meant nothing to Philip'과 잘 대응된다. 그러나, 대역본이라는 제약을 받지 않는 역자의 경우였다면 이 영어 문장은 아마 'Philip n'arrivait pas à la placer 필립은 그녀에 대해 갈피를 잡을 수 없었다'나 'Philip ne savait pas quoi penser d'elle 필립은 그녀

8. Green, G.(1990): "The Basement Room", *The End of the Party*, Les langues modernes/ Bilingues, Pappomusard, C.(서문/번역/각주, 대학교수자격자), Le livre de poche, Paris.

를 어떻게 생각해야 좋을지 몰랐다' 같은 등가문으로 번역되었을 것이다.

그렇지만, 때로는 언어 번역이 불가능한 것으로 드러난다. M. 발라르[9]는 비네와 다르벨네에 이어, 영어 문장들의 대응관계들에 대한 훌륭한 제안들이 풍성한 교과서를 하나 냈는데, 대응관계들의 적용에 한계가 있음을 보여준다. 예를 들어, 48쪽의 'I can't close the door; it does not fit into its frame'를 'Elle est gauchie 문이 뒤틀렸다'로 번역하고 있다. 'Elle ne s'ajuste pas au chambranle 문이 틀에 맞지 않는다'로 번역할 수 없었거나 그렇게 하지 않으려 한 것은 발라르가 학생들에게 대응관계를 찾으려 하지 말라고 한 것이나 마찬가지이다. 'Elle est gauchie'는 단순한 언어 지식 이외에 지식의 개입이 반드시 필요한 번역이다.

이론적으로는 등가관계들을 찾기에 앞서 대응관계들을 알고 있어야 한다. 교육적 번역이 항상 대응관계들로 만족할 수는 없기에 등가관계들이 필요한 것이다. 외국어 교육에서의 번역은 그래서 불편한 상황에 놓이게 된 것이다.

2.4. 해석과 작문

작문과 해석은 일견 서로 대칭적인 연습들로 보인다. 그러나 좀더 자세히 살펴 보면 그렇지가 않다. 대략, 작문은 외국어의 '문법 지식의 통제와 강화'[10]가 목적인 데에 반해, 해석은 해당 외국어의 이해의 테스트이고, 모국어의 표현의 테스트이다.

2.4.1. 작문

중등교육에서 작문은 학생들이 외국어의 문법 규칙들을 익혔는지 검사하기 위해 온갖 것들로 이루어진 연습이다.

---

9. Ballard, M.(1987): *La traduction : de l'anglais au français*, Nathan, Paris.
10. Ladmiral, J.-R.: *op. cit.*, p. 49에서 재인용.

J.-R. 라드미랄은 작문을 세 유형으로 구분한다. '학생들에게 함정을 파놓는 방식'인 문법적 작문, '학생들에게 제시된 기본 텍스트의 구들에 나타난 언어요소들의 직접적 재사용을 목적'으로 하며 "어휘나 형태·통사에 집중될 수"도 있는 모방 작문 혹은 적용 작문, 그리고 문학적 작문이 있는데, 이 마지막 유형은 물론 외국어 학습이 크게 진전된 학생들을 대상으로 한다.

여기에, 흔히 작문은 진정한 텍스트에 대한 것이 아니라, 교사나 교과서 저자가 인위적으로 만든 거시 기호에 대한 것이라는 점도 덧붙여야 할 것이다. 그렇기 때문에 이러한 연습을 실제 텍스트들의 번역 연습과 동일시할 수는 없다. 이밖에도, 이 연습은 모국어에서 외국어의 방향으로 이루어지는데, 다음 장에서 보게 되겠지만, 이는 일상 언어들에 대해서는 별로 추천할 만하지 못한 번역 연습이다.

이 두 가지 지적은 그것만으로도, 학교에서 쓰이고 있는 형태로서의 작문은 직업적 번역의 연습으로 간주될 수 없으며, 여하한 경우에도 직업적 번역 교육에 쓰이지 말아야 한다는 것을 충분히 잘 보여준다. 작문에서 외국어 교육에 대해 아무리 관심을 갖더라도(이에 대해선 판단을 유보한다), J.-R. 라드미랄과 더불어 그것에 내재하는 "불어 텍스트를 목표어 외국어로 코드화하면 원천어 불어의 구조로부터 비롯되는 간섭현상들의 개입이 용이해지고", 화자도 자신의 개인어의 잘못된 수행들을 기억에 간직하는 경향이 있다(p. 48)는, 언어 습득에서의 결점들은 알고 있어야 할 것이다.

우리는 간섭현상이 올바른 번역의 가장 큰 장애요인들 중 하나라는 것을 알고 있다. 일반적으로 자신의 모국어로 번역하는 역자는 자신의 표현에 외국어 형태들이 잔존하는 것에 맞서 대항해야 한다는 것을 의식하고 있다. 그러니까 이러한 노력에 반하는 모든 것은 억제되어야 하는 것이다.

이는, 한 언어의 습득에 아무리 유용할지라도, 작문이 번역 교육의 연습으로서 어떻게 받아들여져야 하는지 잘 보여준다.

2.4.2. 해석

해석version 연습은 작문 연습보다는 번역에 보다 가깝다. 연습 과정에서 별생각없이 외국어에서 모국어로 이동한 일정 수준의 학생은 '그게 무슨 소리냐'고 물으면 쉽사리 다른 표현으로 고쳐 말한다. 이들은 모국어 표현에는 외국어의 모사와는 다른 어떤 것이 요구된다는 것을 이해하고 있는 것이다. 그러나, 그러기 위해서는 외국어에 대한 상당한 정도의 지식이 있어야 하는데, 그렇지 못한 경우가 많기 때문에 E. 라보[11]같은 이가 다음과 같은 비판들을 하게 되는 것이다.

> 〔하지만〕 의사소통의 모든 자연스러운 법칙들에 역행하는 이 연습은 어떻게 받아들여야 할까? 다음과 같은 수준의 학습자/역자에 대해서는 어떤 수준의 번역을 기대할 수 있을까?
> a) 해당 텍스트를 이해하기 위한 충분한 언어능력을 갖추고 있지 않다. 사전에 이 텍스트에 대한 설명을 받지 못했고, 때로는 핵심어들도 모른다.
> b) 텍스트의 보다 나은 이해를 위한 어떠한 언어 외적 요소-저자가 누구이고, 어떤 저서인지, 해당 구절이 어떤 맥락에서 씌어졌는지 등-도 보유하고 있지 않다.
> 이러한 경우 기대할 수 있는 것은-얼마간 정확하고 얼마간 세련되었다 해도-낱말들과 문장들 수준에 머무는 문자역일 뿐이다. 사실, 맥락의 불확정성이 크면 클수록 더욱 더 낱말들에 집착하게 되고, 그럴수록 문자역을 할 수밖에 없다. 더구나 교사는 학생들의 언어 지식을 확인하기 위해 대어역을 기대하고 있다.

대학에서 번역에 주어진 텍스트가 인위적으로 만든 것이 아니라 해도 원텍스트에서 떼어낸 한 부분인 한, 해석이론은 적용될 수 없다. J.-R. 라드미랄[12]에 의하면, 해석에서, "텍스트에서 얻는 것만으로는 용어의 맥락적 정의에 이를 수 없다"고 한다. 이는 심각한 문제이다. 사실, 위에서 본 바와 같이, 의미 구성을 위해, 그리고 그 표현을 위해서는 의미 실현도 중요하지

---

11. Lavault, E.(1985): *Fonctions de traduction en didactique des langues*, Didier Érudition, Paris, p. 39.
12. Ladmiral, J.-R.: *op. cit.*, p. 66.

만 인지적 맥락의 기여도 못지 않게 중요하다. 확장된 인지적 맥락이 결여되게 되면, 결과적으로 "낱말은 모호한 이중어사전에 일방적으로 의존할 수밖에 없다."[13]

E. 라보도 다음과 같은 지적을 하고 있다.

> 언어 교사들은 그 교육과정으로 인해, 흔히 의사소통 기능보다는 언어 기술에 치우친 언어 시각을 갖고 있는 것이 사실이다. 이들은 상황 속 언어를 가르치더라도 언어를 낱말·구·구조들로 나누는 데 길들여져 있다. 언어를 가르치기 위해 이들은 사전들과 문법서들의 언어를 들먹이지 않을 수 없기 때문이다. 많은 교사들이 이러한 위험을 의식하기에, 그들의 머리 속에 오래 전부터 코드화되고 고착화된 등가관계들로부터 벗어나려 애쓰고 있다.[14]

문외한들의 머리 속에 뿌리내린, 번역은 낱말 대신에 낱말을 놓는 것이란 생각이 해석 연습으로 더욱 강화된 것이다.

끝으로, 올바른 방법의 습득에 반하는 것으로 지적할 것은—이는 해석 자체가 아니라 교사로부터 비롯되는 것이기는 하나—'모범 번역 corrigé'은 하나밖에 없으며 불변의 것으로 흔히 이해되고 있다는 것이다. 이는 학생들에게 번역에 대한 경직된 사고를 갖도록 하는 것이고, 각 낱말, 각 표현에 다른 언어의 단 하나의 낱말, 하나의 표현만 대응된다고 생각하도록 조장하는 것이다. 그런데, 누차 지적한 바와 같이, 어떤 번역도 결정적인 것이 아니고, 어떤 역자도 다른 역자와 동일한 번역은 결코 하지 않는다.

번역의 연습으로 제시된 해석은 학생들에게 암암리에 잘못된 생각들을 심어주기 십상이고, 번역의 텍스트 차원의 올바른 방법을 습득하는 데에 방해가 될 위험이 크다.

---

13. *Ibidem.*
14. Lavault, E.(1985): *op. cit.*, p. 37.

2.5. 예비 번역가의 언어 숙달

언어를 모르는 정도가 심할수록 이것이 의미 발현에 장애가 되는 정도도 커진다. 번역 대상으로 주어진 텍스트를 읽는 데에 언어 차원의 문제들이 너무 많은 학생들은 문장들의 언어 분석 자체에만 매달려 텍스트의 의미 포착에는 미처 이르지 못한다. 이러한 언어상의 부족함이 지적되고 교정되지 않으면 등가관계들의 창출에 지속적인 장애가 될 수 있다.

그래서 어쩔 수 없이, 외국어를 충분히 잘 알지 못하는 학생들은 번역에서 번역상의 오류가 아니라 언어상의 결함들을 드러내는 오류들을 범하게 된다. 따라서 교사는 모든 것을 언어 문제로 이끌고 가게 되는 것이다. M. 발라르[15]는 이에 대한 한 예를 보이고 있는데, 필자가 이 예를 역으로 활용하면 이렇다. "The narrow, winding streets"를 "Les rues étroites et sinueuses"라 번역하지 않고 "Les rues étroites et balayées par le vent"이라 한 것은 번역상의 오류가 아니라 학생들이 아직 영어를 충분히 잘 알지 못한다는 것을 드러낸 것이라는 것이다.

언어 교육과 번역 교육이 동반적으로 이루어질 수 없다는 것은 번역학교에 입학하고자 하는 번역 연수생들에게 외국어나 모국어의 언어 숙달이 필요치 않다는 것을 뜻하는 것은 아니다. 받은 교육이 아무리 훌륭했어도 그리고 아무리 근면했어도 너무도 많은 학생들이 외국어를 너무 잘 모르는 상태에서 대학원에 오기 때문에, 번역 교육과 언어 번역이 완전히 구분되기는 어렵다. 번역학교는 그 졸업생들이 번역이 어떤 것인지는 아나 외국어에 약점들이 너무 많은 채로 직업 전선에 나가는 것을 피하기 위해, 그 교육의 일부를 외국어의 숙달 연습에 할애할 필요를 여전히 느끼고 있다.

에지트 역시 입학생들에게 필수 언어로 지정한 불어와 영어－외국인에게는 불어, 프랑스인에게는 영어－두 언어의 숙달을 위한 지원 체제를 갖출 필요가 있었다. 이러한 숙달 과정에는 두 형태가 있다. 번역 강의와 밀접한

---

15. Ballard, M.: *op. cit.*, p. 29.

관련이 있는 일차년에 개설된 한 강의는 위에 언급된 부족한 점들을 보충하기 위한 것이다. 그 이후로는 학생들 자신이 자발적으로 외국어를 숙달하게 되는데, 일차년 담당 교수들의 조언들과 교수들이 학생들이 이용하도록 만든 팜플렛16에 기초하여 이루어진다.

2.5.1. 언어 숙달 강의

이 강의가 목표하는 바는 예비 번역가 교육의 전반적 조망 안에 통합시켜, 이들에게 외국어에서 연합관계들의 망을 지각-그리고 구성-할 수 있도록 하여, 외국어 연마의 각 단계에서 해당 외국어를 다양한 표현 수단을 가진 하나의 총체로 이해하도록 도와주는 것이다.

이 강의 방식은 분석적인 것으로, 주로 품사와 문장 요소들에 대한 것이다. 그렇지만, 학년 말에는 강의가, 특히 어휘장 탐구와 텍스트들의 다시쓰기로 인해, 글쓰기 기법과 유사한 것이 된다. 이 강의는 철저한 '맥락화'를 중시하는데, 이는 물론 커뮤니케이션상의 이유들 때문이고, 번역 연습의 여건에 보다 적합하게 하기 위한 것이다.

외국어의 언어 숙달 강의는 주로 번역의 첫 단계인 이해를 그 대상으로 한다. 때로 글쓰기 기법을 다루는 경우도 있긴 하지만, 이 강의는 모국어로의 표현이라는 다음 단계도 소홀히 하지 않는다. 학생들의 모국어 표현에 명료성과 정확성이 결여되어 있는 경우가 잦기 때문인데, 이러한 자질들은 잘된 번역에 필수불가결한 것들이다.

'커뮤니케이션' 단계에 도달했거나 그 단계를 넘어섰어도, 학생들은 그들의 언어 지식을 개인적 노력을 통해 계속 숙달시켜야 한다. 에지트에서 나온 팜플랫이 도움이 될 것이다.

---

16. *Comment perfectionner ses connaissances linguistiques*는 에지트의 사무실에서 구할 수 있는 팜플렛이다.

2.5.2. 자율적 숙달

M. 페르니에와 E. 라보가 외국어의 자율적 숙달을 위해 팜플렛에 제공하고 있는 몇몇 조언을 보기로 하자. 이 조언들은 모국어 표현의 숙달에도 역시 유효하다. 중요한 것은 학생들이 '대략적인 것'으로 만족해서는 절대 안 된다는 것을 분명히 알아, 간단하고 명료하고 정확하게 표현하도록 훈련하는 것이다.

M. 페르니에는 우선 그 팜플렛의 서두에서 다음과 같이 말한다.

> 전통적인 의미의 언어 교육을 복원시키자는 것은 절대 아니다. 그런 식의 교육은 개인적 노력을 해야만 하는 이 단계의 학생들에게는 전혀 도움이 되지 않는다. 우리가 하고자 하는 것은, 제2언어나 제3언어를 완벽하게 익히는 데에 성인들이 느끼고 있는 난점들의 체계적 조사를 통해, 그 (언어적·심리적·사회언어적) 원인들의 목록을 작성하여 대처 방안들과 연습 방식들을 그들에게 제공하는 것이다(p. 9).

그러니까 몇몇 원리와 연습들에 입각한 자율적 숙달을 학생들에게 제안하는 것이다. 몇줄 아래에서 M. 페르니에는 "실제에 있어서는 〔이와 반대로〕 언어 숙달 작업과 번역의 도움을 받는 연습들은 근본적으로 구분되어야 할 필요가 있다."고 강조하고 있다.

팜플렛이 권장하는 연습들 중에 E. 라보가 제안하는 '쓰기에 의한 쓰기의 자율적 숙달' 부분은 이렇게 되어 있다.

> 〔그러니까〕 써 봄으로써 자신의 쓰는 능력을 재점검하게 되고, 자율적 숙달의 필요 정도를 알게 되는 것이다. 또한, 써 봄으로써 가장 효율적인 방식으로 글쓰기에 숙달되게 된다. 성찰과 검토를 통해서뿐 아니라, 점차 언어적 예속성의 영역을 벗어나 가능한 선택들을 살펴 봄으로써, 즉, 진정으로 개인적 표현력이 신장되도록 선택하는 훈련들을 함으로써 그리 되는 것이다.
>
> 이러한 '쓰기에 의한 쓰기의 자율적 숙달'은 어떻게 실현할 수 있는가? 우선 다른 사람들이 쓴 것을 공부함으로써, 그리고 여러 유형의 읽기를 할

수 있고, 특히, 어떻게 형태가 내용의 표현에 쓰이는지, 어떤 형식들이 어떤 유형의 전언에 가장 잘 어울리고, 어떤 문체 양식들—어휘적·구문적·미적 선택도 포함된다—이 어떠어떠한 담론 유형에 의도적으로 쓰이는지 간파하는 주의깊은 독자가 됨으로써 가능한 것이다. 이러한 과정에서 신문 기사들의 대조 연구는 언제나 유용한데, 기자가 목적하는 바가—이는 정세, 해당 신문의 이데올로기적 성향, 일정 독자층의 기대와 관련이 있다—전언의 형태와 전언 자체에 어떻게 영향을 미치는지 잘 보여주기 때문이다(p. 23).

2.6. 번역 교육

직업적 번역 교육은 학생들이 텍스트의 내용을 알고, 이를 모국어를 거치지 않고서도 이해할 수 있을 때부터 유용해진다.

언어와 번역을 동시에 가르칠 수 없다는 것은 아무리 강조해도 지나치지 않다. 언어 교육은 어휘 형태들과 통사 구조들에 대한 것이고, 언어들에 대한 이런 식의 접근은 텍스트 의미를 포착하여—낱말들의 어의들을 번역하지 않고—재표현해내는 것이 목표인 번역 교육과는 상충되기 때문이다.

여기서 번역의 세부 교과과정을 제시하는 것은 생략하고, 외국어 학습과정인 교육적 번역과 대립되는 번역 교육의 맨 첫 단계가 어떤 것인지 보기로 하자.

에지트에 들어오는 학생들이 번역을 언어들의 비교로, 그리고 한 언어의 시니피앙들을 다른 언어의 어의들로 바꾸는 것쯤으로 생각하는 경우는 너무나 잦다. 따라서 그러한 생각들을 바꾸도록 몇몇 기본 원칙들을 일러줄 필요가 있다. 그래야 본격적 번역을 가르칠 수 있는 것이다. 번역은 첫 해에는 적절한 양으로 제한된다. 그리고, 강의들은 주로 차후에 발전시키게 될—분석/종합 능력, 번역할 각 텍스트에 필요한 지식 습득 등—본격적 번역 방법의 토대 구축을 목표로 한다. 그래서 에지트의 1년차 학생들은 불어로 이루어지는 '능동적 읽기' 강의 하나와, 역시 불어로 된 '주제 지식 습득 방법'이라는 강의 하나를 듣는다.

■첫 번째 강의(능동적 읽기)의 목표는 하나의—번역 이전의—텍스트를 번역해야 할 텍스트들을 다루어야 하는 방식으로 다루는 것을 배우는 것이다. 이 과정[17]에는 두 개의 연속적이며 상보적인 단계가 포함되는데, 이들은 번역의 두 예비 작업 단계에 해당된다.

- '종합적' 읽기 : 텍스트의 의미와 구조—핵심 내용, 부차적 내용, 인과관계 등—의 파악을 위해 아주 빠르게 읽는 것이다. 이러한 유형의 읽기는 번역 준비의 첫 번째 단계이다.
- '분석적' 읽기 : 텍스트의 세부 내용을 하나도 빠트리지 않는다. 이 읽기에는 문체 효과들이나 오용 사례들의 포착이 포함된다. 때로는 잘못 쓰인 대목들의 재표현, 암시적 표현·약어 표현, 그리고 일반적으로 말하지 않은 것들의 설명도 포함된다. 이러한 유형의 읽기는 번역 준비의 두 번째 단계이다. 즉, 이해에 장애가 될 수 있는 모든 세부 사항들을 조사하는 것이다.

■두 번째 강의(주제 지식 습득 방법)의 목표는 예비 번역가들에게 우선 일반 텍스트를, 그리고 나중에는 기술 텍스트를 이해하는 법을 어떻게 배우나 가르치는 것이다. 강의의 원리 자체는 의미를 이해하지 못하는 텍스트는 번역할 수 없다는 함의에 근거한다. 그래서 학생들은 주어진 주제에 대해 자료조사하는 방법을 배운다. 이러한 조사의 목적은 다루고 있는 주제가 이해가 되도록 정보들이 분명하게 되도록 하는 것이고, 다루고 있는 주제에 고유한 용어들과 표현법들이 분명하게 되도록 하는 것이다.

■이 두 강의에서 밝힌 원리들은 1차년도의 유일한 번역 강의인 외국어 B언어의 모국어 A언어로의 '일반' 번역에 적용된다.

예비 번역가들은 텍스트를 잘 파악하여 번역에 앞서 그 대의·중심 개념·구성, 즉, 전체 구조를 이끌어내는 데에 점차 익숙해지게 된다. 이들에게는 저자·독자·거시 맥락·산출 상황·텍스트의 목적 등 매개 변수들을 고려하는 것도 중요하다. 일단 구조가 파악되면, 그 다음으로는 각 측면들

---

17. 에지트의 강의 요강을 볼 것.

을 세부적으로 분석하고, 이어 전체를 종합해야 한다. 이 모든 것이 본격적 번역에 앞선 준비 과정에서 이루어진다. 이는 이어지는 재표현 단계에서도 마찬가지이다.

재표현 단계에서는 우선 할 일이 파악된 내용들의 환언문을 만들어 본다. 즉, 의미를 전체적으로 재표현해 보는 것이다. 그러면 미시 텍스트가 이해되었는지, 전체와의 관계가 어떠한지 확인이 가능해진다. 혹 해석이 잘못된 경우에는 오류의 원인들을 분석한다(추론의 일관성 결여, 언어 지식의 불충분함으로 인한 원텍스트 이해에 문제, 방법론상의 결함, 특히 모호한 재현으로 이끄는 코드변환 등).

마지막은 본격적 번역 단계이다. 한 학생이 번역을 하나 제안하고, 집단 토론에 이어 가능한 번역을 하나 도출한다. 이 번역은 낱말들에 대한 작업이 아니라 원텍스트의 일관성과 전체적 의미에 대한 작업이어야 한다. 이 번역은 명료하고 완전해야 한다. 그리고 여타 가능한 해결책들의 모색을 위해 '모범 번역' 개념을 불식한다. 번역의 학습 단계에서는 하나의 번역에 이르기 위해 밟은 과정이 채택된 해결책보다 보다 중요하다는 것을 강조한다.

⁂

전문 번역 교육에는 늘 주어진 두 언어에 적용되는 '요령들'이 얼마간 있게 마련이다. 그러나 이 교육이 정말로 효율적이려면, 언어 문제들 너머로 지평을 넓혀, 번역은 외국어 학습도 모국어와의 비교 작업도 아니며, 오히려, 어떤 언어로 쓰여 있건 텍스트의 의미를 이해하고, 이해한 이 의미를 모국어로 원어로부터 자유롭게 재표현하는 머리 속 과정이라는 것을 학생들에게 이해시켜야 한다.

교육적 번역과 번역 교육은 크게 다르다. 두 경우에 모두 '번역'이라는 말을 쓰다 보니 그 작업의 성격, 즉, 한 언어로부터 다른 언어로의 전이냐 혹은 한 텍스트로부터 다른 텍스트로의 전이냐에 대해 다소간의 혼동이 생겨난 것이다. 물론 두 경우에 같은 용어를 사용하는 것이 정당하게 보일 수 있다. 이 경우나 저 경우나, 서로 다른 언어와 텍스트를 대하게 되니 말이다. 그렇지만 적용된 방법들은 완전히 다르다. 교육적 번역은 언어 교육의 한 도구이다. 언어를 배우게 하기 위해 대응관계들을 설정하는 것이다. 반면에, 번역 교육은 언어들을 알고 있다는 가정에서 출발하여, 텍스트들의 의미 탐구와 등가표현 창출 방법들의 교육을 통해 번역 전문가들을 양성하는 것이 목표이다. 각기 목적하는 것에는 필수적인 것들이나, 서로 혼동되어서는 안 된다.

이론적인 면에서 두 작업은 구분되어야 한다. 언어 번역traduction des langues을 위해서는 언어 비교를 이론화하고, 텍스트 번역traduction des textes을 위해서는 유능한 번역가들이 보여주는 실제 작업과정이 어떠한지 분석한다.

진정한 번역 이론은 해당 두 언어에 대한 관찰에서 출발하나, 그 언어들 자체에 근거를 두지는 않는다. 많은 언어쌍들에 적용된 번역 방법들의 상통성으로 인해 모든 언어에 유효한 원리들의 구축이 가능한 것이고, 그 적용 영역에도 거의 제한이 없다.

번역을 정확히 하기 위해, 그리고 뛰어나게 잘 하기 위해 번역을 꼭 배워야 하는 것은 아니다. 상당수의 번역가들이 번역 학교를 나오지 않고서도 그들의 직업을 훌륭히 수행하고 있다. 암중모색과 실패들을 통해 경험이 쌓이면, 유능한 번역가는 만족할 만한 방법을 얻어 갖게 된다. 그렇지만, 효율적 번역 교육으로부터 얻는 실제적 학습 기간의 상당한 시간 단축을 과소평가해서는 안 된다. 이름에 걸맞는 번역학교 졸업생들은 방법론이라는 엄청난 이점을 가지고 직업 전선에 뛰어들게 되고, 그 덕분에 많은 오류들을 피할 수 있게 된다.

3. 외국어로의 번역

"번역"이란 말에는 외국어에서 모국어로인가 모국어에서 외국어로인가 하는 번역의 방향에 대해서는 아무런 언급도 없다. 그런데, 이 번역 방향의 선택은 번역 텍스트라는 결과에 큰 영향을 미친다.

3.1. 어떤 언어로 번역할 것인가?

프랑스에서는 번역은 전통적으로 역자의 모국어로 이루어진다. 프랑스 번역가들은 영어, 스페인어, 러시아어 등을 불어로 번역하는 것이고, 영미 번역가들은 불어 등을 영어로 번역하는 식이다. 편의상, 전문번역가들은 이 방향을 B(외국어)에서 A(모국어)로의 방향이라고 말한다. 번역의 과정이라는 관점에서는 A언어다 B언어다 하는 것이–텍스트의 언어만 가리키는–출발어다 도착어다 하는 것보다 역자의 언어 능력을 나타낸다는 점에서 보다 유리하다.

유능한 역자는 모국어 표현이 유려하다. 반면에, B언어와 그 '문화'에 대한 지식은 자신의 모국어와 문화에 대한 지식보다 열등할 수밖에 없고, B언어를 말하며 그 문화에 속하는 원어민의 지식보다 열등할 수밖에 없다. A언어로 작업을 하는 역자는 번역하고자 하는 텍스트들이 속한 집단의 문화·역사·풍습·문학과 요리 등의 관습에 대해 원어민처럼 익숙하지는 못하다.

그래서 어떤 이들은 역자가 외국어 B의 텍스트들을 모국어 A로 번역하게 되면, 관례적 방향을 바꾸어 자신의 언어 A에서 출발하여 언어 B로 표현하는 원어민은 범하지 않을 오류와 누락의 위험에 처할 수밖에 없다고 생각한다.

물론, 지식이 충분치 못한 상태에서 이루어져 그 결과가 아주 만족스럽지 못한 적지 않은 수의 번역들이 있다. 그러나 이는 번역의 자연스러운 방향을 뒤집기 위한 논거는 되지 못한다. 충분한 지식에 도달하는 것이 불가능하다는 가정을 내세울 만한 그럴듯한 이유가 없기 때문이다. B에서 A로 이루어진 번역들에 오류들이 있다 해서 그러한 오류들이 불가피하다고 섯불리 결론지을 수는 없다.

잘못된 번역들에서 비난받아야 할 것은 B에서 A라는 방향보다는, 자신들의 무지를 모른 채 번역보다는 모사를 하는 사람들의 무책임성이다. 이러한 번역들이 얼마나 현실을 왜곡하는 것인지 보여주는 예들은 수없이 들 수 있다. 그러나 여기서는 세 예만 보이기로 하자. 첫째는 어휘의 경우이고, 두 번째는 통사의 경우, 세 번째는 문화의 경우이다.

■ 우선, 불어 'cohabitation'을 영국인들은 영어식으로 이해한다. 웹스터 사전에 의하면 'cohabitation'은 'live together as husband and wife 남편과 아내로서 같이 살다'이다. BBC 방송은, 이러한 직역 성향을 반영하듯, 1993년 3월 미테랑과 발라뒤르 사이를 다음과 같이 묘사한 적이 있다.

> The problem is that of powersharing which the French call cohabitation since with them everything partakes of the pleasures of the flesh, even in politics.[1]
>
> 문제는 프랑스인들이 'cohabitation'이라고 부르는 권력 분할이다. 그들한테는 모든 것이 육체적 쾌락과 관련된다. 심지어는 정치에서도.

영국인들이 프랑스인들더러 여자를 밝힌다고 하는 것은 잘 알려진 사실

1. Il s'agit du partage du pouvoir que les Français appellent cohabitation puisque pour eux tout participe des plaisirs de la chair, même la politique.

이다. 그렇다고 해서 불어 'cohabitation'을 영어식으로 해석해서야 되겠는가?

한 언어의 시니피에를 다른 언어의 유사한 형태 쪽으로 전이시키는 것은 외국어에 대한 불충분한 지식을 드러내는 것으로서, 원문이 지시하는 현실을 왜곡할 수도 있다.

예를 들어, 'a reduced energy consumption = une consommation d'énergie réduite'란 통사적 모사는 에너지 소비가 '소량'이라는 인상을 주지만, 원문에는 본래의 소비량에 대한 언급은 없이 단지 그 소비가 감소되었다는 것만 지적되어 있다.

불어의 'cohabitation'을 영어 의미로 이해한다든가, 영어의 'a reduced energy consumption'을 '소량'의 의미로 이해하는 것은 B 언어에 대한 이해가 부족하다는 것을 나타내는 것인데, 사이비 번역가들은 이에 아랑곳없다.

언어를 넘어 외국의 '문화'를 안다는 것은 '사물들'을 안다는 것이다. 말하자면, 사건 · 역사적 사실 · 요리법 · 집단의 행동양식 · 문학 작품 · 편견들 등 낱말 뒤에 감추어져 있는 모든 비언어적인 것들을 안다는 것이다. 2부 1장에서(1.1.5.), 영어로 'fried beans'라고 하는 남미 음식을 몰라서 코드변환시킨 낱말인 'haricots frits'는 현실을 왜곡한 것임을 살펴본 바 있다.

이러한 오류들이, 경미한 것이건 심각한 것이건, 외국의 언어와 문화의 만족스러운 이해 수준에 도달하는 것이 불가능하다는 것을 뜻하는 것은 아니다. 오히려, 그렇지 못한 사람들은 번역하기 전에 그러한 수준에 이르러야 한다는 것을 뜻하는 것이다. 유능한 역자들은 외국어의 이해를 위해 모국어를 거치지는 않는다. 이들은 '상대'를 충분히 잘 알기에 번역하는 텍스트들의 내용을 잘 포착한다. 그리고, 이를 능숙한 솜씨를 잘 활용하여 각가지 뉘앙스까지도 언어 A에 살려낸다.

이해에 필요한 언어와 문화의 수동적 지식은 나이와 상관없이 습득할 수 있어서, 언어 B에서도 완벽한 이해에 도달할 수 있다. 어휘의 경우, 수동적 지식은 능동적 사용 능력보다 언제나 보다 커서, 맥락과 사전들의 도움을 받으면 혹 있을 수도 있는 공백을 메꿀 수 있다. 외국어의 통사 구조들과 고유 어법들도 능동적으로 사용하기는 어려워도 이해는 어렵지 않다.

텍스트가 담고 있는 문화적 요소들도 접근 불가능한 것이 아니다. 커뮤니케이션들이 활발하게 이루어지는 시대에는 지식의 습득이 가능하고, 이와 더불어 텍스트들의 정확한 이해도 가능하다. 이 지식은 어떤 것이건 이해하는 데에는 전혀 부족함이 없지만, 번역을 하기에 충분한 것은 아니다. 역자의 자질이 동일하다고 할 때, 어떤 언어 B로의 번역도 언어 A로의 번역을 따를 수 없다.

성장기가 지나면, 외국어를 모국어처럼 다룰 수는 없게 된다. 모국어 표현의 자연스러움이나, 모국어의 직관적 사용에서 비롯되는 문체 효과들은 언어 B로의 표현에서는 접근 불능이다. 정보의 번역에서 감정의 번역 쪽으로 옮겨갈수록, 역어의 표현에서는 점점 더 확실한 직관이 요구된다. 언어 B에서 어휘나 문법에 전혀 어긋남이 없도록 할 수는 있다. 그러나, 언어 A에서 역자는 이를 넘어 자연스러움과 적절함을, 때로는 우아함을, 그리고 확실한 언어 감각은 항상 보여줄 수 있는 것이다. 외국의 언어와 문화에 대한 이해 수준이 자국의 언어와 문화의 이해 수준에 못지 않을 수는 있다. 그렇지만 번역 표현은 모국어가 훨씬 자연스러울 것이다.

소수 사용언어의 번역

원문의 인지적 내용과 정감적 효과와 동일한 결과를 얻기 위해, 번역을 원어민에게 맡기느냐 외국인에게 맡기느냐 하는 문제는 그러니까 이론적 측면에서는 끝난 이야기이다. 그러나 실제적 측면에서의 문제는 남는다.

지구상에서 사용되는 언어의 수는 5,000여 개에 이르고, 불어를 모국어로 하는 사람들이 아는 언어 수는 대략 이십여 개 정도 되는 것으로 조사되어 있다. 이런 비율은 아마 거의 모든 언어들에서 동일할 것이다. 이는 다른 수천 언어로 말했거나 쓴 담론들과 텍스트들이 출발어의 원어민들, 다시 말해, 외국어로 번역하는—언어 A에서 언어 B로 작업하는—역자들에 의해 여러 다른 언어들로 번역될 수밖에 없다는 것을 뜻하는 것이다. 실제로, 국제 관계에서는, 많은 소수 언어들의 경우, 번역이 모국어가 아닌 언어로 작업하는 번역가들에 의해 이루어지고 있다.

오늘날 번역의 이러한 측면은 매우 중요해져 지역어들과 국가어들이 목소리를 높이고 있다. 프랑스의 브르타뉴어나 코르시카어의 경우이건, 유럽의회에서 동등한 대접을 받고자 하는—즉, 각기 다른 언어들로 번역과 통역을 바라는—12개 유럽국가들의 각 언어의 경우이건, 각 집단이 자신들의 언어를 옹호하고 있는 것이다.

국제 통용어인 영어가 그 사용 영역을 급속도로 넓히고 있으나, 영어가 모국어인 번역가들이 충분한 수의 외국어들을 배워서 언어 B로의 번역이 불필요하게 되기를 기대할 수는 없다. 그러니까 언어 B에서 모국어로의 번역에서와 동일한 정도의 표현의 질에 도달하는 것이 불가능하여 그 방향의 번역을 금하는 것은 다수가 아는 다수 사용언어들의 경우에나 해당된다. 반면에, 소수 사용언어들의 경우, 언어 B로의 번역은 유감스럽지만 필수적인 것이다. 이러한 번역은, 많은 경우, 그렇게 하지 않고는 그 내용이 많은 사람들에게 알려지지 않은 채 남아 있을 텍스트들을 알리는 거의 유일한 방법이다.

여기서 두 개의 언어와 문화를 온전하게 아는 번역가의 경우는 언급을 생략하기로 하고—이들의 수는 너무 적어, 이들에게 모든 번역을 맡긴다는 것은 생각할 수가 없다— 외국어로 번역할 때, 독자들에게 원전의 개념들과 정서들을 어느 정도 전달할 수 있는지 살펴 보기로 한다.

3.2. 외국어로의 번역의 한계

외국어로의 번역 문제에 대한 연구로는 리드닝2의 경우를 꼽지 않을 수

2. Rydning, A.(1992): *Qu'est-ce qu'une traduction acceptable en B? Les conditions d'acceptabilité de la traduction fonctionnelle réalisée dans la*

없다. 그의 연구 이전에는 이론적인 측면에서 이런 번역에 문제가 대단히 많다는 것을 몰랐었다. 일부 번역 이론들이 역자들과 무관하게, 따라서 번역 과정과 무관하게 텍스트들의 언어들(출발어-도착어)에만 관심을 집중했는가 하면, 다른 번역 이론들은—필자의 경우는 여기에 속한다—문제들을 언어 B로 쓰인 텍스트들을 언어 A로 번역하는 경우에 한정했다. 그런데 언어 B로의 번역에는 검토를 요하는 나름대로의 측면들이 있다.

노르웨이인인 리드닝은 문제 제기를 위한 적절한 위치에 있었다.

> 세계적으로 소수가 사용하는 언어는 실제적 문제로 인해 소수 언어의 번역가가 자신의 제1언어로 뿐 아니라 제2언어로도 번역하지 않을 수 없다. 자신의 모국어만큼 숙달하지 못한 언어로 원저자의 의미와 형태의 효과들을 재현해야 하는 경우가 이들에게 생긴다는 것이다. 노르웨이의 번역가들의 경우가 특히 그러하다. 전형적으로 소수 언어인 노르웨이어는 4백만 인구만 사용하고 있다. 노르웨이어를 이해하는 스칸디나비아인들 이외에는 한정된 외국인들만이 노르웨이어 텍스트를 그들의 모국어로 번역하기 위한 언어 능력을 갖추고 있다. (...) 그러니 별수없이 모국어가 노르웨이어인 번역가들에게 번역을 일임하게 되는 것이고, 그래서 이들이 모국어인 언어 A로만 번역해야 한다는 일반 규칙을 '위반'하는 경우도 생기게 된다. 실제에 있어서 이러한 위반은 불가피하다. 대안은 전혀 번역을 하지 않는 것이기 때문이다. 자신들의 국경 너머와 의사소통을 꾀하는 나라들과 사람들에겐 선택이 분명하다. 두 가지 나쁜 것 중에서 덜 나쁜 것을 택하는 것이다. 즉, 언어 B로의 번역을 선택하는 것이다.[3]

리드닝은 언어 B의 완벽하지 못한 숙달로 인해 이 언어 B로의 번역에 초래될 수밖에 없는 한계의 문제를 제기한다.

> 한 문학 작품의 문체적 표현 가능성은 무제한적이거나, 두운법·각운·리듬·은유·아나그람·말놀이 등 엄청나게 다양하다. 이들은 모두 역자에게는 저자가 나타내고자 한 정감적 효과들을 역어에 고유한 문체적 방

---

langue seconde du traducteur. 오슬로대학 박사학위 논문인 이 논문은 출판되지 않았다. 이 논문의 많은 부분이 인용될 것이다.

3. Rydning, A.: *op. cit.*, pp. 5-6.

> 식에 의해 독자들에게 재현되도록 해야 하는 과제들이다. 이 어려운 일들의 성공은 역자의 솜씨와 밀접한 연관이 있는데, 이 솜씨에는 미적 재능, 문학적 능력, 문학 텍스트 저자와의 친숙성 등이 요구된다.[4]

리드닝은 따라서 문학 텍스트를 그녀의 언어 B로의 번역 연구에서 제외시키고, 연구를 기능적 텍스트들에 한정한다. 필자 개인으로는, '문학성'에 대한 엄밀한 정의를 갖추게 될 때까지, 언어 B로의 번역 연구에서 시만 제외하는 것이 바람직할 것으로 생각하고 있다. 시는 번역되었을 때, 원문 못지않게 독자에게 울림이 없다면 소용이 없다. 언어 A의 직관에 입각한 글솜씨가 필요한 것이다. 시 말고도, 육성으로 말해야 하는 희곡 텍스트들은 아마 제외시켜야 할 것이다. 다음은 이에 대한 M. 그라비에[5]의 말이다.

> 역자는 희곡 텍스트도, 보통 말속도로 말할 경우, 관중이 한 번밖에 들을 수 없다는 점을 잊지 말아야 한다. 대화는 즉시 이해되어야 한다. 우리가 다소 어려운 텍스트(시, 철학 논문, 기술 보고서)에서 읽은 것은 첫 번 읽을 때 그 의미를 완전히 이해하지 못했으면 머리를 식혔다 다시 읽어볼 수 있다. 그러나 연극에서 배우에게 너무 압축적이거나 그리 분명치 못한 긴 독백을 다시 들려달라고 할 수 있겠는가?

이러한 유형의 번역은 모국어로 이루어지거나, 적어도 언어B로 된 첫 버전을 언어A로 다시 써야 한다. 시와 희곡 텍스트들에, 법률 텍스트 등－쓰인 것이 내용에 대한 반박의 근거로 쓰일 수 있는－입증 자료 텍스트들도 덧붙여야 할 것이다. 이러한 텍스트들을 제외하면 텍스트들의 장르 구분은 보다 모호해진다.

한 번역의 질적 등가는 두 유형의 동일성, 즉, 명시적·묵시적 정보들의 동일성과 정감적 효과들의 동일성으로부터 확인될 수 있다. 이러한 질적 등가의 실현을 위해서는 원어의 확실한 이해, 외국 문화를 배경으로 하여 다루어진 주제에 대한 충분한 지식, 적절한 방법, 그리고 마지막으로 모국

---

4. Rydning, A.: *op. cit.*, pp. 16－17.
5. Gravier, M.(1973): "La traduction des textes dramatiques", *Études de linguistique appliquée*, n° 12, Didier, Paris, p. 41.

어 표현의 질이 역자에게 요구된다.

앞의 세 가지(언어 지식, 주제에 대한 지식, 적절한 방법론)는 언어 B로의 역자에게 극복 불가능한 문제들은 아니다. 그렇지만 표현의 질 기준을 만족시킬 수 없으면 언어 B로의 번역은 원텍스트와 전체적 등가에 이를 수 없다. 리드닝은 다음과 같이 묻는다.

> 원문과 등가가 아니라고 판단된 번역이 그럼에도 불구하고 어떠한 경우들에는 받아들일만 하다고 생각될 수 있는가? 그렇다면, 그것들은 어떠한 경우들인가?

그녀는 그 답을 위해 질적으로 원문만 못한 번역들을 받아들일만 하게 만드는 외적 요소들을 검토한다. 그 결과, 그녀는 텍스트들의 장르보다는 그 기능의 검토를 제안하며, 질 개념을 '용인성' 개념으로 대치시킨다.

3.3. 번역의 용인성

리드닝은 우선 언어 지식의 모국어 '수준'은—개인간의 언어나 문체 차이들이 어떠하든—분명히 드러나지만, 언어 B 수준은 부정적으로 해야 그 정의가 쉽다고 지적한다.[6] 이 수준은 모국어 수준이 아닌 것이고, 원어민은 이를 금방 안다는 것이다. 이러한 부정적 정의는, 주어진 상황에서 겨우 일을 처리하는 정도에서—엑센트 차이, 가끔 이상하거나 구태적이거나 지나치게 문어적인 어구들만 눈에 조금 띌 정도의—거의 완벽한 구사에 이르기까지, 언어 지식의 광범한 범위에 적용된다. 그래서 인정할 만한 언어 B의 언어 지식 수준은 수행해야 할 임무에 따라 정의될 수밖에 없다. "역자의 언어 수준 이외의 요소들이 언어 B로의 번역의 용인성의 강화나 감소에 작용할 수가 있"는 것이다.

아래에서 번역의 질이 독자의 예비 지식이라는 '외적 요소'에 따라 눈에 띄게 달라지는 여러 언어 B로의 번역예들을 보게 될 것이다.

---

6. Rydning, A.: *op. cit.*, p. 13.

실제로는, 독자들이 번역을 받아들이는 것은 텍스트의 질 때문만이 아니라 텍스트를 이해하기 때문이다. 그런데 그들의 이해는 상당 부분이 그들의 예비 지식에 달려 있다.

3.3.1. 전문 독자와 외국어로의 번역의 상보성

우리는 다루고 있는 주제를 알고 있는 사람들끼리 이야기할 때는 아주 세세하게 말하지 않아도 된다는 것을 안다. 예를 들어, 가족들끼리는 시시콜콜 다 말하기보다는 암시적으로 말하는 경우가 많다. 필자는 이미 1976년에 "내용들과 관련하여, 담론에는 각 개별적 경우마다 수신자와 화자 사이에 존재하는 지식의 격차에 따른—안전을 위해 얼마간의 잉여성을 고려한—확장과 축소의 움직임이 있다."는 지적을 한 바 있다.[7]

그런데 말에서만 그런 것이 아니라 글에서도 그렇다. 앞에서(1부, 2장) 명시적 부분/묵시적 부분의 관계, 이야기나 논증의 진행에 따라 어떻게 묵시적 부분이 명시적 부분에 우위를 점해나가는가 보여주는 몇 예를 살펴본 바 있다.

담론이나 텍스트의 이해에도 말을 하는 경우와 동일한 모델이 적용된다. 독자나 청자가 텍스트나 담론의 주제를 잘 알면 알수록 소리나 철자의 전체적 모습을 알 필요는 그만큼 적어진다. 비전문가에게 텍스트 이해의 어려움은 그 묵시적인 측면이 커질수록 증가된다. 반면에, 문외한에게 빡빡한 텍스트가 전문가에게는 잉여적인 것으로 보일 수 있다.

M. 코르미에[8]는 학생들에게 번역 대상으로 제공된 텍스트들의 난이도를 정하기 위해 정보의 묵시성 기준을 택하기도 했다. 일반 독자를 위한 기술 텍스트나 과학 텍스트는 해당 분야의 학생들을 위한 동일한 정보보다 보다

---

7. Lederer, M.(1976): "Synecdoque et traduction", *Études de linguistique appliquée*, n° 24, Didier, Paris, p. 14.
8. Cormier, M.(1990): "Proposition d'une typologie pour l'enseignement de la traduction technique", *Études traductologiques*, Minard Lettres Modernes, Paris, pp. 173-188.

명시적 방식으로 기술되며, 번역에 대한 이 교육적 텍스트 역시 전문가들을 대상으로 한 동일 정보보다는 보다 명시적이다. 이와 같이, 일반 대중을 대상으로 한 입문서는 교육적 텍스트나 전문서보다는 그 이해와 번역이 보다 쉽다. 코르미에는 학생들에게 이러한 순서를 따르게 한다. 입문서들은 준비 없이 번역을 시도할 수 있지만, 다른 텍스트들의 번역에는 텍스트 외적 지식의 습득이 요구된다.

지금까지 역자의 표현의 질과 독자의 예비 지식 사이에 보완 관계가 있다는 사실에 눈을 돌린 사람은 없었다. 그런데, 명시화의 정도와 이해 사이에 관계가 존재하는 것처럼, 이러한 관계는 분명 존재한다. 기술이 아주 잘못된 텍스트도 읽는 사람에게 이해될 수 있는가 하면, 관심없는 사람은 표현의 질이 시원찮으면 읽기를 그만둘 것이다.

언어 B로의 번역의 가용성은 상당 부분 그것을 읽는 사람들의 지식의 정도에 달려 있다. 번역문의 독자가 텍스트의 주제를 잘 알면 알수록 자신의 지식에 의해 정보 복원을 더잘 할 수 있는 것이다. 번역예를 몇 개 보기로 하자.

예 A

본서의 독자들은 중국의 격주간지 *La Route de la Soie*(실크 로드)에 실린 정보를 어렵잖게 이해할 수 있을 것이다. 이는 "Exposition internationale d'aéronautique chinoise à Beijing 북경 중국 항공기술 국제 박람회"이라는 제목하에 발간된 1992년 2월 3일자의 것이다.

언어 B로의 번역임이 분명한 이 기사는 다음과 같이 시작된다.

> La première exposition internationale d'aviation de Chine se tiendra à Beijing du 15 au 20 janvier 1992. On y verra les dernières nouveautés de l'aéronautique civile chinoise. Ce sera une occasion d'échanges au sujet de la sécurité et la ponctualité des vols, ainsi que des services aux passagers.
>
> 첫 중국 항공기술 국제 박람회는 1992년 1월 15일에서 22일까지 북경

에서 개최된다. 이 박람회에는 중국 민간 항공기술의 최신 제품들이 전시된다. 이에 즈음하여 비행의 안전성과 정확성, 그리고 대여객 서비스에 대한 의견교환들이 이루어질 것이다.

이 언어 B로의 텍스트가 아무리 서툴게 쓰여졌다 해도, 프랑스인 독자들은 박람회, 살롱, 전시회들(예를 들면, 부르제 국제 에어 살롱)에 대한 지식 덕분에 이해는 했을 것이다. 지식의 도움이 있으면 정보는 이해된다.

예 B

독자가 지식을 갖고 있지 않은 경우, 언어 B로의 번역에 의해 전달된 정보는 때론 불완전하다. 리드닝은 외무성에서 발행한 다음 노르웨이어 텍스트의 번역을 읽고 쇼크를 받은 적이 있다.

Slottet, det kongelige slott i Oslo, er oppfort som kongebolig av arkitekt H.D.F. Linstow 1925-48 for enden av Karl Johans gate.

Le palais, le palais royal à Oslo, fut construit comme résidence royale par l'architecte H.D.F. Linstow 1925-48 au bout de la rue Karl Johan.

오슬로의 왕궁은 건축가 H. D. F. 린스토프 1925-48에 의해 카를 요한 가에 왕의 거처로 건축되었다.

이 번역문을 읽으면서는 실제로 왕궁이, 파리 '오페라'가 그 이름의 대로를 굽어보듯, 카를 요한 거리의 끝자락에 자리하고 있다는 것이 느껴지지 않는다. 오슬로를 아는 사람에겐—이는 '전문' 독자라 해야 할 것이다—'au bout de ...의 끝에'라는 표현의 부적절함에도 불구하고 왕궁과 그 들어앉은 모습이 떠오를 것이다. 그러나, 오슬로에 간 적이 전혀 없는 프랑스 독자는 그 장소에 대해 아는 바가 없으면 어떻게 자리하고 있다는 것인지 정확히 알기 어렵다. 따라서 위의 번역은 받아들이기 어렵다.

예 C

다음은 수단의 면방적에 대한 텍스트로, 아랍어로부터 불어 B로 번역된 것인데, 한 프랑스인 섬유 기술자는 다음 번역이 이해된다고 필자에게 말한 바 있다.

> Pour mesurer la régularité de la nappe, on prélève un mètre qui sera pesé d'abord puis on le passe dans un four pour trouver son poids après séchage. La différence entre les deux-poids provient de la reprise de l'humidité qui résulte du refroidissement de l'usine...
>
> 천의 규칙성 측정을 위해, 일 미터를 추출해 우선 무게를 단 다음, 건조 후 무게를 알기 위해 건조기에 넣는다. 두 무게 사이의 차이는 공장의 냉각으로부터 비롯되는 습기 제거로부터 비롯된다.

그러나 문외한인 필자로서는 이 텍스트가 이해되지 않았다. 그래서 필자는 면으로 된 천(면사로 꼬여지기 전, 솜틀에서 나온 면의 상태)의 무게를 지속적으로 잰다는 것, 일정한 간격으로 1미터 길이의 표본을 추출해서 건조기에서 말린다는 설명을 들어야 했다. 서로 다른 표본들이 건조된 상태에서 무게가 동일하다는 것은 천의 두께가 일정하다는 것을 뜻하는 것으로, 건조 과정이 없으면 주위 공기의 습도 상태의 조절이 어렵기 때문에, 천들이 동일한 무게에서도 그 두께가 달라질 수 있고, 또 그 반대로, 동일한 두께에서도 그 무게가 달라질 수 있다는 것이다.

이는 텍스트의 잘못된 표현과 독자의 지식의 벌충관계에 대한 한 극단적인 예이다. 위의 경우, 기술자는 정확히 코드변환된 4개의 어휘 'nappe 천', 'four 건조지', 'séchage 건조', 'régularité 규칙성'만 보고도 텍스트가 나타내는—자신이 알고 있는—과정을 충분히 이해했던 것이다. 이러한 정보들을 담고 있는 문장들은 어쩌면 그가 몰랐던 것을 아무 것도 일러주지 않았는지 모른다. 그렇지만 그가 아랍어로 된 텍스트를 대했었을 때보다는 텍스트를 읽은 다음 사정을 보다 잘 알게 된 것이 분명하다. 아랍어 텍스트로는 내용을 짐작조차 할 수 없었을 것이다.

이는 다소 극단적인 경우이다. 잘못 쓰여진 글에서 정보를 끌어내기 위해서는 독자에게 최대한의 언어 외적 지식9이 필요하기 때문이다.

위에 예시된 언어 B로의 번역들은 원문과 등가물이 아니다. 표현이 서툴어 아주 어색하게 느껴지기 때문에, 상당한 전문가가 아니면 이해가 안 되기 때문에, 그리고 정확해도 전문 지식이 없으면 정보가 왜곡되기 때문에 그런 것이다.

이러한 예들과 이들에 대한 설명이 글쓰기의 질과 독자의 지식 사이의 상보성에 대해 필요한 모든 정보를 제공한 것은 물론 아니다. 그렇긴 하나, 리드닝과 더불어 다음과 같은 결론을 내릴 수는 있다.

> 독자의 주제에 대한 지식과 정보의 이해 사이에는 분명한 관계가 있다. 독자가 다루어진 주제를 잘 알면 알수록 정보는 독자의 지식에 보다 잘 통합된다. 텍스트의 성격에 따라 다르긴 하나, 때로는 어휘들만 알아도 텍스트의 의미를 짐작할 수 있다. 정보가 얼마 주어지지 않았어도, 독자는 자신의 지식으로 인해 기술된 사실 전체를 알 수가 있는 것이다. 독자는 일부 표현이 모호하고 문체와 글 구성에 다소 하자가 있어도, 자신의 전문 분야의 텍스트들은 이해할 수 있다. 자신의 지식이 이 미비점들을 메꾸어 주기 때문이다. 자신의 정보 이해가 확실하다면, 이러한 결점들 때문에 텍스트를 내던지지는 않는다.
>
> 따라서, 하나의 번역이 다루어진 주제를 잘 알고 있는 독자를 대상으로 하는 경우, 언어면에서는 다소간 부족한 점들이 있어도 정확한 의미를 전달하면[10] 받아들일 만하다고 결론지을 수 있다.
>
> 반면에, 독자가 다루어진 주제를 잘 모르면 정보는 그만큼 새롭게 느껴질 것이고, 그만큼 표현의 명시성이 중요성을 갖게 된다. 번역이 그 표현을 통해서는—머리속에서 정보를 보충할 수 있게 하는—적절한 인지적 보충물에 대한 접근이 가능하지 않은 경우, 독자의 주의는 자연히 텍스트의 언어쪽으로 기울게 되고, 그 오류들에 반응하기 마련이다.

---

9. 4장에서는 자동 번역이 미비한 것임에도 불구하고, 전문가들이 기계의 언어표현이 불충함을 보충할 수 있는 충분한 인지적 축적물을 보유하고 있기 때문에 이들에게 유용하게 쓰일 수 있음을 보게 될 것이다.
10. '잘못된 표현이 정확한 의미의 접근에 방해가 되지 않으면'이라는 뜻이다.

3.3.2. 외국어로의 번역과 독자를 위한 문화의 각색

언어 B에서 언어 A로의 역자들과-지금 여기서 다루고 있는-언어 A에서 언어 B로 작업하는 역자들 사이의 비교 문제로 다시 돌아가 보자. 언어 A로의 역자가 언어 B 텍스트의 저자가 속한 문화를 전반적으로 모두 아는 경우는 아마 드물 것이다. 그렇지만, 그런 드문 경우, 그 역자가 자신의 독자들이 모르는 정도를 평가하고, 모호한 상태로 남아 있을지 모르는 암시적 의미들을 드러내는 것은 비교적 쉬운 일이다. 반면에, 언어 B로의 역자는 저자의 문화권에 속하고, 그래서 텍스트의 명시적·묵시적 문화 측면들의 이해는 어렵지 않으나, 자신의 독자들을 위해 메꾸어주어야 할 문화적 빈틈들을 가름하는 데에는 언어 A로의 역자보다 보다 큰 어려움을 느낄 것이다.

예 D

그러면 인도 서남단에서 쓰이는 언어인 말라얄람어로 된 중편소설의 경우를 보자. 이 소설의 불어 B로의 번역은 아주 정확하게 되어 있는데, 저자 무쿤단[11] 자신이 한 것이다.

이 소설의 처음은 이렇다.

La maison de Radha se trouve à quelques pas du café. Le père de Radha est déjà rentré de son bureau. Comme à l'accoutumée, recroquevillé dans son fauteuil, il lit son journal du matin. Quand Radha entre dans la cour, il lève la tête, ajuste ses lunettes et lui jette un coup d'oeil interrogateur.

Elle monte les marches, haletante, et entre chez elle.

라다의 집은 카페에서 몇 걸음 떨어져 있다. 라다의 아버지는 사무실에서 벌써 돌아와 있었다. 그는 여느 때처럼 안락의자에 책상다리로 앉아 아침 신문을 읽고 있다. 라다가 마당에 들어서자 그는 고개를 들어 안경을 고쳐쓰곤 그녀에게 묻는 듯한 시선을 던진다.

11. 로네오 인쇄본. 인도의 프랑스 대사관 언어행정실 제공.

그녀는 숨을 몰아쉬며 계단을 올라 집안으로 들어간다.

필자가 말라얄람어를 모르긴 하나, 인도에 잠깐 머물렀던 것만으로도 라다의 아버지가 그의 안락의자에 '오그려 앉은' 것이 아니라 책상다리로 앉았던 것이라고 말할 수 있다. 사무실에서—이야기에 나오듯—방금 돌아온 사람한테 한 'recroquevillé'란 말이 갖는 '노쇠'나 '병색'이라는 공시 의미는 차치하더라도, 신문을 읽기 위해서는 '오그려 앉은' 것이 아니라 인도식 책상다리로 앉았었을 가능성이 높다.

독자의 지식에 맞추는 것은 언어 B로의 번역에 내재하는 어려움 중 하나인데, 유능한 언어 A로의 역자에게는 이러한 어려움이 없다. 자신의 모국어로 번역하는 사람은 독자들과 언어와 문화를 공유하고 있기 때문에, 어느 정도 의식적으로 자신의 글을 독자들에게 맞춘다. 언어 A로의 역자는 위의 텍스트에서 말하는 라다의 아버지의 자세를 묘사하는 데에 아무런 어려움도 없을 것이다. 위의 언어 B로의 역자 역시 그 모습은 안다. 그렇지만, 그 모습의 표현에 사용된 낱말들이 인도를 조금이라도 아는 사람한테는 아주 확연한 그 장면을 프랑스 독자들에게 일깨우지 못한다는 생각은 못하고 있다.

예 D를 조금 더 살펴 보자. 프랑스인들은 아마 인도식 가옥의 현실을 잘 모를 테니까, 위의 텍스트를 읽고 집의 입구, 마당, 계단, 소녀의 아버지가 앉아 있는 곳이 모습이 어떠한지 명료하게 그려내기 어려울 것이다. 라다가 마당으로 들어서면서 자기 아버지를 보는데, 그 아버지는 마당에 있는가, 창가에 앉아 있는가, 혹은 발코니에 있는가? 라다는 그녀의 집안으로 들어가려면 계단을 올라가야 한다. 그렇다면 마당은 사유지가 아니란 말인가? 텍스트상의 순서는 사실들의 순서와 완전히 일치하지는 않는데, 프랑스인들은 이와는 다른 제시의 논리에 익숙해 있다.

번역에서 '문화적 요소'의 전달이 어렵다는 것이 많이 강조되고 있는데(2부 1장의 1.5를 보라), 문제가 이중적임을 아는 것이 중요하다. 즉, 언어 A로의 번역의 경우에는 문화 현상들을 포착할 수 있어야 하고, 언어 B로의 번역의 경우에는 그것들을 전달할 수 있어야 하는 것이다.

3.3.3. 대중과 외국어로의 번역

우리는 위에서 언어 B로의 번역들과, 텍스트의 주제가 직접적으로 목표하는 한 독자 혹은 한 범주의 독자들 사이의 관계를 살펴본 바 있다. 그런데, 번역이 이런 좁은 범주를 벗어나 일반 독자를 겨냥하는 텍스트의 경우가 되면, 그 때는 동일 언어 공동체의 독자들은 대략 동일한 지식을 갖고 있는 것으로 간주될 수 있기 때문에, '독자'라는 기준이 아니라 번역의 질이라는 기준이 작용한다.

말담론의 경우, 에지트에서는 회의 통역을 위한 담론상의 절차를 이해와 복원의 어려움과 질적 요구의 증대 순서에 따라 4개 범주를 설정했다. 서술적 절차·논증적 절차·기술적 절차·정감적 절차가 그것들이다. 이들은 통역 교육을 위한 담론들의 선택에도 쓰이고, 학생들의 실습 평가에도 쓰인다. **서술적** 절차는 쉽게 이해된다. 통역사의 표현의 질이 다소 떨어진다 해도 청자가 이야기를 듣는 데에는 큰 지장이 없다. **논증적** 절차는 이해가 다소 어려운데, 통역에서 그 이해를 위해서는 엄밀한 표현들이 요구된다. **기술적** 절차에는 상당수의 용어들이 포함되는데, 그 대응관계들을 알아야 한다. 마지막으로, 통역에서의 **정감적** 절차는 문체의 모든 측면에서 등가관계들을 찾는 것이다.

언어 B로의 순차 통역으로는 의미가 우선하는 서술적 담론, 논증적 담론, 기술적 담론들만이 권장되고, 형태가 우선하는 정감적 담론, 축사, 추도사 등은 언어 A로의 순차 통역에 한정된다. 수십년 전부터 확립된 이러한 관행은 모든 국제 회의에서 입증된 것이다. 글담론의 경우에는 이러한 담론 범주들의 구분이 잘 적용되지 않는 것으로 보인다. 그래서 질적 요구에 편차를 두는 것도 다른 기준들에 의거해야 할 것이다.

읽는 즐거움

대중이 대략적 윤곽을 알고 있는 시사 문제를 다룬 신문 기사의 경우에는 번역이 신통치 않다 해도 읽는 데에는 큰 지장이 없다. 이는 예비 지식과 텍스트에 의해 주어진 정보가 상보적인 경우이다. 그러나 잘 알려지지 않은 정보를 제공하거나, 설득하거나 감동을 주려거나, 혹은 단지 읽는 즐거움을 주려는 텍스트들의 경우에는 그렇지가 않다.

예 E

그 한 예로, 중국어에서 프랑스어 B로 번역된 한 우화의 첫 문단을 보자. 줄거리는 이해가 되지만, 번역은 웃음이 나게 한다.

> Un jour un paysan de la principauté de Song retournait le sol dans son champ. Sur le coup de midi il vit surgir d'un bois un lièvre éperdu en pleine course. Par un hasard extraordinaire, le rongeur alla donner de la tête contre un tronc d'arbre à la lisière du champ, s'y rompant le cou.
>
> 하루는 송나라의 어떤 농부가 밭을 갈아엎고 있었다. 정오가 되자, 농부는 숲으로부터 토끼 한 마리가 허겁지겁 달려나오는 것을 보았다. 아주 우연히도, 이 토끼는 밭 가장자리의 나무 둥지를 머리로 받고 목이 부러졌다.

이 다음 대목을 보면 농부가 '괭이를 팽개치고' 다른 토끼들이 나무둥지를 디려박기 기다리느라 허송세월한다는 이야기가 나온다. 이 이야기의 교훈은 우리가 잘 알고 있는 것이다. 감나무 밑에서 감이 절로 익어 입 속으로 떨어지기를 기다리지 말라는 것이다.

위의 번역에 대해 할 수 있는 비판은 문체 차원의 것이다. 역자가 직관을 가지고 있지 않은 언어로 번역을 하면서 'retournait le sol', 'sur le coup de midi', 'éperdu', 'se rompre le cou' 등의 관용어들을 최대한 구사하려고 애쓴 것이다. 그렇지만 이러한 관용어들의 사용은 작위적인 느낌을 준다. 이들은 목록에 있는 것들이고, 불어적인 것들이다. 하지만 원어민의 언어 직관에는 맞지 않는다. 대중은 위의 번역이 문체적으로 이상해도 내용을 알아듣기는 할 것이다. 그렇지만, 별 관련도 없는데 관심을 가질까? 아마 글이 턱턱 걸려 읽는 즐거움은 못 느낄 것이다.

예 F

다음 예는 Y. 케말[12]의 소설 *Mèmed le Mince*를 프랑스어 B[13]로 번역한 것을 언어 A로 수정한 것이다. 모험 소설이고 서정적 서사시이며 저항의 노래인 *Mèmed le Mince*는 1955년에 터키에서 출간되자 곧 베스트셀러가 되었다. 그 번역은 프랑스의 독자들에게 20세기 초 터키 농민들의 생활이 어떠했는지, 그들의 해방에 대한 꿈이 어떠했는지 일별하게 해준다. 그 번역은 또한 읽기에도 아주 즐겁다.

소설의 서두에서 아이 메메드는 지방 장관의 학대를 피해 집을 떠나 인근 마을의 쉴레만 노인에게 피신한다.

다음은 18쪽에 나오는 대목이다.

Les yeux du gosse étaient rivés sur le potage qui fumait dans la casserole. La femme posa la soupe devant lui. Elle lui mit dans la main une cuiller de bois:

—Mange vite! fit-elle.

—Oui! dit l'enfant.

—Pas si vite que ça! dit le vieux. Tu vas te brûler!

Il sourit. Le vieux, aussi, sourit. La femme se demandait ce qui'ils avaient bien à sourire ainsi.

—Il ne tremble plus, ce gaillard, maintenant qu'il a mangé la soupe, fit le vieux.

—Non, non. plus maintenant, dit le gosse.

—Ce fut, cette fois, la femme qui sourit.

아이의 시선은 남비에서 김이 오르던 수프에 고정되어 있었다. 여인은 수프를 아이 앞에 내놓았다. 그녀는 나무 스푼을 아이의 손에 쥐어주었다.

—어서 먹어라. 그녀는 말했다.

—네. 아이는 답했다.

---

12. Kemal, Y.(1955): *Mèmed le Mince*, Guzine Dino(1979, Gallimard) 번역.
13. 유네스코의 규정에 따라 번역은 파리 대학의 터키학 연구소 소장인 L. Bazin에 의해 검토되었다.

—너무 급히 먹는구나. 노인이 말했다. 그러다 델라!
아이가 웃었다. 노인도 웃었다. 여인은 왜들 그렇게 웃는지 궁금했다.
—이 녀석, 이젠 안 떠는구나. 수프를 먹고 나더니.
—네. 그렇네요. 이젠 괜찮아요. 아이가 말했다.
이번에는 여인이 웃었다.

이 대목은 막히지도, 튀지도 않는다. 읽으면 금방 이야기 읽는 즐거움이 느껴진다.

필자의 의도는 번역에서 의미가 존중되었는가 따지는 것이 아니다. 필자는 번역을 예들로 사용한 터키어, 일본어, 불가리아어 같은 언어들에 대해 그러한 판단을 할 수도 없다. 필자가 관심을 갖는 것은 언어 B로의 번역이다. 방금 언어 A로 수정을 한 텍스트를 하나 보았는데, 다음에서는 수정되지 않은 언어 B로의 번역을 하나 보기로 하자.

예 G

이번 예는 I. 바조프의 소설 *Sous le Joug*로,[14] 불가리아 문학의 고전 명작이다. 이 작품은 19세기 말엽 터키의 압제에 대한 저항 운동 시대를 소설 형식으로 되집고 있다. 언어 B로의 번역은 아주 잘 되긴 했으나, 아카데미 회원 P. 디네코프가 서문에서 다짐한 '미적 즐거움'은 주지 못하고 있다. 디네코프는 "저자는 누구도 따를 수 없는 솜씨로 언어를 구사하여 이야기를 풀어나가며, 시적 감응마저 불러 일으킨다."고 지적했고, '이 소설에 관심을 갖게 되는 것은 다루어진 주제 때문만은 아니다. (...) 이는 이 작품이 가진 놀라운 예술적 자질과, 이 작품이 주는 미적 즐거움의 원천에서 비롯되는 것이다.'라고 부언했는데도 말이다.

개인적으로는 *Sous le Joug*의 번역에서 시적 감응도, 특별한 예술적 자질도 발견하지 못했다. 오히려 몇 군데 오류가 의도한 것과는 반대 효과를 내고 있다. 예를 들어, 25쪽의 것이 그렇다.

---

14. Vazov, I.: *Sous le joug*, Sofia-Presse. S. Tzonev, S. Pentcheva, V. Yonova 번역(1982), Sofia-Presse, Sofia.

Alors les deux hommes que cette sanglante nuit avait liés à tout jamais exportèrent les cadavres dans les buissons derrière le moulin.
그러자 이 혈야(血夜)로 영원히 이어진 두 사내는 시체들을 방앗간 뒤 숲속으로 옮겼다.

93쪽에서는 감동적일 것 같은 한 연극 작품에 대한 기술을 볼 수 있다.

Le rideau se relevait.

Cette fois-ci la scène représente une prison éclairée par un lampion. Geneviève, l'enfant dans les bras, cet enfant qu'elle a eu en prison, égrène des mots touchants et des pleurs. Elle est maintenant plus naturelle. La nuit, la sinistre prison, les gémissements de la malheureuse mère que personne ne vient secourir—tout cela touche profondément les coeurs. Des larmes roulent sur la face de plusieurs femmes. Les larmes, comme le rire, sont contagieuses. Le nombre des spectateurs qui pleuraient alla en augmentant, et même quelques hommes fondirent en larmes quand la comtesse écrivait la lettre à son mari. Kablechkov, ému applaudit un passage pathétique. Son applaudissement résonna, solitaire, dans ce silence profond et il expira sans écho. Des regards furibonds criblèrent le trouble-fête qui faisait du bruit au moment le plus poignant. Ivan Seliamsas, qui reniflait en pleurant, lui jeta un regard sanguinaire.

막이 올랐다.

이번에는 칸델라 등이 비치는 감방 장면이다. 쥬느비에브는 아이, 감옥에서 얻은 그 아이를 안고 넋두리를 읊조리며 훌쩍이고 있다. 그녀는 이제 좀 가라앉았다. 밤 장면, 스산한 감방, 아무도 도움의 손길을 주지 않는 불행한 아이 엄마의 한숨소리, 이 모든 것이 관객들의 마음에 깊이 와 닿는다. 몇 여인의 얼굴에 눈물이 흐른다. 눈물은 웃음처럼 전염성이 있다. 눈물을 흘리는 사람들의 숫자가 늘어간다. 백작 부인이 남편에게 편지를 쓰던 장면에서는 몇몇 사내들마저 눈물을 보이기 시작했다. 감동한 카브

레호코프는 감동적인 장면에서 박수를 친다. 외로운 박수소리가 깊은 정적을 흔들다, 반향없이 스러진다. 노기어린 시선들이 결정적인 순간에 소란을 떤 이 훼방꾼에게 쏟아졌다. 훌쩍이고 있던 이반 셀리암사스는 냉혹한 시선을 던졌다.

위의 번역에 대해서는 'pleurs'에 대해 'égrener'라고는 안 한다든지, 'larmes'는 'rouler'라기보다 'couler'라고 해야 한다든지, 시제 일치가 안 되어 있다든지, 이런 것들이 지적될 수 있다. 어떤 장면인지는 이해가 가지만, 'son applaudissement résonna', 'solitaire, dans ce silence profond et il expira sans écho'나, 관객 중의 하나에 대한 'regard sanguinaire'란 표현을 읽으면서 분위기에 푹 젖게 되리라고는 생각되지 않는다.

한 민족의 비극이 위대한 한 시인을 낳았고, 이 시인이 서술하는 사건들을 통해 그 고통이 표출되어 있는데, 이 시인의 이야기 방식은 그의 감수성의 반영이다. 이것이 모든 불가리아인의 *Sous le Joug*에 대한 한결같은 판단이다. 언어 B로의 번역이 이 위대한 고전의 불어판에 흠집을 낸 것은 분명하다. 이 불어판에는 어색한 부분이 상당히 많다. 프랑스는 터키의 지배를 수세기간 받지 않았고, 따라서 프랑스 독자들이 불가리아인들보다는 이야기—문제의 소설은 불가리아의 역사를 되짚고 있다—와 직접적 관련성이 덜한 것 또한 사실이다.

문학은 픽션이기에 문학적이고, 그 미적 기능으로 인해서도 문학적인데, 그 궁극적 표현에 있어서 미(美)는 외적 현실의 것이 아니라 언어 자체의 미(美)이다. 미적 기능은 언어 B로의 번역에서는 도달하기 어려운 것이겠으나, 여하튼 문학 번역에 있어서 언어 B의 질은 현실적 텍스트들의 번역에서 충분한 정도보다는 훨씬 나아야 할 것이고, 언어 A의 작가에 의한 수정이 문학 번역에 있어서는 절대적으로 요구된다.

대중용 텍스트

위에서 문학 텍스트들의 언어 B로의 번역을 살펴 보았고, 이 장의

3.3.1.에서는 전문 독자의 지식이 언어 B로의 번역에서 의미 포착을 위해 언어 형태를 벌충하여 의미 포착을 하는 것을 살펴 본 바 있다. 여기서 든 예들은 텍스트 외적 현실들에 대한 것이었다. 이제 일반 대중용 텍스트들의 경우를 보기로 하자. 이를 위해 A. 리드닝에게서 당시(1987) 노르웨이 외무장관이었던 스톨텐베리씨의 기사를 택하기로 한다.

예 H

이 기사는 1987년 11월 24일자 브뤼셀의 *Le soir*지에 실린 것이다. 이 기사는 노르웨이어에서 프랑스어 B로 번역된 것으로, 유럽 공동체에 대한 노르웨이의 입장을 밝히고 있다. 다음은 그 한 대목이다.

> La Norvège est, aux côtés des autres pays de l'AELE, un marché très important pour la CEE. Les pays de l'AELE achètent une plus grande part des exportations de la CEE que celle des Etats-Unis et du Japon réunis.
>
> 노르웨이는 유럽자유무역연합의 여타 국가들과 더불어 EEC의 아주 중요한 시장의 하나이다. 유럽자유무역연합의 국가들은 EEC로부터 미국과 일본으로부터의 수입량을 합한 것보다 보다 많이 EEC로부터 수입을 하고 있다.

스톨텐베리씨는 EEC(유럽경제공동체)는 AELE(유럽자유무역연합)를, 후자가 전자를 필요로 하는 것보다, 더 필요로 한다는 것을 보이고자 한 것이었다. 자신의 논거들의 전개를 위해 브뤼셀의 한 신문을 선택한 것은 그가 벨지움인들은 물론, 유럽공동체의 지도자들과 공무원들도 읽기를 기대했음을 보여준다. 그러나 독자들을 이해시키고 설득하기 위해서는 번역이 보다 분명했어야 했다. 아마 스톨텐베리씨가 말하려던 것은 이런 것이리라: "La Norvège, et de façon plus générale l'ensemble de l'AELE, sont de gros importateurs de produits de la CEE. Ils achètent plus à la Communauté que les Etats-Unis et le Japon réunis. 노르웨이, 그리고 나아가 유럽자유무역연합 국가들은 유럽경제공동체 생산품들의 거대 수입국들이다. 이들은 미국과 일본으로부터의 구매량을 합한 것보다 더 많이 EC로부터 구매하고 있다." 논증과 설득이라는 저자의 목적에는 도달하지 못한 것이다.

A. 리드닝[15]은 그의 연구를 이렇게 결론짓고 있다.

> 대중용 텍스트들에서 랑그에 부여된 뜻들과 다른 뜻들을 갖는 낱말들의 많은 사례들에는 맥락적 재창조가 요구된다. (...) 이 맥락적 재창조는 미리 주어진 대응관계들보다는 통계적으로 그 실현이 보다 어려운 것으로 알려져 있다. (...) 언어 B로의 번역에서는 그 실현이 더욱 어렵다. 이런 번역의 역자에게는 모국어로 번역하는 역자가 갖고 있는 창조적 직관이 결여되어 있기 때문이다. 대중용 텍스트들의 거의 극복 불가능한 두번째 어려움은 텍스트의 상당 부분을 재구성해야 한다는 것이다. 독자들에게 막연한 인상 이상의 것을 보여주기 위해서는 분명한 표현, 역어의 어법에 맞는 표현을 구사할 필요가 있다. 이는 이러한 텍스트들의 독자들을 문장 어의들을 해독해야 하는 의무로부터 해방시켜, 그 어의들이 나타내는 의미에 접근할 수 있도록 하기 위한 것이다. 역자의 창의력에 호소하는 이러한 텍스트들은 원어민과의 공동작업을 선호하는 숙달된 역자에 어울린다.

본 장의 서두에서 필자가 언어 B에서 완벽한 등가에 도달하는 것이 불가능하기 때문에 다수 사용언어 사용자들이 하는 언어 B로의 번역은 문제가 있다고 말한 것을 기억할 것이다. 언어 B로의 번역은, 개인의 자질이 동일한데 동일 언어 조합에서 언어 A로의 역자들이 있다면 절대 하지 말아야 한다.

그러나, 소수 사용언어들로 쓰여진 텍스트들의 언어 B로의 번역은 필요하다. 다만, 번역 의뢰자와 번역자는 번역하려는 목적과 문제의 번역 텍스트가 대상으로 하는 독자들을 고려해야 한다.

언어 B로의 번역의 질은 그러한 번역을 하는 사람들의 언어 지식의 정도에 달려 있다. 역자는 그의 언어 B의 숙달 정도에 따라, 그리고 독자의 전문화 정도, 텍스트들의 문학적 혹은 실용적 성격과 그 목적에 따라, 확실한 번역을 할 수 있는 텍스트들을 고르게 될 것이다. 그렇게 되면, 진지한 텍

15. Rydning, A.: *op. cit.*, p. 234.

스트를 우스꽝스럽게 만들거나, 설득하려는 사람에게서 거부당하는 일은 없을 것이다. 갸우뚱거리게 하는 번역, 놀래키는 번역, 틀린 번역이나 터무니 없는 번역도 피할 수 있을 것이다.

4. 인적 번역을 위한 기계 번역

컴퓨터는 일상생활의 일부분이 되어가고 있으며, 번역가들의 생활에도 크게 영향을 미치고 있다. 인적 도움을 받는 기계 번역의 경우이건, 컴퓨터의 도움을 받는 인적 번역의 경우이건, '기계'는 오늘날 번역행위와 불가분의 관계에 있다. 여기서는 인간의 두뇌작용을 기계작용과 섣불리 동류시하는 것에 대해 기계 번역과 인적 번역의 유사점들과 차이점들을 보이면서 주의를 환기시키고자 한다.

초기에 기계 번역을 시도했던 언어학자들에게 번역의 목표는 외국어였다. 어휘들은 상대적으로 코드변환이 쉬울 것으로 확신하나 언어들의 구조들은 그보다 덜 쉬울 것으로 생각한 이들은 통사에 중점을 두었다. 미국과 기타 나라들의 한 세대에 걸친 연구자들은 번역하는 개인의 머리 속에 있는 의미를 통사 구조들에서 찾은 것이다.

기계 번역의 난관들은 역자들에겐 번역의 문제들이 아니라 코드변환의 문제들이다. 중의적 의미, 다의적 의미, 기계가 이해하기엔 너무 긴 문장들이 문제가 될 때, 번역가들은 기계의 문제들은 자신들의 문제들이 아니라고 지적한다.

언어들을 다루는 기계 번역과 의미를 다루는 인적 번역 사이의 대립은 이 두 작용의 명명에 '번역'이란 말이 사용된다는 점으로 인해 가려져 있다. 물론, 전자의 경우나 후자의 경우나, 원어는 역어로 대치된다. 이 점에서 두 경우 모두 번역이란 말을 하는 것은 정당하다. 그러나 전이과정은 동일하지 않으며 – 대응관계의 설정인가 등과관계의 설정인가 –, 출발 텍스트들과 도착 텍스트들도 동일한 개념적 · 정감적 값들을 갖지 않는다.

이 장에서 필자는 '번역'이란 말에 나타나는 근본적 중의성의 제거를 시도할 것이며, 기계로부터 제기된 문제들로부터 출발하여, 형식화된 규칙들에 의거하여 작용하는 기계와, 번역을 하는 개인의 두뇌작용 사이의 차이를 보일 것이다.

4.1. 기계 번역의 역사

온갖 형태의 번역은 오랜 옛날로 거슬러 올라가는 인적 행위이다. 오랫동안 종교적 영역이었던 번역은—중국으로의 불교의 유입은 번역으로만 설명이 된다. 그리고 오늘날도 수백을 헤아리는 번역자들이 성경 번역[1]에 일상적으로 종사하고 있다—관심 영역들에서 정보들을 얻고자 하는 군주들의 관심과 맞아떨어졌다. 그래서 의학·점성술·연금술 개론서들은 제일 먼저 세상에 유포된 번역서들에 속했다. 또한 로마 중앙 권력으로부터의 명령들은 여러 언어들로 번역되었었고, 전 제국에 걸쳐 돌에 새겨졌었다.

9세기 바그다드[2]와 12세기와 13세기 톨레도 학파[3]에서 이루어졌던 번역은 모든 시대가 번역에 대해 가졌던 관심의 아주 두드러진 예이다. 현대에도, 문학 번역서들은 원작의 독자보다 보다 광범위한 독자를 갖게 되는 경우가 종종 있다. 과학 지식과 기술 지식의 교환도 불가피해졌는데, 이 역시 번역의 수단을 빌린다. 날로 증대하는 번역의 필요성은 인적 번역의 능력 범위를 넘어설 가능성이 있다.

제2차 세계대전 말 무렵, 번역들의 수가 어지러울 정도로 증가한 가운데 일세대 컴퓨터의 출현은, 그 빠른 계산 속도로 인해, 새로운 지평을 열었다. 컴퓨터는 인간 번역가보다 엄청나게 빠른 속도로 작업을 하기 때문에,

---

1. 만국성경협회에는 57개의 국가 단체와 150여개국에서 성경 번역에 종사하는 50여개의 분회가 있다.
2. Salama-Carr, M.(1990): *La traduction à l'époque abasside*, Didier Érudition, Paris.
3. Foz, C.(1987): *L'Ecole des traducteurs de Tolède au XIIe et XIIIe siècles.* 파리 3대학 박사학위 논문. 로네오 인쇄.

기계 번역이라는 생각이 대두된 것은 자연스러운 일이었다. 그리고, 기계 번역은 어마어마한 양의 번역을 해낼 수 있어야 했다.

기계 번역의 초기 연구에서는 번역이 제2차 세계대전 중의 적군 메시지 암호 해독과 동일시되었다. 일세대 컴퓨터 덕분에—이들은 거의 전적으로 군인들의 수중에 있었다—이 암호 해독은 연합군의 대간첩활동의 주임무였다. 이러한 암호 해독, 적군 메시지 해석이 계속적으로 성공하자, W. 위버는 외국어들이 코드화된 메시지들로 간주될 수 있다는 생각을 하게 되었다. 이들의 번역은 암호 해독과 동일한 원리들에 의해 수행될 수 있다는 것이었다.

두 가지 조작으로 기대한 결과가 나올 것으로 보였다. 즉, 한 텍스트의 낱말들을 대응되는 낱말들로 대치시킨 다음, 역어로 산출된 문장들을 그 언어의 통사 규칙들에 따라 재구성하는 것이다. 하나의 외국어는 이렇게 해서 '코드해독'되었다가 다른 언어로 '코드화'되는 것이다. 이러한 기계 번역에 대한 생각으로부터 '코드', '코드해독하다', '코드화하다'라는 용어들과, 번역은 하나의 언어를 다른 언어로 번역하는 것이라는 개념이 잔존하고 있다. 80년대까지 언어학, 심리학, 번역학의 주도적 이론들은 '말하다'나 '쓰다' 대신에 'encoder 코드화하다'를, '이해하다' 대신에는 'décoder 코드해독하다'라는 표현을 즐겨 썼다. 그래서 요즈음에는 '이해하다'라는 표현을 쓰더라도 아직도 한 언어의 맥락 외적 이해를 나타내기 위한 것인 경우들이 왕왕 있다.

일단 적절한 어휘들을 선택해서 각 언어의 형태·통사론 규칙들을 기억시키면, 어지간한 용량의 컴퓨터라면 한 언어로부터 다른 언어로의 변환은 실현 가능하리라고 기대할 수 있었을 것이다. 이러한 생각의 적용 결과, 시초에는 무슨 말인지 도무지 모를 말도 안 되는 소리들이 산출되었는데, 이러한 오작용들을 비아냥거리던 번역가들은 쾌재를 불렀다. 때로 사람들은 이들의 번역 기계에 대한 부정적 태도를 경쟁에 대한 두려움으로 해석하기도 했다. 번역가들이, 예전의 직조공들이 자동 베틀에 대해 그랬던 것처럼, 번역 기계를 배척한다고 본 것이다. 그러나 이 현대판 '직공들'의 태도는 이와 달리 설명된다. 사실, 번역 기계가 자기들의 성과의 아주 작은 부분과도 경쟁이 안 되는 것을 본 이들에게는 번역 기계를 우습게 보는 경향이 있었다.

오늘날 계산 수단들에는 전혀 부족함이 없지만, 모든 텍스트들을 기계적으로 번역할 수 있으리라고는 아무도 기대하지 않는다. 오히려 컴퓨터가 번역자들에게 소용될 수 있는 방법을 폭넓게 모색하고 있으며, 번역가들은 컴퓨터의 도움을 높이 평가하고 있다.

4.2. 기계 번역의 오늘

필자는 전혀 기계 번역의 전문가가 아니기 때문에, 이 장의 기술적 부분에 대해서는 W.J. 허친스와 H. 소머스[4]의 훌륭한 종합서, 전문지에 나온 많은 논문들과 T. 위노그라드[5]의 두 저서의 몇몇 장들에 의거하기로 한다.

허친스와 소머스는 완전 기계 번역으로부터 인적 번역에 이르기까지의 일람표를 만들었다. 중간의 두 단계는 인적 도움을 받는 기계 번역(Human Aided Machine Translation, HAMT)과 컴퓨터의 도움을 받는 인적 번역(Machine Aided Human Translation, MAHT)이다.

4.2.1. 완전 기계 번역

저 유명한 Alpac(1966) 보고서는 초기 완전 기계 번역의 희망에 종말을 고했다. 기계는 한 언어를 정확하게 번역할 수 없는 것으로 드러난 것이다. 각종 중의성과 통사적 재구성 문제들이 너무 많아 두 언어의 문장들 사이에 정확한 대응관계들을 설정하는 것이 불가능했다. 그리고, 이러한 문제들의 해결을 위해, 발화 의미에 '세상 지식'(인지적 축적물)과 '맥락 지

4. Hutchins, W. J. et Somers, H. (1992): *An Introduction to Machine Translation*, Academic Press, London.
5. Winograd, T.(1972): *Understanding Natural Language*, Academic Press, New-York; Winograd, T.(1983): *Language as a Cognitive Process*, Addison Wesley, London.

식'(인지적 맥락)을 접목하는 것이 불가능해 보였다.

그러니까, 전체적으로 볼 때, 모든 것을 번역할 수 있을 것으로 생각했던 기계 번역은 그 적용 영역을 곧 제한할 수밖에 없었다. 문체나 언어역을 형식화할 수 없었고 상상력의 산물인 픽션을 예측하고 형식화할 수도 없어, 문학 텍스트들은 제외시킨 것이다. 작동을 위해 에너지만 있으면 되는 기계 장치나 전기 기구와 달리, 컴퓨터는 번역하려는 각 텍스트에 대해, 텍스트의 언어뿐 아니라 다룬 주제와 사용된 어휘들에 따라 상당한 준비가 필요하다.

오늘날 완전 기계 번역은 용어의 비중이 대단히 높은 기술 문서들과—동일한 문서의 연속 버전들과 같은—반복적 텍스트들에 대해 사용되고 있다. 수정을 거치지 않아도, 기계 번역은 텍스트의 내용은 적어도 다루어진 주제는 어림잡을 수 있게 해준다. 몇몇 매우 제한된 경우에는 기계 번역은—인적 번역의 질과는 거리가 아주 먼 초보적인 것이기는 하나—앞장에서 그 예들을 살펴 본 몇몇 언어 B로의 번역에서처럼 사용 가능한 번역들을 제공한다. 인간 사고의 형식화에 이르려는 희망—아마도 헛된 것일 것이다—을 갖고, 이러한 기계 번역의 적용 영역을 확대하기 위한 연구는 계속 진행되고 있다. 그렇지만, 요즈음의 핵심적 노력은 번역 이전, 번역하는 동안 그리고 번역 이후의 기계와 인간의 협조에 모아져 있다.

4.2.2. 인적 개입

이는 원텍스트에 대한 준비 작업, 번역 텍스트의 마무리, 혹은 상호작용 형태의 작업을 통해 기계에 주는 도움에 관한 것이다. 이것이 이른바 '인적 도움을 통한 기계 번역'이라고 하는 것이다.

텍스트 준비 작업 혹은 '프리 에디팅'

출발 텍스트는 기계 번역에 적합하도록 조정되어야 한다. 이러한 사전 작업은 번역에 앞서 기계에 제기될 수 있는 고유 명사, 동철어의 문법 범주

표시, 종속절 표시, 기계가 알지 못하는 어휘들을 어휘집에 포함시키기 등의 문제점들을 해결하기 위해 텍스트를 탐사하는 것이다. 이 '프리 에디팅 pre-editing'은 출발 텍스트를, 문장 구성과 어휘의 단순성 면에서, 기계가 접근 가능한 언어로 완전 재작성하는 데에까지 이를 수도 있다.

프리 에디팅되었으나 기계적 처리 후 번역이 수정되지 않은 텍스트로부터는, 1989년까지만 해도, 아래에 보는 것과 같은 종류의 결과들을 얻었었다. 이는 당시 파리의 언어 엑스포에서 기계 번역을 시현해 보이던 한 코너에서, 출품자가 프리 에디팅한 한 텍스트를 필자가 얻어 놓았던 것이다.

프리 에디팅된 텍스트

Rapidly developing into the / « go-anywhere, do-anything » / executive aid is the / incredible shrinking microcomputer. Today's models are robust enough / to endure the rigours of travel, / while providing the resources / which users on the move / are likely to want./

첫 문장의 번역

Rapidement se développant en « v-n'importe où, quelque chose » l'aide exécutive est le micro-ordinateur de rétrécissement incroyable.

그 기계에 동사가 하나(*v-*) — 아마 그 형태는 *aller-vais, vas, va, allons, allez, vont*일 것이다 — 가 빠졌던 것인가?

문제의 마이크로 컴퓨터를 몰라도, 혹은 적어도 원본 영어의 복원을 통해 불어가 이해될 만큼의 영어를 몰라도 이 문장의 의미가 이해될런지 판단하기 어렵다. 이 번역은 수정이 필요하다.

수정 혹은 '포스트 에디팅'

번역의 수정은 대상 독자에 따라 그 이루어지는 정도가 다르다. 다루어진 분야에 정통한 독자에게만 정보를 제공하는 경우에는 이 수정은 아주 빠르게 이루어진다. 그러나 보다 광범위한 독자를 대상으로 하는 텍스트들의 경우에는 수정이 보다 심화된다. 이는 언어 B로의 번역에서 지적되었던 것들과 유사한 것이다. 즉, 대상인의 지식이 크면 클수록 그만큼 문체가 적절히 갖추어져야 할 필요는 그만큼 적다.

엄청난 부피의 대형 기계들—특히 비행기 등—의 정비 교본은 첫 번째 범주에 속한다. 그래서, 중의성 문제만 없다면, 예를 들어, 'clean cloth'가 'nettoyer chiffon'이 아니라 'chiffon propre'로 제대로 이해되었으면 문체는 아무런 역할도 하지 않는다. 기계는 인적 번역의 문체의 질을 따를 수 없으나, 필요한 인지적 보충물을 갖추고 있는 사람들에게 미가공 정보를 줄 수 있는 것은 이제 분명하다. 수정이 그다지 필요치 않은 번역을 제공하는 기계도 나름대로 쓰임새가 있는 것이다.

수정이 섬세한 경우에는 역자는 기계가 번역한 텍스트를 화면상에서 수정하는데, 문장들의 구조, 낱말들의 순서와 그 수를 바꾸고, 기계가 코드변환하지 못한 용어들이나 문장들의 부분들을 번역하고, 부적절한 경우에는 낱말을 다른 것으로 바꾸고, 한 낱말을 텍스트 전체에서 동일하게 대치하도록 기계에 지시하는 등의 작업을 한다. 많은 번역가들이 대규모 국제기관에서 이런 종류의 수정 작업을 하고 있다. 이들의 반응은 시큰둥하다. 때론 수정에 오랜 기간이 요구되고, 최종적 번역의 질도 신통찮고, 괜찮다 하더라도 기계 덕분이기보다는 수정 덕분인 기계 번역을 왜 하는지 의아해하는 것이다.

그렇지만, 번역 기계들은 여러 해 전부터 쓰이고 있다. 예를 들어, 범미건강기구(PAHO)에서는 번역 기계가 스페인어를 영어로, 영어를 스페인어로 번역하고 있고, 회원 국가들의 다언어 현상(1994년 현재, 12개국 9개 언어)을 극복하는 것이 문제인 유럽공동체에서도 번역 기계가 쓰이고 있다. 번역 기계들은 반복적이기에, 무척 지리한 많은 일들을 번역자들에게 면하게 해준다.

상호작용

이러한 작업 양식에서는, 기계가 일부 구조들을 해석할 수 없거나, 여러 낱말들 중에서 올바른 어휘 단위를 선택해야 하는 상황에 처했을 때, 사람이 기계의 질문들에 대답한다.

상호작용의 한 예를 에지트의 교수이고, 디지털 프랑스 출판사 책임자인 C. 로즈붐에게서 보자. "this chapter provides the procedures you need to install and power up the printer." 같은 문장이 있다고 하자. 기계가 'power up'에 이르면, 'power'에 대한 어휘집에서 가능한 두 가지 대응관계를 찾는다. 그런 다음, 기계는 번역자에게 이런 질문을 한다. 'power'를 'alimentation'으로 번역할까요, 'actionner'로 번역할까요, 아니면 'power up'으로 번역할까요?(기계에는 'power up'의 대응 표현이 없고, 이것이 하나의 낱말인지 두 개의 낱말인지 모른다) 번역자는 대답한다: "power up : mettre sous tension". 그러면 기계는 "power up"을 "mettre sous tension"으로 번역하고, 이 새로운 대응관계를 이중어 어휘집에 등재시킨다.

4.3. 기계는 언어들을 어떻게 이해하는가?

'이해한다'는 말은 인간의 경우인가 기계의 경우인가에 따라 크게 다른 두 개념을 나타낸다. 한 경우에서는 비언어적인 인지적 보충물이 적절한 언어적 어의들과 융합되는데, 다른 경우에서는 낱말들과 문장들의 부적절한 어의들을 제거하는 것이다. 번역자에게는 단의성이 일반 법칙인데, 기계들한테는 언어들의 근본적 중의성이 제일 큰 골칫거리이다. 아마 언어들의 외견상 단순성으로 인해, 초기의 번역 기계 창안자들은 번역을 낱말들을 대치하고 문법 구조들만 바꾸면 되는 것으로 생각한 것이리라. 언어학자들은 다수 어의들의 문제에 부닥치자, 언어 사용자들인 일반 화자들과 번역자들을 멀리 넘어선 언어들의 분석을 전개하게 된다. 아주 특별한 노력을 하지 않는 한, 텍스트를 읽을 때, 아무도 언어들에 의해 채택된 어의들만을 보지는 않는다. 또한 번역자들도, 그들의 작업 수행 시, 언어 지식과 세상 지식을 구분지으려 하지 않는다. 의미를 곧바로 이해하기 때문에 이들에겐 기계에서와 같은 문제들이 없다. 이와 반대로, 기계는 언어를 이해해야 하며, 무엇보다 단의적 어의들을 파악해내야만 한다. 기계 번역 체계의 기억 장치에는 어휘 데이터와 문법 데이터들이 들어 있고, 이 데이터들은 이 단의성의 탐색을 위해 끊임없이 서로 연결된다.

4.3.1. 어휘

기계에서 어휘부는 알파벳 순서가 아니라 동종의 범주별로 구성되어 있다. 예를 들어, 타동사, 추상 명사들로 묶는 것이다. 어휘집의 각 어휘에는 그 문법 범주, 형태론적 유형, 의미 자질들이 표시된다. 그리고 문법 성, 불규칙인 경우에는 복수형도 표시된다. 어휘집들은 흔히, 아주 빈도가 높은 어휘, 관용적 표현, 불규칙 동사 형태 등 서로 다른 장들로 구성되어 있다. 게다가 전기, 농업 등과 같이, 기술 분야에 따른 소어휘집도 마련된다. 그래서, 예를 들어, 'champ' 같은 낱말은 'champ'(전기) 혹은 'champ'(귀리)와 같이, 각 소어휘집에 하나의 어의로 실린다.

기계는 철자 기호밖에 모르고, 낱말들은 실제적으로 모든 언어들에서 모두 다의적이기 때문에 - 고유 의미, 비유적 의미, 그리고 다양한 의소들(이들 중의 일부만이 맥락에서 실현된다) - 적절한 어의를 실현시켜야 한다. 예를 들어 'oil' 같은 낱말의 경우, 기계는 '맥락 사전'을 참조해야만 한다.

*Meta*의 한 특별호[6]에서 C. 뷔로는 시스트란 Systran 시스템에 대해 "영어 낱말 'oil'의 경우, '기름'(기계용이나 음식용), '석유', 혹은 '향'의 세 가능성 중에서 채택해야 할 의미를 결정할 수 있기 위해서는 400개 이상의 맥락을 코드화가 필요가 있다."는 지적을 하고 있다.

---

6. Bureau, C.(1992): "Télécommunication et micro-informatique", *Meta*, vol. 37, n° 4, Montréal.

4.3.2. 변형 규칙

단순 다의성의 문제들(예 : cats like fish... = '고양이들은 물고기들처럼' 혹은 '고양이들은 생선을 좋아한다') 외에도, 어미변화를 하지 않는 영어 같은 언어들을 위해서는 다른 언어들에서 어미가 해결하는 문제를 해결해야 했다.

초기의 시도들은 촘스키 이론의 심층 구조들과 표층 구조들의 심층 구조들로의 변형, 그리고 다시 이 심층 구조들의 다른 언어의 표층 구조들로의 변형 규칙들에 근거한 것이었다.

여기서 허친스와 소머스(p. 32)가 제시한 예를 하나 보자.

(a) John persuaded Mary to visit his father.
존은 자기 아버지에게 가보도록 메리를 설득했다.
(b) John promised Mary to visit his father.
존은 메리에게 자기 아버지한테 가보겠다고 약속했다.

기계는 어휘부와 통사 구조를 보유하고 있다. 그리고 변형 규칙도 갖추고 있다. 문장 (a)는 심층 구조에 두 명제 1) John persuaded Mary와 2) Mary to visit his father를 포함하고 있다. (b)의 경우, 심층 구조의 두 명제는 1) John promised Mary와 2) John to visit his father이다. (a) 문장에서 Mary는 행동을 취하는 주체이다. 문장 (b)에서는 John이 주체이다.

기계의 어휘부는 기계에 적절한 지시들을 내린다. 예를 들어, 'promise'와 달리, 'persuade'는 타동사이고, 따라서 한 복문에 두 단문으로의 변형 규칙들이 주어진다. 기계는 이 두 문장 각각에 다른 언어로, 예를 들면 'John a persuadé Mary d'aller voir son père', 'John a promis à Mary d'aller voir son père'과 같은 새로운 표층 구조들을 부여할 수 있다.

4.3.3. 문법적 처리

현재 여러 다른 시스템들이 문장들의 문법적 분석(parsing)에 쓰이고 있는데, 그 양식은 엄청나게 복잡하다. 허친스와 소머스는 Systran, Susy, Météo, GETA, Eurotra, METAL, Rosetta, DLT의 기술에 160쪽을, 그리고 다시 19쪽을 구축중인 체계들, 인공 지능, 예들이나 통계가 바탕인 체계들, 한 기술 분야에 국한된 체계들(예를 들면, 섬유 산업의 Titus[7]) 등에 할애하고 있다.

이들을 요약하려는 것은 연구와 발전에 기울이고 있는 엄청난 노력들을 왜곡할 위험이 있다. 게다가, 필자의 목표는 기계 번역을 세밀히 검토하는 것이 아니라 그것이 기초하고 있는 원리들을 밝히고, 이를 인적 번역과 비교하는 것이다.

4.4. 인간과 기계의 비교

여기서는 개별 시스템에 대한 검토 없이—이에 대한 기술과 평가는 위에 인용된 저자들에게서 찾아볼 수 있을 것이다—기계 번역과 인적 번역을 대비시켜 볼 것이다. 후자는 관찰 가능하고, 실제로 에지트의 연구자들에 의해 관찰된 바 있다.

4.4.1. 차이

각 개인의 어휘 보고

한 개인의 어휘 지식은 교육 정도, 직업 활동, 언어에 대한 관심 등에 달려 있다. 이를 평가하기 위해서는, 알고는 있으나 능동적으로 사용되지 않는 어휘 수가 실제로 사용되는 낱말들 수보다 훨씬 더 많다는 점을 잊지 말아야 한다. 어휘 지식은 한 개인의 수동적 지식의 경우인가, 능동적 지식의

7. Titus는 프랑스 섬유연구소가 섬유산업과 관련되는 초록들의 번역을 위해 만든 시스템이다.

경우인가에 따라 양적으로 달라진다.

전체적으로 볼 때, 작가처럼 말을 직업으로 하는 번역가는 대략 만여 개의 낱말들을 아는 것으로 추정되는데, 이는 컴퓨터가 기본 어휘로 갖고 있는 것과 거의 비슷한 숫자이다. 이 낱말들의 뜻과 그 뉴앙스들의 각각은 상황이나 텍스트들을 통해 배운 것이고, 이들을 하나의 독특한 의미로 다시 사용하여 자신의 생각과 번역하는 저자들의 생각을 전한다. 번역가가 낱말들의 잠재적 어의에 대해 추상적으로 생각해 보는 경우는 별로 없다. 그러나 기계는 그렇지 않다. 기계는 낱말들의 여러 다른 어의들을 기억 장치 속에 동등하게 간직하고 있으며, 그 중 주어진 한 문장에서 코드변환해야 하는 어의를 찾아내야 한다.

기계의 어휘적 중의성

허친스와 소머스에 의하면, 어휘적 중의성은 문법·동철·전이의 세 범주에 속한다. 여기서는 앞의 두 범주만 다루기로 한다. 세 번째 범주는 나중에 다룰 것이다.

문법 범주의 어휘적 중의성

이는 그 형태가 한정된 문법 범주의 소속을 나타내지 않는 낱말들의 경우이다. 예를 들어, 명사일 수도(lumière), 형용사일 수도(léger), 그리고 동사일 수도(allumer) 있는 영어 낱말 'light' 같은 것이다. 이러한 어휘적 중의성의 해소에는 상당한 통사적 분석들이 요구된다. 전산언어학자들이 재미삼아 만든 한 문장 예인 'Gas pump prices rose last time oil stocks fell.'을 보자. 이 문장을 구성하는 각 낱말들은 명사일 수도, 동사일 수도 있다. '가스'일 수도 '가스불로 그을리다'일 수도, '펌프'일 수도 '펌프질하다'일 수도, '가격'일 수도 '가격을 매기다'일 수도, '장미'일 수도 '올리다'일 수도, '최후의 것(사람)'일 수도 '지속하다'일 수도, '시간'일 수도 '시간을 재다'일 수도, '석유'일 수도 '기름을 바르다'일 수도, '저장품'(혹은 '주식')일 수도 '저장하다'일 수도, '모피'일 수도 '넘어지다'일 수도 있다. 그러니 이 각 낱말들의 중의성 제거를 위해, 그리고 정확한 한 문법 범주의 부여를 위해 기계에 주어야 할 명령들의 수가 상상이 가지 않는가?

엄청난 수의 잠재적 의미들의 중의성 제거를 위해 문법적 분석을 수행하는 기계와는 반대로, 인간 두뇌는 문장들의 의미내용을 세상 지식 속으로 밀어넣는다. 화자는 변별적인 문법 범주들만 의식하며 텍스트들의 의미를 이해하는 것이다. 말표현에 있어서, 청자에게 형태와 통사는 목소리 변화, 소리의 높낮이와 강도, 택한 어조와 마찬가지로 소리상의 변화 양상들에 지나지 않으며, 이들은 동일한 인지적 효과를 갖는다고까지도 말할 수 있다.

최소한의 인지적 축적물이라도 갖추고 있는 역자라면 위의 문장을 즉각 이해했을 것이고, 'le prix de l'essence à la pompe a augmenté la dernière fois que les stocks de pétrole ont baissé'(주유 가격이 지난번에 올라 석유 비축분이 감소되었다) 정도로는 번역했을 것이다. 인지적 요소와 의미내용의 결합으로 인해 이러한 번역을 쉽게 얻었을 것이다. 어휘적 중의성 현상을 광범위하게 생각하게 된 것은 기계 번역의 문제점들 때문이다. 인간은 텍스트들에서 실현된 어의들만을 본다.

동철성으로 인한 중의성

범주의 중의성 문제 이외에 동철어 문제도 있다. 'Les poules couvent au couvent'은 프랑스 어린이들을 즐겁게 하는 문장이다. 'couvent'(1)의 철자가 'couvent'(2)의 철자와 꼭 같지만, 그 누구도 이 문장을 '암탉들이 수도원에서 알들을 품고 있다'는 뜻 이외로는 읽을 생각을 하지 않는다. 그러나 기계는 이 두 'couvent'의 문법적 범주들에 대한 세부적 설명을 필요로 한다.

인간에게는 직접적 언어 맥락—한눈에 들어오는 예닐곱 낱말—이 문법 범주의 부여와 변별적 뜻들의 실현에 중요한 역할을 한다. 글에서는 직접적 언어 맥락이 시각적 지각 현상과 밀접한 관계가 있다. 눈은 항상 중의성 문제가 제기되지 않을 정도로는 충분한 정도의 낱말 수를 한 번에 본다. 사람들은 필자가 동시 통역에서의 그 작용을 보인 바 있는 가청 범위와 유사한 가시 범위에 의해 텍스트를 지각한다. 동시 통역에서 담론의 소리 요소들은 연속적 뭉치별로 그 의미가 인지되며, 그 의미는 어느 정도의 낱말들을 들어야 나타나는데, 이는 개인의 언어 외적 지식에 따라 다르다. 이같은 것은 글의 시각적 지각에서도 마찬가지이다. 눈은 끊임없이 움직이며, 책을 읽을 때 눈은 일정한 규칙적 운동을 해야 하는데, 지각의 중심에 놓인 텍스트 분량은 늘 한 낱말 이상이고, 낱말 순서대로가 아니라 덩어리별로 이해된다.

우리가 대하는 텍스트들의 이해상의 오류들은 무엇보다도 연결상의 오류들이지 어휘적 중의성으로 인한 것이 아니다. 이러한 중의성은 잠재적으로는 항상 존재하지만, 의도적이 아닌 경우에는 좀체로 지각되지 않는다.

탈언어화, 인간 고유 현상

반면에, 인간에 고유한 언어의 사용과 기억에 관한 현상이 하나 있는데, 바로 탈언어화(1장, 1.5.1.을 보라)이다. 어휘의 사용은 두 개의 범주로 나뉘는데, 하나는 화자가 의식적으로 환기시키며 역자가 의식적으로 대응 표현을 찾는 단일지시적 표현들이고, 다른 하나는 서로 연합되어 의미 단위들의 언어적 표현 매체가 되는 것들이다. 원어의 단일지시적 표현들은 번역 언어에서 대응 표현들이 생각나기 전까지는 기억 속에 남아 있고, 나머지 번역은 탈언어화된 의미로부터 비롯된다. 기계는 텍스트 전체를 대응으로 다룰 수밖에 없다.

인간의 의미의 즉각적 지각

기계는 문장을 하나하나 다룬다. 그런데 랑그 층위의 낱말들과 문장들에는 다수 어의들이 있기 때문에, 기계는 이들의 중의성을 제거해야만 한다. 역자도 문장을 하나하나씩 번역하는 느낌을 주지만, 실제로 번역자의 눈이 텍스트의 배열 순서에 따라 낱말을 하나하나 따라가는 것은 아니다. 역자는 지면을 위아래로 끊임없이 훑는다. 그렇게 해서 인지적 맥락을 만들어 내며, 이것이 앞선 구절들과 인지적 축적물에 덧붙여져 다수 어의들이 나타나지 못하도록 한다.

정보과학자들은 인지적 맥락의 역할을 의식하고 있다. 허친스와 소머스(p. 88)는 'The man saw the girl with the telescope'라는 중의적 문장의 한 예를 제시하는데, 이는 한 남자가 쌍안경을 가지고 있는 소녀를 본 것일 수도 있고, 한 남자가 쌍안경으로 소녀를 본 것일 수도 있다. 인지적 맥락은 어떤 독자에게도 바른 해결책을 제공했을 것이다. 그러나, 기계는 위의 두 가지 가능성 모두를 제기하고, 정확한 해결책의 선택을 위해 도움을 요구한다.

인간은 문장들을 문법적으로 분석하지 않는다. 사실, 인간의 문법 구조들에 대한 이해는 오래 전에 반사 쪽으로 기울었다. 문장들은 의식적 분석을 요하지 않고, 항상 인지적 보충물을 환기시켜 의미내용과 한 덩어리를 이루어 의미 가정들이 설정되도록 한다(1부, 3.5.3.을 보라). 이를 굳이 지적하는 것은 번역자들이 기계처럼 중의성 문제들에 부닥치고, 기계처럼 중의성 제거 과정을 밟는다고 쓴 것을 가끔 보게 되기 때문이다. 여기에 어떠한 관찰로서도 확인할 수 없는 단언을 정당화하기 위해, 이 과정이 무의식적이라는 말도 덧붙여져 있다. 이는 착각으로, 잘못된 생각이다. 전산 시스템에 그러한 과정이 설정된 것은 기계가 텍스트의 단편들을 해석하기 위해 비언어적 지식에 호소할 수 없기 때문이다. 말하자면, 달리 방법이 없으니까 기계 번역에서는 중의성들의 제거 과정을 밟아야 하는 것이다. 인간은 기계가 아니다. 의사소통 상황의 원어민은 중의성 제거를 하지 않는다. 원어민은 문장을 낱말을 따라가며 이해하는 것이 아니라, 텍스트의 한 덩어리를 단번에 지각하고 이해하는 것이다.

P. 레비[8]에게 이는 자명하다.

> 형태들의 지각이나 인식은 급속히 이루어진다는 데에 그 특징이 있다. 인지 시스템은 감각 포착 기관들의 특정 자극의 분포를 해석하는 데에 수분의 일초밖에 안 걸린다. 우리는 하나의 상황이나 대상을 즉각적으로 인식하며, 간단한 문제의 해결책은 의식적 추론 과정을 거치지 않아도 안다.

---

8. Lévy, P.(1990): *Les technologies de l'intelligence*, Éditions La Découverte, Paris, p. 178.

이러한 점에 있어서 우리는 다른 동물들과 똑같다. 즉각적 지각은 기본적 인지 능력이다.

기계에 그 많은 문제들을 제기하는 언어의 다의성과 중의성이란 잠재적 의미들은 인간에게는 텍스트의 이해를 가능하게 하는 언어 외적 지식이 없을 때에만 존재한다.

4.4.2. 유사점

망들과 하위언어

필자는 동시통역 경험 덕분에 기억 속에 어휘적 대응관계들의 망들, 말하자면 이중어 의미장들이 존재한다는 것을 안다. 이 장의 한 표현이 망 전체를 활성화시키는 것이다. 이 망들은 컴퓨터에서, 기계 번역 소프트웨어인 Titus－여기서는 섬유 산업의 어휘들이 영어와 불어로 입력되어 있다－에서처럼, 'sub-languages 하위언어들'이 그룹지어져 있는 것과 유사하다.

예를 들어, 전기 요금 결정 분야의 일을 정기적으로 하는 통역사는 기술용어들의 대응 표현들을 주저하지 않고 찾아낸다. 'tarif binôme 2부 요금제'는 'two-part tariff', 'tarif à tranches 시간대별 요금제'는 'block tariff', 'tarif horaire 시간 변동 요금제'는 'time-of-day tariff'라고 주저 없이 말한다. 그렇지만 토론 중에 어떤 참여자가 느닷없이 'cuisson à l'étouffée 찜'나 'feston 스칼럽'이 문제가 되는 은유를 사용한다면, 통역사는 당황해서 주저할 것이고, 다른 의미망에 속하는 이 요리나 봉제 관련 용어들을 떠올리는 데에 어려움을 겪을 것이다.

이러한 점에서, 인간의 기억의 작용과 주제의 소어휘집으로의 분류 사이에는 상통점이 있다. 모든 것이 인간의 두뇌가 마치 낱말들을 유추적으로 사용 분야들에 따라 낱말들을 결집시키는 것처럼 진행된다.

코드변환, 인간과 기계의 공통 현상

본서 1부 2장에서 필자는 번역에 있어서 코드변환하지 않고 그 의미를 전달하는 낱말들과 타언어에서 대응표현을 찾아내야 하는 용어들 사이의 차이의 중요성을 보인 바 있다.

기술 용어들은 주어진 한 사용 분야에서는 단일지시적이고, 따라서 비중의적이다. 예를 들어, 제강소에서 (F) 'estampage 드롭 단조법'는 (E) 'drop forging'이다. 물론 이 불어 표현이 다른 분야들이나 다른 언어 층위에서 다른 표현들과 대응관계를 이룰 수는 있다. 랑그 층위에서 다의적인 표현들은 그 사용 분야가 한정되는 즉시 일의적으로 된다. 적용 분야가 알려지면, 랑그 층위에서 텍스트 층위로 바뀌어도 어의가 바뀌지 않는 표현들은, 1부 2.5.3.에서 살펴본 바와 같이, 텍스트 층위에서 코드변환이 가능하다. 이들의 대응관계들은 상대 언어 표현의 환기를 통해 설정된다. 우리는 이러한 대응관계들을 그러한 표현들이 나타나는 텍스트들과는 상관없이 알고 있거나, 알 수 있다. 이러한 표현들은 기계 번역에 큰 편이를 제공한다. C. 베다르[9]는 인적 번역이 기계의 코드변환능력으로부터 커다란 도움을 받을 수 있음을 보이고 있다. 이 문제는 본 장의 말미에서 다시 다룰 것이다.

'전이'의 중의성

우리는 우리들 자신의 언어에서는 하나의 어의만 갖는 것같은 일부 낱말들이 텍스트들에서는 서로 다른 번역들이 필요하도록 실현된다는 사실을 지각하지 못하는 경우가 많다. 예를 들어, (F) 'pourquoi'는 (D) 'warum'과 대응관계가 설정되는 경향이 있지만, 독일어에서는 흔히 'pourquoi faire 무엇하러'나 'pour quelle raison 무슨 이유로'으로, 즉 (D) 'wozu'나 (D) 'weshalb'로 실현된다. 불어 'pourquoi'가 이러한 뉘앙스들을 나타내기는 하지만, 프랑스인들은 그 잠재적 어의들의 일부만이 각 용례에서 실현된다는 것은 잘 의식하지 못한다. 영어의 'river'란 낱말은 단순해 보이지만, 텍

---

9. Bédard, C.(1992): "La prétraduction automatique, outil de productivité et d'évolution professionnelle", *Meta*, vol. 37, n° 4.

스트에서 이 낱말이 지시하는 것에 따라 불어권 화자에겐 'fleuve'로도, 'rivière'로도, 혹은 'cours d'eau'로도 실현된다.

E. 코세리우는 이러한 현상을 지시하기 위해 '외재적 다의성'이라는 표현을 쓴다. 외견상의 단순어가 번역될 때는 다의적인 것으로 드러나는 것이다. 외재적 다의성은 번역자, 번역 기계 모두와 관련되는 현상이다. 번역자가 받는 유혹은 가장 빈번히 쓰이는 대응 표현을 항상 쓰고자 하는 것이고, 번역 기계의 문제는 출발어의 분석으로는 이러한 다의성의 포착이 어렵다는 것이다.

4.4.3. 맥락과 인지적 축적물

위에서 문장들의 의미내용과 결합되어 어휘적 중의성이나 통사적 중의성이 전혀 나타나지 않게 하는 인간에게 있어서의 인지적 보충물, 즉, 인지적 맥락과 인지적 축적물, 탈언어화한 지식이 어떤 것들인지 살펴 본 바 있다. 인지적 맥락은 중의성 억제의 효과만 갖는 것이 아니다. 인지적 맥락은 텍스트들의 이해에 끊임없이 작용하는 새로운 비언어적 지식을 창출하기도 한다. 중의성의 억제 요소로서 인지적 맥락에 도움을 구하는 것을 정보과학자들이 이해는 하지만, 기계상으로 이를 시뮬레이션하기 위해서는 형식화를 하는데, 비언어적 요소들의 형식화가 아주 큰 문제이다.

> 인지적 맥락으로부터 비롯되는 지식을 사용할 수 있는 기계 번역 시스템들은 매우 드물다. 개별적 경우에 중의성 제거를 가능하게 하는 부분적 지식을 어디에서 찾아야 할지 지시해 주는 것이 아무 것도 없기 때문이다.[10]

T. 위노그라드는 이러한 의견에 전적으로 동의하며 인지적 축적물에 관

---

10. Hutchins, W. J. et Somers, H. L.(1992): *op. cit.*, p. 92: "Very few MT systems are able to make use of (such) contextual knowledge for precisely the reason that there is no hard and fast rule about where to look for the piece of 'knowledge' which will help disambiguate in a particular case."

한 'There is a man in the room with a green hat on'(방에 초록색 모자를 쓴 한 남자가 있다)이란 예를 하나 드는데, 그는 "방이 모자를 쓰지 않는다는 것은 다 알고 있기에 이 문장은 사람들에게는 중의적이 아니"라고 지적한다. 그는 덧붙인다. "세상 지식이 없다면, 거의 모든 문장들이 중의적일 것이다."

언어 외적 지식의 번역자와의 관계는 문법적 분석들의 기계와의 관계와 같은 것이다.

텍스트들의 번역에 직면한—따라서 랑그의 층위를 벗어난—전산언어학자들은 차츰차츰 모든 번역이 해석이라는 것을 이해하게 되었다. 이들은 텍스트의 한 문장의 해석이 상당 부분 인지적 보충물에 달려 있다는 것을 이해하게 된 것이다. 요즈음의 시스템들의 설계에서 아직도 언어학적 분석들이 큰 비중을 차지하고는 있지만, 기계가 인간과 조화를 이루도록 하려는 수많은 연구들이 현재 진행되고 있다.

4.5. 기계의 인간으로의 접근

정보과학은 이제 발화들을 맥락 외적, 상황 외적으로 번역하고, 텍스트들의 어휘적 다의성과 구조적 중의성들의 잠재력을 활용하는 데에 만족하지 않는다. 정보과학자들이 코드변환이 번역이 아니라는 것을 이해한 것이다.

그렇지만, 인간의 인지적 축적물과 유사한 것을 기계에 내장시키는 것은 가능하지가 않다. 허친스와 소머스[11]는 이를 확인하고 있다. 이들은, 상대

11. Hutchins, W. J. et Somers, H. L.(1992): *op. cit.*, p. 93: "The problem for MT systems is that it is at present impossible in practice to code and incorporate all the potential (real world) knowledge that might be required to resolve all possible ambiguities in a particular system, even in systems restricted to relatively narrow ranges of context and applications. Despite advances in Artificail Intelligence and in computing technology, the situation is unlikely to improve in the near future : the sheer complexity and intractability of real world know-

적으로 그 적용이 한정된 시스템들의 경우라 할지라도, 가능한 모든 중의성의 해결을 위해 필요한 세상 지식을 코드화하고 기계에 내장시키는 것은 현재로서는 불가능하다고 말한다. 이들은 인공지능과 정보 기술의 발달에도 불구하고, 지식의 복잡성과 이 지식의 형식화의 어려움이 결정적 장애물이 되어 빠른 해결책을 기대하기 어렵기 때문에, 이러한 상황이 가까운 장래에 개선될 가능성은 별로 없다고 말한다.

기계가 개인−저자, 역자, 독자−의 인지적 축적물에 접근 가능할지 필자로서는 의심스럽다. 인지적 축적물은 비언어적 요소인데, 기계는 형식화된 데이터를 갖고만 작업을 할 수 있다. 그렇지만, 정보과학자들이 기계의 한계와, 하나의 텍스트로부터 다른 텍스트로의 전이 과정에서의 인간 행위의 몫을 의식하기 시작했다는 것은 한 단계 발전한 것이다.

4.5.1. 지식 기반

번역을 위해 텍스트들의 해석을 위한 언어 지식 이외의 지식이 필요하다는 인식으로부터 피츠버그 카네기 멜론 대학의 연구들(특히 'Knowledge Based MT 프로젝트'−KBMT)이 비롯되었다. 이는 기계에 하나의 지식 기반을 기계에 제공코자 하는 것으로, 지식 기반이란 한 텍스트의 언어적 중의성 제거의 결과들을 그 텍스트에서 다룬 분야의 지식과 연관짓는 것을 가능케 하는 일련의 지식들을 말한다.

카네기 멜론 프로젝트는 자연어들로부터 독립적인 개념들로 이루어져 있는 '중간 언어'의 도움을 받는데, 이 개념들은 출발 텍스트에 언급되어 있는 사건·상태·개인들을 나타낸다. 이 중간 언어는, 언어 의미들 이외에도, 화용적·담론적 의미, 문장들에 대한 대화자들의 태도, 언어 행위, 주제 구조, 일관성 있는 텍스트들을 구성하기 위한 발화들의 결합 방식 등을 고려하는 것으로 되어 있다.

문장들의 어의를 결정짓기 위해 언어 외적 지식에 도움을 청한다는 원칙

---

ledge are the principal impediments to quick solutions."

은 카네기 멜론의 연구자들과 우리의 해석 모델과의 유사점이다. 그렇지만, 원칙은 동일해도 그 작용 방식은 다를 수밖에 없다. 인간에게서 비언어적인 것이 기계에 있어서는 형태를 취해야 하니 말이다. 기계의 지식 기반은 인간의 인지적 축적물과 그 원칙에 있어서는 상응하나, 그 형태들은 상응하지 않는다. 인지적 축적물은 유추적인 것들로서, 신경 회로에 위치해 있다. 그런데 지식 기반은 개별적 개념들에 의해 표현된다. 게다가, 인간의 언어 외적 지식은 역동적이어서, 텍스트를 읽어감에 따라 인지적 맥락에 더해지는 각 의미 단위마다 증가된다. 인간의 인지적 축적물에 상응하는 모든 데이터들을 기계에 수용하는 것은 실제적으로 매우 어려운 일이므로, 기계의 개입은 아주 한정된 분야들로 제한된다.

많은 연구자들은 '지능적' 기계의 출현 가능성에 대해, 심지어는 그러한 기계의 필요성에 대해서조차 회의적이다. 그래서 그러한 프로젝트의 성공 여부에 대해 아직 무어라 말할 수 없다. 그러한 프로젝트의 실현이 어쩌면 불가능한 것인지 모르나, 지식 기반에 근거한 기계 번역이 나타내보이는 전망은 번역의 건전한 개념에 바탕을 둔 것이다.

4.5.2. 신경망

뇌의 작용에 대한 시뮬레이션들도 몇 년 전부터 시도되고 있다. Messachussets Institute of Technology(MIT)의 것이 대표적인 것으로, 배터리형 컴퓨터를 장착·병렬 처리하여 통사적·의미적·화용적 분석들을 동시에 수행하고 있다.

우리는 인간의 고등 행위들이 지각, 지식과 그 습득의 바탕이 되는 신경망에 기초하고 있다는 것을 알고 있다. 앞선 저술들(1976, 1981, 1984)에서 필자는 여러해 동안 작업을 같이 한 심리학자 J. 바르비제[12]를 언급한 바 있다. 그는 1964년부터 다음과 같은 주장을 하고 있다.

---

12. Barbizet, J.(1964): "Le Problème du codage cérébral, son rôle dans les mécanismes de la mémoire", *Annales médico-psychologique*, Masson, Paris, n° 1, p. 26.

필자는 외적 상황과-지각·지식 그리고 그 상황에 대한 반응의 바탕인-선택적 망의 기능적 작용 사이에 대응관계가 존재한다는 테제를 발전시켜 왔다. 필자가 메타 회로라고 부른 이러한 선택적 망은 하나의 상황에 대한 우리 지식의 제 양상의 각각에 고유한 것이다. 각 메타 회로는 (신경) 임펄스가 일정한 순서로 통과하는 상당수의 뉴런들로 구성되어 있다. 각 뉴런은 임펄스의 통과로 인해 작용하게 되는데, 그 (감각적, 인지적, 정감적 혹은 운동상의) 표현은 빠른 오버랩 형태로 번갈아 나타난다. 이 전체가 바로 우리가 겪고 있는 상황들과 관련된 의식 상태를 구성한다.

이는 텍스트를 읽는 행위-외적 상황과 그에 상응하는 기능적 행위-로 인해 개별 신경망(메타 회로)이 작용하게 되고, 이를 통과하는 신경 임펄스로 인해, 거의 동시적으로 감각적 양상들(철자의 시각적 지각), 인지적 양상들(의미적·언어 외적인 변별적 지식의 환기), 그리고 정감적 양상들(우리는 텍스트를 읽을 때 울기도 하고 웃기도 한다)까지도 나타난다는 것을 뜻한다.

바르비제가 말하는 의식 상태는 비언어적 의미 단계에 해당되는데, 번역에서의 이의 존재는 탈언어화된 텍스트의 한 부분이 다른 언어로 재현될 때 확인된다. 바르비제가 언급한 감각·지각·정감의 세 양상은 '빠른 오버랩 형태로' 거의 동시에 환기된다. 의식 상태를 유발하는 지각의 경우마다 수천의 뉴런들이 거의 동시에 활성화되는 것이다.

인공지능 분야의 일부 연구들에서도 동일한 생각을 찾아볼 수 있다. 다음은 P. 레비[13]의 지적이다.

연관주의 경향의 연구자들은 형식논리적 규칙들보다는 신경 시스템의 작용에 보다 많이 의존한다. 연관주의학자들에 의하면, 인지 시스템들은 여러 상태의 자극으로 나타날 수 있는 수많은 작은 단위들로 구성된 망들이다. 이 단위들의 상태 변화는 이들과 연관된 단위들의 상태와 함수관계에 있다. 그러니까 망들의 모든 변화들에는 국소적 원인들이 있고, 그 결과들이 점차로 전해지는 것이다. 연관주의학자들에게 인지의 패러다임은

13. Lévy, P., *op. cit.*, p. 177.

추론이 아니라 지각이다.

그는 "인간의 절대다수의 추론에서 형식적 연역법들이 사용되지 않는다"고 결론지으며, "논리와 사고의 관계는 직선을 긋기 위한 나무자와 데생과의 관계와 같다"는 비유를 덧붙이고 있다.

기계의 작용을 말하는 사람의 작용과 유사한 것으로 치부해온 것은 어제 오늘의 일이 아니다. 그러므로, 예전의 경향들을 뒤집는 최근의 '신경망들'로의 전환은 아주 반길 일이다. 바야흐로 인간 두뇌의 작용 과정을 기계의 작용으로부터 이해하는 대신에, 인간을 모델로 해서 기계의 작용 모델들을 구축하는 시도들을 하고 있는 것이다.

그런데 이는 F. 크릭14 – 이 학자는 J. 왓슨과 더불어 DNA의 이중나선구조를 발견한 사람이다 – 이 말하는 교묘한 알고리듬 형태가 아니라 인간으로부터 취한 모델이어야 한다. 이 알고리듬은 실제의 두뇌 작용과는 닮은 점이 거의 없다.

'신경망'이라는 용어를 기계에 적용한 것부터가 잘못된 것이다. 크릭은 이에 대해 근본적 비판을 한다. 그에 의하면, 컴퓨터의 '신경망'과 두뇌의 신경망의 상통성이라는 것은 겉모습뿐이다. 그는 말한다. "신경망은 거의 모든 관점에서 비현실적이다. 그런 주장을 하는 사람들 중의 일부도 이를 인정한다." 이어 "대부분의 신경 '모델'은 현실과 충분히 상응하지 못한다. 따라서 진정한 모델들이라고 할 수 없다"고 덧붙인 다음, 다음과 같은 지적을 한다.

> 상당수의 심리학자들과 특히 언어학자들이 인간의 두뇌에 대해 전혀 모르거나, 두뇌에서 무슨 일이 벌어지는가 알려고 하지 않거나, 알려고 해도 두뇌에 대해 아주 미미한 관심밖에 가지지 않는다는 것을 신경학자들은 놀랍게도 늘 확인하게 된다.

---

14. Crick, F.(1989): "Neural Nets and the Brain", *Nature*, 12 January 1989, London.

그의 결론은 이렇다.

> 제대로 돌아가는 기계를 만들어내는 것(예를 들면 배터리 작동 컴퓨터)은 기술 문제이다. 흔히 기술은 과학에 입각한 것이나, 과학과는 다른 목표를 추구한다. 무언가 유용한 일을 하는 것은 괜찮은 기계이다. 반면에, 두뇌를 이해하는 것은 과학의 문제이다. 두뇌는 오랜 진화의 산물이다. 알고자 하는 것은 두뇌가 어떻게 작용할 수 있을 것인가가 아니라, 실제로 그것이 어떻게 작용하는가 하는 것이다.[15]

여기서 J.-P. 사르트르의 말을 빌려 텍스트에 대한 인간적 이해가 무엇인지 상기시킬 필요가 있다. 그가 『문학이란 무엇인가』에서 하는 말이다.[16]

> 읽기가 기계적인 작업이며, 독자는 빛을 받는 필름처럼 기호의 자극을 받는다고 생각해서는 안 된다. 만일 독자가 주의산만하고 피곤하고 어리석고 제정신이 아닌 경우라면, 문장의 거의 모든 관계를 파악하지 못할 것이다. (...) 그러나 독자가 최상의 상태일 때는 그는 낱말들 너머로 한 종합적인 형태를 투사하게 되는데, 이때 문장 하나하나는 그 부분적 기능으로서만 존재할 것이다. (...) 따라서 처음부터 의미는 낱말 속에 간직되어 있는 것이 아니다. 도리어 이 의미가 낱말 하나하나의 어의를 이해할 수 있게 해주는 것이다.

---

15. "Is this what the brain actually does? Alas, the back-drop nets are unrealistic in almost every respect, as indeed some of their inventors have admitted. (...) Most of these neural 'models' are not therefore really models at all, because they do not cerrespond sufficently closely to the real thing (...) It comes as a surprise to neuroscientists to discover that many psychologistes, linguists in particular, have very little or no interest in the actual brain or at least what goes on inside it. (...) Constructing a machine that works (such as a highly parallel computer) is an engineering problem. Engineering is often based on science but its aim is diffrent. A successful piece of engineering is a machine which does something useful. Understanding the brain on the other hand, is a scientific problem. The brain is given to us, the product of a long evolution. We do not want to know how it might work but how it actually does work."
16. Sartre, J.-P.(1985), *op. cit.*, p. 50.

4.6. 컴퓨터를 이용한 인적 번역

오늘날 기계 번역은-용어들이 상대적으로 제한된-텍스트들의 번역이 많이 요구되는 대형 국제기구들에서만 쓰인다. 분량이 많지 않은-기계로 프로그래밍하기에는 시간과 돈이 지나치게 많이 먹히는-기술 텍스트들의 경우에는 문서 처리 프로그램들이 제공되고, 용어 데이터 은행에 접근이 가능한 개인 컴퓨터들은 번역의 실행 주체가 아니라 인적 번역의 도구, 보조구들이 된다.

F. 에르뷜로[17]는 1983년에 컴퓨터의 도움을 십분 받을 수 있는 여러 주요 단계들에 대해 전문 번역가들의 관심을 환기시킨 바 있다.

a) 자료 조사-도서관들이나 자료 센터들을 좇아다니고 기술 잡지들을 샅샅이 뒤지며 입문서들과 기술 서적들을 사모으는 대신에, 모니터의 터치 스크린에서 키워드 몇 개, 조사의 주제를 두드리는 것이 얼마나 간편하고 빠른가? 그렇게만 하면 참고문헌(저서와 잡지, 백과사전, 출판된 보고서), 논문 요약문, 참고로 주어진 텍스트들의 구절들을 얻어가지게 되는 것이다. 그러자면 어떻게 해야 하는가? 맥락상의 낱말, 문헌 정보, 경우에 따라서는 텍스트들을-전체적으로 혹은 그 일부분을-화면상으로나 프린터상으로 제공받을 수 있는, 하나의 몇 개의 데이터 뱅크에 가입하기만 하면 되는 것이다.
b) 용어 조사-해결책은 여기서도 동일하다. 표제어가 외국어로 되어 있는 하나나 몇 개의 어휘 뱅크에 가입해서 용어들의 번역어들을 제공받는다. 그러나 맥락이나 사용 분야가 명시되지 않은 개별적 낱말들은 이에 해당되지 않는다. 대단히 많은 사전들을 참고하고, 이들을 하나하나 수정해야만 발견할 수 있는 것들을 자신의 모니터를 보고 안다는 것은 번역자가 짐을 던 것이다. 또한 기계가 개인 사전을 구축하도록 하는 것도 가능하다. 이는 어려운 조사들의 결과들이 쌓이고 소실되는 카드함보다는 훨씬 쉽다. 기계에는 또다른 이점도 있다. 바로 데이터 뱅크 정보의 갱신인데, 이는 한 사전의 개정판보다도 보다 신속해서, 출판되어 나오기도 전에 벌

17. Herbulot, F.(1983): "TAO : pour un essai de définition", *Traduire*, n° 144, Paris.

써 낡은 것이 되어버리는 경우가 많은 이러한 저술들의 약점들을 부분적으로 보완할 수 있다.

c) 본격적 번역－이 때에도 기계의 특성들이 아주 유용하게 쓰일 수 있으나, 기계에 선택을 기대하지는 말아야 한다. 그건 기계의 몫이 아니라 인간의 몫이다. 하지만, 색인을 작성하고, 두툼한 저서의 부록에 나와 있는 어휘집의 수백이나 되는 용어들을 알파벳 순서로 분류하고, 우리가 메모리에 집어 넣어놓은 굳은 표현들이나 성구, 속담들을 번역하는 것은 기계에 시킬 수 있다. 가동 예약이 가능한 컴퓨터의 경우라면, 기계는 부속품 리스트, 목록, 혹은 선행 작업에 의해 모든 중의성과 가능한 오류들이 제거된 텍스트의 지루한 번역들을 스스로 해낼 수 있다.

1983년에서 1994년까지 십여년이 지났는데, 지금은 많은 번역자들이 이러한 이점들의 한두 개는 활용하고 있다. 지금은 번역자들이 그들의 번역을 녹음기에 구술해서 나중에 옮겨쓰게 했던 시대가 아니다. 오늘날, 단순 문서 처리에서 보다 개선된 도구들에 이르기까지, 컴퓨터의 도움을 받는 번역자들이 점점 더 많아지고 있다.

요즈음은 효율성 제고를 위해 번역가의 '작업장'을 전산화할 뿐 아니라, 번역가 자신들이 솔선하여 이 작업장을 사용에 보다 쾌적하게 만들고자 하는 경향이 두드러지고 있다. 번역가들에게 제공된 도구들 중에서, 특히 언급될 만한 것은 온갖 종류의 사전들의 검색 가능성이다.

기술 용어들은 기계가 가장 번역하기 쉬운 것들이다. 이 기술 용어들은 번역자에게 세 종류의 문제를 제기한다. 번역자가 외국어 용어를 몰라 무슨 뜻인지 알기 위해 외적 도움을 받아야 할 수도 있고(예를 들어 영어 낱말 'hopper'를 모른다), 외국어 용어와 그 모국어 대응어는 알지만 그것이 나타내는 대상이나 개념을 모를 수도 있으며(예를 들어 'hopper-trémie'라는 쌍은 알지만, 그것이 무엇을 나타내는지 모른다), 마지막으로, 번역자가 용어도 알고 그것이 나타내는 대상이나 개념도 알지만, 자신의 언어의 대응어를 모를 수도 있다('hopper'가 무엇인지 알고, 오페라가에서 현재 진행 중인 공사에서 그 대상을 보나, 불어로 뭐라고 하는지는 모른다).

이 세 경우들에 있어서 번역자에게 이중어사전과 적절한 자료들의 참고는 필수적인데, 요즈음에는 번역자가 컴퓨터로 작업하기 때문에 작업실을 벗어나지 않아도 필요한 데이터들을 손에 넣을 수 있다. 번역자들은 이제 사전들과 각종 자료들로 이루어진 엄청난 규모의 서가를 갖추어야 할 필요가 없는 것이다. 중앙처리장치를 통해 이들을 검색할 수가 있는 것이다. 그들 자신의 어휘집들도 컴퓨터에 들어 있어 사용과 갱신이 가능할 뿐 아니라, CD 형태의 모든 사전들, 특수 기술 사전들, 그리고 이와 더불어, 일반 혹은 특수 자료 용어 데이터 은행들의 도움을 받을 수 있다.[18]

C. 베다르[19]는 여기서 한 걸음 더 나아가, 번역자와 번역 기계 사이의 진정한 협력체계라 할 수 있는 것을 분석하고 있다. 이는 기계에게 쉬운 모든 것과 인간에게 어렵고 오래 걸리며 지루한 모든 것을 기계에 맡기고, 인간에게는 쉬우나 기계한테는 어려운 모든 것을 인간에게 맡기는 것이다.

그는 자신의 논문을 'La prétraduction automatique 기계 선번역'이라 이름했는데, '선번역'은 원텍스트의 '프리 에디팅'(4.2.2.를 보라)이 아니라, 기계가 한 애벌 번역이다. 기계는 관사, 대명사, 다의적 어휘어, 시제 일치 등 문제가 되는 것은 번역하지 않는다. 영어 텍스트를 불어로 옮기는 경우, 기계는 번역자에게 절반은 영어이고 절반은 불어인 하나의 번역을 내놓는다. 이 번역은－기술 용어들에 대해 채택된 대응관계들의 예외없는 제시, 번역의 용어상의 일정성, 숫자 등을 오기할지도 모르는 번역자의 부주의에 대한 안심 등－자동 시스템의 이점들을 간직하고 있다. 기계는 시간도 벌게 해준다. 컴퓨터에 의해 실현된 선번역은 번역자에게 타이핑하는 수고도 일부 덜어주는 것이다.

---

18. 유네스코에서 1992년 6월에 가진 IAMLADF(Interagency Meeting on Language arrangements, Documentation and Publication)의 회의에서 IMF의 대표는 기계의 도움을 받는 인적 번역(번역자들은 CD로 텍스트 은행과 용어 은행을 활용할 수 있다)으로 인해 번역자들의 생산성이 30% 증가되었다고 지적했다. 기계 번역은 유엔에서 실험적으로 사용되었으나 성공적은 아니었다. 그래서 전산화는 자료들의 집중 관리 쪽으로 나아가고 있다.
19. Bédard, C.(1992): "La prétraduction automatique", *Meta*, vol. 37, n° 4.

베다르가 생각한 대로의 선번역은 번역자들에게 시간과 노력이 많이 드는 용어 측면의 부담과 텍스트 타이핑의 수고를 상당 부분 면해준다. 이는 '포스트 에디팅'된 기계 번역에 비해 진일보한 것이다. 선번역은, 기계 번역과 마찬가지로, 그것이 적용되는 텍스트의 유형에 따라 유용성과 유효성이 다소 달라진다. 선번역은 단일지시적인 용어들과 굳은 표현들의 비중이 아주 높은 기술 텍스트의 경우에는 만족스러울 수 있다. 그러나 텍스트에서 저자의 표현의 참신성, 개인적 측면이 두드러질수록 그 정도는 점점 덜해질 것이다.

⁂

필자는 우선 독립적 문장들의 중의성 문제들을 다룬 다음, 두뇌의 메커니즘을 모델로 삼아 기계 번역이 번역 문제들을 해결하려 한 방식을 분석했으나, 기계 번역을 폄하하거나 컴퓨터나 전산언어학자들을 비난하려는 것은 아니었다. 왜 그러겠는가? 컴퓨터가 사회를 변화시키고, 각 번역자에게 높은 품질의 보조구들을 제공할 시점에 와 있지 않은가?

그렇지만, 현재 기계의 작동 방식들과 번역자의 방식들 사이에 지속적인 혼동이 있다는 점은 강조하여 지적하지 않을 수 없다. 사용되는 어휘들을 보면 그것을 알 수 있다. 필자는 '말하는 parler' 것을 '코드화한다 encoder'고 하고, 우리가 '이해하는 comprendre' 것을 '코드풀이한다 décoder'고 하는 사람들을 비판한 바 있다. '텍스트'라는 말의 쓰임새도 마찬가지이다. '텍스트'가 작품으로서의 텍스트를 말하는 것인지, 컴퓨터로 처리된 낱말이나 문장들을 늘어놓은 것을 말하는 것인지 알 수가 없다. 'sémantique 의미(적)'란 말도 그렇다. 기호들의 의미 측면을 말하는가, 어휘나 문장의 시니피앙과 불가분의 관계에 있는 비언어적 부분을 말하는가, 아니면 언어 외적 구성요소, 즉, 인지적 축적물(세상 지식)과 인지적 맥락(텍스트의 읽고 얻은 인지적 축적물)을 말하는가?

이러한 용어상의 혼동은 유감스러운 것이다. 컴퓨터의 작동 방식을 두뇌의 작용 방식에 너무 쉽사리 그대로 적용하려는 것은 더욱 유감스러운 일이다. 컴퓨터의 회로는 두뇌의 신경들의 다양한 연결망과 닮은 데가 있다. 두뇌가 외부 세계와 내부 세계로부터 오는 자극들을 받아 처리하는 것과 마찬가지로, 컴퓨터도 임펄스들을 받아 전달하며, 신호들의 방향을 정하고 답들을 생성하며 그 작용들을 기록한다. 그렇지만 컴퓨터는 인간과 달리 형식 언어를 통해서만 작동된다. 그러나 인간이 자신의 언어－하나의 어휘부와 형태론 규칙들과 조합 규칙들－밖에 모르고, 언어 외적 지식의 도움 없이, 말을 자신의 언어 능력에만 의존하여 이해한다는 것은 생각할 수가 없다.

'코드변환기계'라는 것에 대한 번역가들의 주저는 일리가 있다. 그런데 기계 번역이라는 근본 개념이 내세운 단순화 옵션－언어들의 번역－에 끌린 대중은 기계 번역을 인적 번역의 모델로 본 것이다.

영향력이 아주 컸던 일부 저술들이 이러한 관점에서 쓰여졌다. 예를 들어, G. 무냉의 『번역의 이론적 문제』의 경우가 그러한데, 이 책은 『언어 번역의 문제』라고 이름하는 것이 오히려 나았을 것이다. 무냉은 번역에서 낱말들의 불일치밖에 보지 못했다. 번역을 주저없이 언어학의 휘하에 자리하게 한 무냉은, 명백한 것들만이 과학을 표방할 수 있었고, 언어학이 언어를 설명한다 했던 1960년대의 주도적 경향을 따른 것이다. 그러한 그도 결국은 "의사소통은 화자와 청자 혹은 저자와 역자가 공유하는 상황에 비추어봄으로써 가능하다"는 것을 인정했다.

한편 J. C. 캣포드는 1965년에 『번역의 언어학 이론』이라는 제목의 책을 냈는데, 이 역시 『언어 번역의 문제』라고 이름짓는 것이 나았을 것이다. 이 책에서는 무냉보다도 더욱 분명하게 기계 번역의 관점에서 언어들간의 불일치만을 문제삼는다.

연구에 수십억 달러를 쏟아붇고, 수천명의 연구자들이 전념했고, 현재도 전념하고 있는 기계 번역과, 기계 번역으로 인해 전개된 산업적 전망이 고작 몇백의 언어학자들의 언어 번역을 두둔하는 결과가 된다는 것은 정상이 아니다. 물론 이들이 정보과학 혁명을 지지하는 것을 탓하는 것은 아니다.

그러나 드러나지 않은 하나의 편견은 비난받아 마땅하다. 인적 번역에 대해 말한다면서 언어들의 번역traduction des langues을 다루고, 따라서-원하건 원치 않건-기계 번역을 다루는 것 말이다.

후 기

세상은 날로 좁아져가고, 문화들은 획일화되며 가까워져가는데, 번역은 인정 못 받는 역할을 하고 있다. 번역의 여러 가지 임무 중 하나는 지구상 여러 다른 나라들의 나라말과 문화의 생존을 보장하는 것이다.

주도적 문화권의 글들이 '소수' 언어들로 번역되지 않는다면, 각자 그 주도적 문화의 언어를 배우려 애쓰게 된다. 그렇게 되면, 소수 사용언어들은 점차 버림받게 될 것이고, 동시에 이 언어들의 기억을 담고 있으며 그 발전의 기반이 되는 문화들도 버림받게 될 것이다. 또한 주도적 문화권 글들이 잘못 번역되거나 원문의 의미가 번역들에서 왜곡되거나 역어가 충분히 존중되지 않는 경우, 그 역어는 퇴락해버려 그 사용자들의 사고의 명석함을 보장할 수 없게 된다.

이와 반대로, 소수 사용언어를 통해 표현되는 문화들이 번역을 매개로 다수 사용 언어권에서 자신들을 드러낼 방도를 갖지 못하면, 비행기가 몇 시간 안에 세상의 다른 쪽 끝에 우리를 실어다 주고, 텔레커뮤니케이션으로 몇 초 안으로 우리가 그런 곳과 연결된다 해도 아무 소용이 없다. 우리는 우리 자신의 세상을 옮기는 것일 뿐, 가까워진다고 생각했던 문화들과 가까워지는 것이 아니기 때문이다.

"번역가는 세계 문화들의 파수꾼이요, 보호자요, 전파자이다." 이는 파리 3대학 총장 앙리 베아르 교수가 〈나라말들을 살려야 하는가?〉라는 제하에 1983년에 있었던 심포지엄의 개회사에서 한 말이다.

이 파수꾼·보호자·전파자의 역할을 번역가가 효과적으로 수행하기 위해서는 일부가 보유하고 있는 재능에 성찰과 육성이 뒤따라 많은 사람들이 인도를 받아야 할 것이다.

역자 후기

오늘날의 번역 이론들 중 대표적인 것의 하나가 바로 본서에서 설명해 보이고 있는, 〈의미 이론〉이라고도 하는 에지트의 〈해석 이론〉이다. 이 이론의 '창시자'는 본서의 저자인 르드레르 교수의 스승이자 에지트의 선임 원장이기도 했던 다니카 셀레스코비치 교수이고, 르드레르 교수는 이 셀레스코비치 교수를 가장 가까이에서 도왔던 분이다.

르드레르 교수가 본서에서 밝히고 있듯이, 이 〈해석 이론〉의 연원은 통역이고, 그런 연유에서 이 이론이 통역을 비롯하여 실용 번역, 기술 번역 등에서 특히 호응을 얻고 있는 것은 사실이나, 현 에지트 원장인 F. 이즈라엘 교수의 논문들에서 그 가능성을 충분히 엿볼 수 있듯이, 문학 번역에의 적용 가능성도 열려 있다.

〈동일성, 이타성, 등가성? 관계로서의 번역〉이라는 주제로 2000년 5월 말에 에지트에서 개최된 르드레르 교수를 기리는 국제 콜로크에 발표된 논문들은 〈해석 이론〉의 다양한 적용 가능성과 다른 이론들과의 공존·조화의 가능성을 보여주는 것들로, E. A. 나이다 교수를 비롯하여 여러 나라에서 콜로크에 참석했던 번역학자·통역학자들의 진지한 성찰과 열띤 토론의 대상이었다.

르드레르 교수가 원본의 잘못된 곳들로 역자에게 지적해주신 20여 군데는 번역에서 모두 고쳤고, 그 외 저자가 미처 지적하지 못한 인용 저서명이나 인용 순서·쪽 등의 잘못도 눈에 띈 것들은 원전들을 참고하여 모두 바로잡았다. 참고문헌에서 생략되어 있는 논문들의 쪽수도 독자들의 편의를 위해 가능한 것은 모두 채워넣었다.

번역에 대한 번역이라—번역치고 쉬운 것이 있겠는가마는—기간까지 연장해가며 나름대로 정성을 기울였으나, 미흡한 점, 부족한 점이 적지 않을 것이다. 크게 잘못된 곳이 없다면 그나마 다행일 것이다. 〈해석 이론〉을 번역한다면서 〈해석 이론〉에 누가 되지 않았기를 바랄 뿐이다.

2001년 5월 안암동 연구실에서
역자 전 성 기

ANNEXE 1

Cannery Row

J. Steinbeck

CHAPTER XIV

Early morning is a time of magic in Cannery Row. In the gray time after the light has come and before the sun has risen, the Row seems to hang suspended out of time in a silvery light. The street lights go out, and the weeds are a brilliant green. The corrugated iron of the canneries glows with the pearly lucence of platinum or old pewter. No automobiles are running then. The street is silent of progress and business. And the rush and drag of the waves can be heard as they splash in among the piles of the canneries. It is a time of great peace, a deserted time, a little era of rest. Cats drip over the fences and slither like syrup over the ground to look for fish heads. Silent early morning dogs parade majestically picking and choosing judiciously whereon to pee. The sea gulls come flapping in to sit on the cannery roofs to await the day of refuse. They sit on the roof peaks shoulder to shoulder. From the rocks near the Hopkins Marine Station comes the barking of sea lions like the baying of hounds. The air is cool and fresh. In the back gardens the gophers push up the morning mounds of fresh damp earth and they creep out and drag flowers into their holes. Very few people are about, just enough to make it seem more deserted than it is. One of Dora's girls comes home from a call on a patron too wealthy or too sick to visit the Bear Flag. Her makeup is a little sticky and her feet are tired. Lee Chong brings the garbage cans out and stands them on the curb. The old Chinaman comes out of the sea and flap-flaps across the street and up past the Palace. The cannery watchmen look out and blink at the morning light. The bouncer at the Bear Flag steps out on the porch in his shirt-sleeves and stretches and yawns and scratches his stomach. The snores of Mr. Malloy′s tenants in the pipes have a deep tunnelly quality. It is the hour of the pearl—the interval between day and night when time stops and examines itself.

On such a morning and in such a light two soldiers and two girls strolled easily along the street. They had come out of La Ida and they were very tired and very happy. The girls were hefty, big breasted and strong and their blonde hair was in slight disarray. They wore printed rayon party dresses, wrinkled now and clinging to their convexities. And each girl wore a soldier′s cap, one far back on her head and the other with the visor down almost on her nose. They were full-lipped, broad-nosed, hippy girls and they were very tired.

The soldier′s tunics were unbuttoned and their belts were threaded through their epaulets. The ties were pulled down a little so the shirt collars could be unbuttoned. And the soldiers wore the girls′ hats, one a tiny yellow straw boater with a bunch of daisies on the crown, the other a white knitted half-hat to which medallions of blue cellophane adhered. They walked holding hands, swinging their hands rhythmically. The soldier on the outside had a large brown paper bag filled with cold canned beer. They strolled softly in the pearly light. They smiled delicately like weary children remembering a party. They looked at one another and smiled and they swung their hands. Past the Bear Flag they went and said "Hiya," to the bouncer who was scratching his stomach. They listened to the snores from the pipes and laughed a little. At Lee Chong's they stopped and looked into the messy display window where tools and clothes and food crowded for attention. Swinging their hands and scuffing their feet, they came to the end of Cannery Row and turned up to the railroad track. The girls climbed up on the rails and walked along on them and the soldiers put their arms around the plump waists to keep them from falling. Then they went past the boat works and turned down into the park-like property of the Hopkins Marine Station. There is a tiny curved beach in front of the station, a miniature beach between little reefs. The gentle morning waves licked up the beach and whispered softly. The fine smell of seaweed came from the exposed rocks. As the four came to the beach a sliver of the sun broke over Tom Work's land across the head of the bay and it gilded the water and made the rocks yellow. The girls sat formally down in the sand, and straightened their skirts over their knees. One of the soldiers punched holes in four cans of beer and handed them around. And then the men lay down and put their heads in the girls'laps and looked up into their faces. And they smiled at each other, a tired and peaceful and wonderful secret.

From up near the station came the barking of a dog—the watchman, a dark and surly man, had seen them and his black and surly cocker spaniel had seen them. He shouted at them and his black and surly cocker spaniel had seen them and when they did not move he came down on the beach and his dog barked monotonously. "Don't you know you can't lay around here? You got to get off. This is private property!"

The soldiers did not even seem to hear him. They smiled on and the girls were stroking their hair over the temples. At last in slow motion one of the soldiers turned his head so that his cheek was cradled between the girl's legs. He smiled benevolently at the caretaker. "Why don't you take a flying fuggut the moon?" he said kindly and he turned back to look at the girl.

The sun lighted her blonde hair and she scratched him over one ear. They didn't even see the caretaker go back to his house.

John STEINBECK, *Cannery Row*, Bantam Books, New York.

불어 번역

CHAPITRE XIV

Le lever du jour est un moment magique, dans la Rue de la Sardine. Quand le soleil n'a pas encore percé l'horizon gris, la Rue paraît suspendue hors du temps, enveloppée d'une lueur d'argent. Les réverbères sont éteints, l'herbe prend des tons d'émeraude, la ferraille des conserveries prend des reflets de perle, de platine, et d'étain vieilli. Pas encore d'automobiles. Le progrès, les affaires, tout dort. Rien que le va-et-vient des vagues contre les pilotis des conserveries. C'est la paix absolue, c'est le repos, le temps lui-même s'est effacé. Les chats sortent des buissons, glissent sur terre à pas sirupeux, à la recherche des têtes de poissons. Les chiens matineux paradent majestueusement, en quête eux aussi, de leur provende. Les mouettes aux ailes déployées viennent se poser côte à côte sur les toits des conserveries, attendant leur festin d'ordures. La brise marine, venue de la Station Hopkins, porte l'aboiement des lions de mer, on dirait celui d'une meute; l'air est frais; derrière les maisons, dans les jardins, les taupes sortent de leurs trous, bousculent les petits monticules de terre emperlée de rosée, et ramènent des fleurs dans leurs trous. Presque personne : juste ce qu'il faut pour donner l'impression de la solitude et de l'abandon. Une fille de chez Dora revient de chez un client, trop riche ou trop malade pour aller jusqu'au Drapeau de l'Ours. Son maquillage est un peu empâté, et ses pieds paraissent très las. Lee Chong sort ses poubelles et les dépose sur le trottoir. Le Chinois sort de l'Océan et fait clapoter sa semelle le long de la rue, au-delà du Palace. Les gardiens de nuit sortent des conserveries et clignent des yeux devant la lumière matinale. Le costaud du Drapeau de l'Ours, en manches de chemise, fait quelques pas devant le porche, bâille, et se gratte l'estomac. Les ronflements des locataires de monsieur Malloy évoquent la résonance d'un tunnel. C'est l'heure emperlée, à mi-chemin de la nuit et du jour, lorsque le temps s'arrête et s'interroge.

Par un de ces matins, sous cette même lumière, deux soldats et deux filles flânaient paresseusement dans la rue. Ils sortaient de La Ida, ils étaient fatigués, béats. C'étaient deux filles vigoureuses et larges de poitrine, dont les cheveux blonds voletaient et retombaient en mèches folles. Habillées de robes de soirée en rayonne imprimée, un peu pendantes, un peu fripées. Chaque fille était coiffée d'une casquette militaire, l'une d'elles l'avait posée tout à fait en arrière, l'autre avait ramené la visière sur le bout de son nez. Elles avaient de grosses lèvres, de gros nez, des croupes de percherons, et elles étaient très fatiguées.

Les soldats avaient déboutonné leur tunique et passé leur ceinture dans leurs épaulettes, ils avaient défait leur cravate afin de pouvoir ouvrir leur col, et ils avaient coiffé les chapeaux des filles : l'un avait le chef adorné d'une paille jaune surmontée d'un bouquet de pâquerettes, l'autre portait un bonnichon de tricot blanc décoré de médaillons de cellophane bleue. Soldats et filles se tenaient par la main et balançaient leurs mains en mesure. Le soldat qui marchait sur le bord du trottoir portait un cabas de papier brun, rempli de bière en boîtes, et tous quatre avançaient doucement dans la lumière aux tons nacrés : ils venaient de passer une nuit du tonnerre de Dieu, et la vie était rudement belle. Et ils souriaient comme sourient les enfants au souvenir d'une fête. Chaque couple se regardait, souriait, et balançait ses mains de plus belle. En passant devant le Drapeau de l'Ours, ils saluèrent le gérant d'un « Hi-Ya ! » retentissant, et le ronflement qui sortait des tuyaux les fit rire. Une petite pause devant la vitrine de Lee Chong, où les outils, les vêtements et les victuailles s'étalaient en désordre, forçant l'attention. Bras balancés et pieds traînants, ils atteignirent le bout de la rue, et tournèrent, à la voie ferrée. Les filles s'étaient mises à marcher sur un rail, et pour les empêcher de tomber, les soldats entouraient de leurs bras les tailles épaisses...

Ils passèrent ensuite devant le chantier des bateaux et franchirent le beau jardin de la Station Hopkins, devant laquelle s'étend une plage en miniature, entre deux petits récifs. Les charmantes vagues matinales léchaient la plage en poussant des soupirs charmants, le varech embaumait, sur les rochers. Comme ils débouchaient sur la plage, un rayon de soleil s'alluma au-dessus de la baie, étala de l'or sur les eaux, du jaune de chrome sur les rochers. Les filles s'assirent cérémonieusement sur le sable, en tirant leurs jupes sur leurs genoux. L'un des soldats perça des trous dans les boîtes contenant la bière, et les passa à la ronde. Et puis, les hommes s'allongèrent, la tête posée sur les genoux des filles et le regard levé vers elles. Ils se souriaient, ils échangeaient un las, un paisible, un merveilleux secret.

On entendit un chien aboyer, du côté de la Station : le gardien de nuit, un corps sombre et morose, les avait aperçus, et son cocker, un chien sombre et morose comme lui, les avait aperçus aussi. Il les interpella, mais ne les voyant pas bouger, il vint à eux, suivi d'aboiements monotones.

« Vous avez pas fini de vous coucher là ? Sortez-moi de là ! Vous êtes dans une propriété privée ! »

Les soldats faisaient mine de ne pas l'entendre. Ils se contentaient de sourire, les filles arrangeaient leurs cheveux. À la fin, lentement, l'un des soldats tourna la tête, et sa joue s'enterra entre les genoux de la fille. Il eut un sourire charitable pour le gardien : « Pourquoi que vous allez pas faire un petit tour dans la lune? » lui demanda-t-il avec bonté, puis il se retourna pour contempler la fille.

Le soleil jouait sur ses cheveux blonds, elle lui chatouilla l'oreille. Ils ne s'aperçurent même pas que le gardien était retourné chez lui.

John STEINBECK, *Cannery Row*,
M. PAZ 번역 :
Rue de la Sardine, Collection « Folio », Gallimard.

한국어 번역

14장

통조림 공장 거리의 아침은 마치 마술과도 같다.

빛은 서서히 들어오고는 있지만 태양은 아직 뜨지 않은 그런 중간 상태의 사간에 통조림공장 마을은 은백색의 빛 속에 붕 떠 있는 듯한 모습을 보이고 있다. 가로등불은 하나 둘씩 꺼져가고 잡초들은 생기있는 초록빛으로 되돌아간다.

통조림공장 마을의 건축구조를 이루고 있는 철판구조물들은 플래티늄이나 주석에서 볼 수 있는 진줏빛으로 반짝이고 있었다. 차량은 이 시간에 볼 수가 없다. 거리는 조용하여 어떤 움직임도 볼 수가 없을 정도이며 인접한 바다의 파돗소리만 들릴 뿐이다. 이 시간은 고요한 평화의 시간이며 사람을 볼 수 없는 그야말로 휴식의 시간이다.

고양이들은 집울타리를 넘어서 공장에서 내다버린 생선대가리를 구하려고 밖으로 나오고 있었으며 개들은 위엄있게 줄을 지어 행진하면서 오줌눌 자리를 물색하고 있었다. 갈매기들도 통조림공장 지붕 위로 내려와 앉아서는 공장에서 찌거기들을 내다 버려주기를 기다리고 있었다. 이들은 어깨를 나란히 한 채 죽 늘어서 앉아 있었다.

홉킨스 부두 근처의 바위에서는 바다표범들이 개짖듯이 짖어대는 소리가 들렸고 공기는 바닷공기여서인지 차갑고도 신선했다. 뒷동산에서는 들쥐들이 자기들의 보금자리인 흙더미를 제치고 밖으로 나와 살금살금 기어서 꽃과 나무잎사귀를 가지고 안으로 되돌아간다.

도라의 아가씨들 중 하나가 잘 사는 놈, 혹은 몸이 좋질 않아 클럽으로 직접 가서 여자와 노닥거리며 술을 마실 수 없는 그런 놈의 집을 방문해 일을 끝내고 클럽으로 돌아가고 있었다. 그녀의 화장은 흐트러져 있었고 그녀의 다리는 피로해 보였다.

리청은 쓰레기통을 밖으로 가지고 나와 길모퉁이에 내다 놓았다. 그 중국인 노인은 바닷가 근처에서 밖으로 나와 밑창 떨어진 신발을 신고 덜그

덕 소리를 내며 팰러스를 지나갔다.

통조림공장의 경비원들이 창밖을 내다보고는 밝게 빛나는 아침해를 보며 눈이 부시다는 표정을 지어보였다. 도라의 베어 플래그 경비원은 셔츠바람으로 현관문 앞에 나와 기지개를 켜고 하품을 해대며 배를 긁었다. 샘 말로이의 파이프 속에 세들어 있는 젊은 친구들의 코고는 소리가 그 긴 터널을 통해 들려오고 있었다.

정말로 진주와도 같은 시간이다. 시간이란 놈이 멈추어서 자신을 점검해보는 그런, 낮과 밤의 중간대이다. 이러한 아침, 이러한 빛이 비치는 시간에 두 명의 군인과 아가씨들이 편안한 모습으로 거리를 걷고 있었다. 그들은 라이다 클럽에서 이제 막 나왔던 것이며 상당히 피곤해 보였지만 행복해 하는 것 같았다.

아가씨들은 건강하고 가슴이 풍만하였으며 그들의 금발머리는 약간 헝클어져 있었다. 그들은 예쁜 파티드레스를 입고 있었으며 이 드레스가 그녀들의 볼록한 부분의 윤곽을 선명하게 드러내주고 있었다.

아가씨들은 군인들의 모자를 쓰고 있었는데 하나는 머리 뒷부분에 살짝 걸친 채, 다른 아가씨는 모자챙을 코부분에까지 바짝 내린 채로 쓰고 있었다. 이들은 입술이 두툼하고 코는 넓은 히피족 아가씨들이었다.

군인들의 상의는 단추가 풀려 있었고 그들이 맨 벨트는 어깨 견장과 연결이 되어 있었다. 넥타이는 풀어헤친 채 건들거리고 아가씨들의 모자는 군인들이 쓰고 있었다.

하나는 밀짚으로 만든 작고 노란 모자를 썼으며 그 위에는 한 뭉치의 데이지꽃이 꽂혀 있었다. 또 다른 군인 하나는 털실로 짠 흰 모자를 쓰고 있었으며 이 모자에는 파란 셀로판지로 만든 작은 메달 같은 것이 붙어 있었다.

그들은 서로 손을 걸었다. 이들은 손을 박자에 맞추어 흔들었다. 바깥 쪽에 위치한 군인은 차가운 캔 맥주가 들어 있는 커다란 갈색의 종이 백을 들고 있었다. 이들은 진주빛으로 빛나는 이 거리를 누비며 활보했다. 그들은 멋진 시간을 보내고 있었으며 무척이나 행복해 보였다. 그들은 조금 전에 있었던 파티를 상기하면서 어린애들처럼 미소를 지으며 서로 바라보았다.

베어 플래그를 지나가는 도중에 밖에 나와 배를 긁적대고 있던 그 경비원을 보고는 "어이!" 하고 말을 건넸다. 그리고는 파이프를 통해서 들리는 코고는 소리에 낄낄대며 웃었다.

그들은 지나가는 사람들의 관심을 끌기 위해 진열해 놓은 리청의 가게의 연장, 옷, 음식 등을 쇼윈도를 통해서 보고는 발길을 멈추었다.

손을 흔들며 발을 땅바닥에 대고 끌며 가는 동안에 어느덧 통조림공장 마을 맨 끝에 위치한 기차철로에 도착하게 되었다. 아가씨들은 철로 위에 올라가 기찻길을 따라 걸었다. 군인들은 이들을 떨어지지 않게 보호하려고 이들의 통통한 허리에다가 팔을 감았다.

어느덧 배 만드는 작업장을 지나 홉킨스 부둣가에까지 도착했다. 이 부두 앞에는 굴곡이 진 작은 해안이 있었다. 작은 암초들이 중간중간에 나와 있는 그런 해안이었으며 신선한 해초냄새가 그곳에서부터 풍겨오고 있었다.

이 네 사람들이 해안가에 도착하자 아가씨들은 치마를 가지런히 펼쳐 무릎을 덮은 채 모래사장 위에 앉았다. 군인들 중 하나가 캔 맥주 네 개를 따서 죽 돌렸다. 그리고 군인들은 누워서 그들의 머리를 아가씨들의 무릎 위에 올려 놓고는 그녀들의 얼굴을 쳐다보았다. 그리고 미소를 지었다.

그때 갑자기 부둣가 근처에서 개짖는 소리가 나더니 얼굴을 찡그린 시커먼 경비원과 그의 경비용 개가 그들을 향해 소리쳤다. 이 소리를 듣고도 그들은 꿈쩍도 하지 않았다. 그러자 경비원은 해안가로 내려왔다.

"이 근처에는 아무도 들어올 수가 없다는 것을 당신네들은 모르시오? 당장들 떠나시오! 이곳은 개인 소유의 구역이란 말이오."

군인들은 그의 말을 듣는 시늉도 하지 않았다. 그들은 여전히 아가씨들을 응시하며 미소짓고 있었고 그녀들도 군인들의 머리카락을 손으로 쓰다듬고 있었다. 마침내 군인들 중 하나가 아가씨의 다리 사이에 자기 뺨에 갖다 대기 위해 천천히 고개를 옆으로 돌렸다. 그리고는 그 경비원을 바라보면서 미소를 지었다.

"할 일 없으면 집에 가서 낮잠이나 주무시지?"

그는 이렇게 친절히 말한 후 고개를 다시 돌려 그 아가씨를 쳐다보았다. 태양빛은 그녀의 금발머리를 빛나게 해주었으며 그녀는 그 군인의 한쪽 귀를 부드럽게 쓰다듬었다. 그 경비원은 자기 집으로 되돌아가 버렸다. 그들을 뒤돌아보지도 않은 채로 말이다.

허창수 번역

ANNEXE 2

The Woman behind the Woman

Art Buchwald

Behind every liberated woman, there is another woman who has to do the dirty work for her.

I discovered this talking to Lila Peabody. Lila works for a law firm from nine to five, or six, or seven, depending on what case she is involved in.

Lila told me she couldn't do it if it wasn't for Juanita.

"Who is Juanita?" I wanted to know.

"Juanita takes care of the house and the children, and cooks our meals. I couldn't work if it weren't for her, and the fact the Safeway stays open until nine."

"You pay her?"

"Of course I pay her," Lila said. "Half my salary goes to Juanita."

"You mean your husband doesn't contribute to her wages?"

"No. He insists if I want to work I have to pay somebody to do the things I had to give up when I took my job."

"That doesn't seem fair. I should think he would be proud of you for being a lawyer and making it in a man's world."

"He is, as long as there is somebody at home. Frankly, I think he's more proud of Juanita. She always knows where his shirts are."

"I didn't know there was such a high price for women's liberation."

"There is if you're married and have to keep a house. For

every liberated woman you see in an office, there is another woman behind her providing the support system for the marriage. If the woman is divorced and has children it's even more costly, because no ex-husband is going to pay for his wife and also the woman who has to take care of his kids."

"But at least you're a person in your own right," I said.

"I am as long as Juanita doesn't quit. It isn't easy to find someone who will be housekeeper and take care of the kids, and wait until you get home at night. I've been through three Juanitas in two years. One came from El Salvador, another from Ecuador, and this one is from Bolivia."

"Your Spanish must be very good by now."

"It's perfect, but frankly we're all getting a little tired of fried beans."

"It seems ironic that in order to be free, a woman must find another woman to replace her."

"There's no choice. A husband is willing to go along with a liberated wife as long as things are running smoothly at home. But one breakdown in the support system and then he starts screaming he didn't marry a woman who would ignore her house and children."

"But every magazine you read in the supermarket features husbands of working wives sharing the household duties."

"The magazines are the only place you see them. The American male is prepared to accept that his wife should be free to do her own thing, as long as everything else is done as well. When we go to parties, my husband introduces me proudly to everyone as 'my wife the lawyer'. When we get home at night, he wants to know why there are no clean sheets on the bed."

"It's funny," I said "until I talked to you, I thought every liberated woman had it made. I always saw you as someone who had the best of both worlds. Now it turns out that without Juanita mopping floors, you wouldn't be liberated at all"

"You've got the picture," Lila said. "Any married woman who wants to be liberated better have a good pal in a Latin American employment agency."

"What happens when your support system gets sick?"

"I stay home and everyone in the law firm says, 'We knew this would happen if we hired a woman lawyer.'"

Art BUCHWALD, « The Woman behind the Woman »,
While Reagan slept, Fawcett Crest, New York.

역자 1

Derrière chaque femme libérée il s'en cache une autre qui fait le sale boulot à sa place.

C'est ce que j'ai découvert en parlant à Lila Peabody. Lila travaille dans un cabinet d'avocats de neuf heures du matin à cinq, six, voire sept heures du soir, selon l'affaire dont elle s'occupe.

Lila m'a avoué que sans Juanita, elle n'y arriverait pas. « Juanita, qui est-ce ? », lui ai-je demandé.

« Juanita s'occupe de la maison et des enfants, et elle fait la cuisine. Si elle n'était pas là et si le Safeway n'était pas ouvert jusqu'à neuf heures du soir, je ne pourrais pas travailler.

« C'est vous qui la payez ? »

« Bien sûr », rétorqua Lila, « la moitié de mon salaire y passe. »

« Mais comment, votre mari ne vous aide pas? »

« Oh non! Il est catégorique, puisque je veux travailler c'est à moi de payer celle qui me remplace à la maison. »

« Ça n'est pas très chic. J'aurais cru qu'il serait fier que vous soyez avocate et que vous réussissiez dans un travail d'homme. »

« Mais il est fier de moi... tant que quelqu'un s'occupe de la maison. Entre nous d'ailleurs, je crois qu'il est encore plus fier de Juanita. Elle sait toujours où sont ses chemises. »

« Je n'aurais jamais cru que les femmes devaient payer si cher leur émancipation. »

« Oh! si, quand on est mariée et qu'on a une maison à tenir. Derrière chacune des femmes libérées que vous voyez dans un bureau, il y en a une autre qui fait suivre l'intendance pour la paix du ménage. Le prix à payer est encore plus lourd pour les femmes divorcées qui ont la garde de leurs enfants. Connaissez-vous un seul homme qui accepterait non seulement de verser une pension alimentaire à son ex-femme mais, en plus, de lui payer une employée de maison? »

« Mais au moins, vous êtes une personne à part entière. »

« Tant que Juanita ne me laisse pas tomber. Ce n'est pas facile de trouver quelqu'un qui fait le ménage, s'occupe des enfants et reste là jusqu'à ce que Madame rentre du bureau. En deux ans, j'ai eu trois Juanita, une Salvadorienne, une Équatorienne et maintenant celle-ci, qui est Bolivienne. »

« Alors, vous devez commencer à bien parler l'espagnol. »

« Ah ! oui, de ce côté-là je ne peux pas me plaindre, par contre les haricots rouges commencent à nous sortir un peu par les yeux dans la famille! »

« Qu'une femme doive se faire remplacer par une autre pour être libre, ça me semble paradoxal. »

« Avons-nous le choix? Les hommes veulent bien d'une femme libérée, pourvu que son émancipation ne nuise pas à la vie de famille. Sinon, au moindre accroc ils se mettent à crier qu'ils ne se sont pas mariés pour vivre avec une femme qui néglige ses enfants et sa maison. »

« Pourtant, tous les magazines populaires nous montrent des couples qui travaillent et où mari et femme partagent les travaux du ménage. »

« C'est bien le malheur, ces hommes-là ils sont tous dans les magazines, pas ailleurs. L'homme, en Amérique, veut bien que sa femme mène sa vie comme elle l'entend, pourvu que rien ne change dans sa vie à lui. Quand nous sortons ensemble, mon mari est fier de me présenter à ses amis : « Voici ma femme, elle est avocate. » Mais, de retour chez nous, après la soirée, il fait tout une histoire si les draps n'ont pas été changés. »

« Curieux. Et moi qui pensais que les femmes libérées avaient gagné la partie. J'avais l'impression que vous cumuliez tous les avantages. Pourtant, si je saisis bien, pas de Juanita pour passer le torchon, pas de liberation! »

« Vous y êtes ! Une femme mariée qui veut pouvoir se dire libérée a intérêt à avoir des amis dans une agence de placement de personnel latino-américain. »

« Et si votre alter ego tombe malade ? Qu'est-ce qui se passe ? »

« Je n'ai plus qu'à rester à la maison. Et tout le monde au cabinet se dit : "Je le savais. C'est toujours la même chose quand on embauche une femme". »

박사과정 세미나 번역 습작

역자 2

Derrière chaque femme libérée il s'en cache une autre, en tablier.

Je l'ai compris en bavardant avec Lila Peabody. Lila travaille dans un cabinet d'avocats de neuf heures du matin à cinq, six, voire sept heures du soir selon les dossiers dont elle est chargée.

Elle m'a confié que, si elle peut travailler, c'est grace à Juanita.

Bien entendu, j'ai voulu savoir qui était Juanita.

« Juanita s'occupe de la maison et des enfants, et elle fait la cuisine. Je n'aurais jamais pu travailler si elle n'était pas là. Heureusement aussi que le supermarché ne ferme pas avant 21 heures. »

« C'est vous qui la payez ? »

« Évidemment, elle me coûte la moitié de ce que je gagne. »

« Mais quoi, votre mari ne vous donne rien pour elle ? »

« Oh non ! D'après lui, si je veux travailler c'est à moi de payer celle qui fait le travail à ma place. »

« Ce n'est pas très juste. J'aurais cru qu'il serait fier de vous et de votre succès dans un monde d'hommes. »

« Il l'est. Tant que la maison est bien tenue. Mais honnêtement, je pense qu'il est encore plus fier de Juanita. Elle sait toujours lui trouver ses chemises. »

« Je ne savais pas que la libération de la femme exigeait de tels sacrifices. »

« C'est le prix à payer quand on est mariée. Dites-vous ceci : toutes les fois que vous voyez une femme derrière un bureau, il y en a une autre qui assure la logistique sans laquelle son mariage ne résisterait pas. Si la femme est divorcée et si elle a des enfants, c'est encore pire. Trouvez-moi un ex-mari qui soit prêt à payer à la fois la pension de sa femme et le salaire de celle qui s'occupe de ses gosses ! »

« Mais au moins, vous menez votre vie comme vous l'entendez. »

« Oui, tant que Juanita ne me remet pas son tablier. Trouver quelqu'un qui veuille bien s'occuper de la maison et garder les enfants jusqu'à ce qu'on rentre le soir, ce n'est pas facile. En deux ans j'en ai eu trois. Une du Salvador, une de l'Équateur et celle-ci, qui vient de Bolivie. »

« Alors, vous devez avoir fait des progrès en espagnol ? »

« Ça oui ! Mais je vous avouerai qu'on en a tous un peu assez de manger des haricots noirs. »

« N'est-ce pas incroyable que pour être libre, une femme doive en trouver une autre qui la remplace. »

« Il n'y a pas d'autre solution. Les maris veulent bien s'accommoder d'une femme libérée tant que tout marche bien à la maison. Mais à la première faille dans le système, ils poussent les hauts cris et disent qu'ils n'ont pas épousé une femme qui se fiche de sa maison et de ses enfants. »

« Pourtant, dans toutes les revues que l'on voit dans les supermarchés, on vante les hommes qui mettent la main à la pâte quand leur femme travaille. »

« C'est bien le seul endroit où on voit ça. L'Américain laisse sa femme libre de faire ce qu'elle veut, à condition que le reste soit fait aussi. Par exemple, quand nous sortons et que nous rencontrons du monde, mon mari est toujours très heureux de me présenter en disant : "Voici ma femme. Elle est avocate". Et puis dès que nous rentrons à la maison, il me demande comment cela se fait que les draps n'aient pas été changés. »

« C'est drôle, ai-je commenté. Avant notre conversation, je pensais qu'il n'y avait rien de plus facile que d'être une femme libérée. J'avais l'impression que vous l'emportiez sur tous les tableaux. Et voilà que je m'aperçois que si Juanita n'était pas là pour frotter par terre, vous ne seriez pas libérée du tout ! »

« On ne peut rien vous cacher, répliqua Lila. Une femme mariée qui veut étre libérée a intérêt à se faire de solides relations dans une agence de placement de personnel sud-américain. »

« Et que se passe-t-il lorsque le pilier du système tombe malade ? »

« Je reste à la maison, et tout le monde à l'Étude s'écrie : "Ça nous apprendra à embaucher une femme". »

박사과정 세미나 번역 습작

한국어 번역

해방된 여인 뒤에는 그 여인을 위해 뒤치다꺼리를 해주는 다른 여인이 있기 마련이다.

나는 릴라 피바디와 이야기를 하면서 이걸 깨달았다. 릴라는 변호사 사무실에서 아침 아홉시에서 오후 대여섯시까지, 때로는 저녁 일곱시까지 일한다. 맡은 일에 따라 다르다.

릴라는 나에게 고백했다. 후아니타가 없으면 그렇게 못할 것이라고.

"후아니타가 누굽니까?" 나는 궁금했다.

"후아니타가 집안일도 하고 애들도 돌봐줘요. 식사 준비도 하고요. 만일 후아니타가 없었다면, 그리고 세이프웨이가 밤 아홉시까지 안 열려 있었다면, 아마 일을 못했을 꺼에요."

"댁이 봉급을 주십니까?"

"물론이지요." 릴라의 대답이다. "제 봉급의 절반이 나가요."

"아니, 남편이 좀 도와주지 않습니까?"

"아니요. 남편은 제가 일하고 싶어했으니, 제 일을 대신하는 사람 봉급도 제가 대야 한다는 거에요."

"그래도 그렇지... 변호사 하면서 남자들 사이에서 거두고 있는 성공에 대해 가슴 뿌듯이 생각할 것 같은데..."

"그렇게 생각은 해요. 누군가 집에 대신 있기만 하면요. 솔직히 말하면, 남편은 후아니타를 더 쳐주는 것 같아요. 셔츠를 찾으면 척이거든요."

"해방의 대가가 그렇게 비싸게 치이는 줄은 몰랐는데요."

"결혼을 해서 가정을 돌보아야 한다면 그렇죠. 사무실에 나가 있는 해방된 여성 뒤에는 결혼생활이 지탱되도록 뒤를 돌보아주는 또하나의 여성이 있게 마련이에요. 아이들이 딸린 이혼 여성의 경우에는 훨씬 더 비싸게 치이죠. 이혼한 부인에게 생활비를 대주는 것 이외에 아이들 돌보는 여자 비용도 대겠다는 이혼남 보신 적 있나요?"

"하지만 그래도 댁은 자신의 생활을 원하시는 대로 꾸려나가시잖아요."

"그래요. 후아니타가 머물러 있어만 준다면요. 집안일 꾸려나가고, 애들도 돌보아주며 안주인이 돌아올 때까지 기다려주는 여자를 구하는 건 쉬운 일이 아니에요. 2년 동안 세 사람째에요. 하나는 살바도르 여자고, 다른 하나는 에쿠아토르 여자, 그리고 이번에는 볼리비아 여자에요."

"그러면 스페인어는 늘으셨겠네요?"

"그거야 그렇죠. 하지만 그놈의 콩요리는 이제 아주 물렸어요."

"해방되기 위해 자신을 대신할 다른 여성을 구해야 한다는 건 좀 역설적이군요."

"달리 도리가 없잖아요. 남편들은 집안이 매끄럽게 돌아가는 한에서는 해방된 여성을 용인하지요. 하지만 조금만 삐끗해도 애들하고 집안일을 내팽개치라고 결혼하진 않았다고 소릴 질러대지요."

"하지만 슈퍼마켓들의 잡지들은 하나같이 모두 일손 거드러주는 남편 이야기를 하고 있잖아요."

"잡지들에서나 그런 남자들을 보지요. 미국 남자들은 자기 생활에 아무 지장이 없어야 부인이 자기 나름의 생활하는 것을 눈감아주지요. 남편은 파티 같은 데 가면 친지들한테 '변호사하는 아내'라고 자랑스레 소개하지요. 하지만 저녁에 집에 돌아오면 침대 시트 안 갈아놓았다고 난리입니다."

"재미있군요." 나는 말했다. "말씀나누기 전에는 해방된 여성들에겐 아무런 걱정도 없겠다 싶었거든요. 안팎으로 승승장구하는 분으로만 알았어요. 그런데 이제 보니, 뒤치다꺼리해주는 사람이 없으면 전혀 해방이 아니군요."

"맞아요. 해방되고 싶은 기혼 여성은 남미 여성 직업소개소에 빽이라도 대고 있어야 할 꺼에요."

"아니 그런데, 그 여자가 병이라도 나면 어떻게 되지요?"

"집에 있어야지요. 그러면 동료들이 그러겠죠. '그럴 줄 알았어. 여자를 쓰면 으레 그렇잖아.'"

전성기 번역

용어 해설

이 용어 해설편을 만드는 데에 이십여 년 전부터 번역의 해석 이론의 테두리 내에서 발전되어온 개념들을 정의하고 있는 J. 들릴의 것[1]과 C. 라플라스의 것[2]의 도움을 많이 받았다.

에지트의 번역학 연구 센터의 연구자들은 캐나다 연구자들들에게서 빌린 'traductologie 번역학'－이는 우리 영역의 독자성을 나타내는 것이다－의 경우는 제외하고는, 신조어들에 그다지 매력을 느끼지 않는다. 하지만 이 용어편은 필요하다. 언어학 용어들이 표준화가 되어 있지 않아 일부 용어들에 대해 우리 자신이 정의를 내리지 않을 수 없었기 때문이다. 이로 인해, 언어학 분야에서 보는 것과 형태는 같아도 의미는 다소 다른 낱말들 수가 별수없이 늘어나겠지만, 우리가 사용하는 용어들이 정착되게 된다면 번역학자들이 서로를 보다 잘 이해하게 될 것이다.

감지 범위

말에서는 소리 연쇄의 몇초간 전개, 글에서는 거의 동시적인 7, 8개 낱말의 지각에 해당되는 지각 범위. 이 범위 내에서 의미 단위들이 형성되어 점차 보다 큰 의미로 합쳐진다. 감지 범위별 지각을 위해서는 한 언어를 완벽하게 아는 것이 요구된다. 이 지식이 불충분해서 유연한 읽기가 가능하지 않아 독자가 낱말에 걸리는 경우에는 감지 범위별 지각에 문제가 발생한다. 어의들에 대해 의문점이 생기는 것으로, 이로 인해 다의성과 중의성이 나타난다. 말의 경우에는 이해가 언어의 소리들의 해독 수준에 머물러,

---

1. Delisle, J.(1993): *La traduction raisonnée*, Presses de l'Université d'Ottawa.
2. Laplace, C.(1994): *Théorie du langage et théorie de la traduction*, Didier Erudition, Paris.

의미는 매우 부분적으로만 나타나는 것이다.

공시

공시는 랑그 층위에서 낱말들이 갖는 정감적 부하를 가리킨다. 담화 층위에서 일부 어휘들에는 개인적 정감이 실리는데, 이는 서로 다를 수 있다.

역자의 언어 지식은 역자에게 언어적 공시에 대한 정보를 주고, 역자의 인지적 보충물은 역자에게 저자가 일부 어휘에 대해 갖는 정서를 이해하게 해준다.

다의성

원어민이 명확히 구분하는 여러 어의들과 관련되는 시니피앙의 상태. (예: (E) country는 'pays'와 'campagne' 모두를 뜻한다)

여러 다른 어의들이 원어민에게 명확히 인지되지 않아도 번역에서는 드러나는 낱말들도 '다의어'의 범주에 포함된다. 예: (D) wenn = (F) si 또는 quand, (F) pourquoi = (D) warum 혹은 wozu 등.

담론

'담론'은 때로 '말담론'의 의미를 갖는데, 여기서는 대부분 '텍스트'의 동의어이다.

담론 매개변수

이는 소리 연쇄나 철자 연쇄 외적인 상황들로서, 여기서 지식 요소들이 추출되어 기존의 인지적 축적물, 공존하는 인지적 축적물, 언어 능력에 덧붙여진다. 예를 들어, 저자, 원수신자와 번역의 수신자, 텍스트 산출의 시대, 장소, 상황과 관련된 정보들이 그러한 요소들이다. 이러한 요소들은 인지적 보충물에 속한다.

대응 (등가와 대응의 장도 보라)

대응은 서로 다른 언어의 어의들 사이에 성립되는 관계이다(Delisle의

예: (E) literature = (F) littérature, documentation, documents, publications 등). 등가관계들은 언어 교육에서도, 대조언어학에서도 유용하다. 그리고 이중어 사전, 다중어사전들의 편찬도 가능하게 한다. 텍스트들의 번역에서 수, 호칭, 기술용어들의 대응관계들은 사전에 미리 주어진다. 원문과 그 번역의 대조 연구로부터 찾아낼 수 있는 기타 대응관계들은 의미의 등가관계들로부터 비롯된 것으로, 단지 사후적인 것이다.

등가 (등가와 대응의 장도 보라)

담론이나 텍스트 혹은 이들의 부분들이 의미의 동일성을 보일 때, 문법 구조나 어휘 선택은 크게 다르더라도 등가라고 말한다.

말하고자 하는 바

필연적으로 파롤의 발신에 이르게 되는 언어 이전의 의식 상태이다. 이 말하고자 하는 바의 연사/필자에 대한 관계는 의미의 청자/독자에 대한 관계와 같다. 사고와 달리, 이 말하고자 하는 바는 인지적 보충물과 연결된 변별적인 언어적 어의들을 통해 객관적으로 포착될 수 있다.

맥락

불어에서 'contexte'란 말은 영어의 'context'의 의미로 점점 더 빈번하게 쓰이고 있다. 이러한 의미의 맥락은 텍스트 주변 상황을 가리킨다. 가까이는 담론의 발화 상황을 말하고, 멀리는 역사적 · 사회적 · 경제적 상황을 포함해 텍스트가 출현하게 된 개인적 상황까지도 나타낸다. 이는 하나의 발화가 산출되고 받아들여진 비언어적 여건을 말하는 것이다.

명시성/묵시성 (제유도 보라)

언어들은 그것들이 나타내는 개념들의 일부분만 명시화하고, 담론이나 텍스트들도 그것들이 표현하는 생각들의 일부분만 명시화한다.

구체적 혹은 추상적 현실을 나타내는 낱말은 일부분만 의미한다. 예를 들어, (F) tire-bouchon 코르크마개 뽑이= (D) Korkenzieher의 경우가 그렇다. 불어로는 막는 기능을 가진 한 물체를 잡아당긴다고 하는데, 그 물체가 무엇인지는 묵시적으로 남아 있다. 그런데, 독일어에서는 묵시적으로 막는 기능을 가진 코르크(Korken)를 잡아당긴다고(ziehen) 한다. 두 낱말은 동일한 대상을 나타내나, 그 명시적 어의들은 일치하지 않는다.

저자들도 그들이 말하고자 하는 바의 일부분만 명시화한다. 그래서 담론과 텍스트들에는 대화자들간에 공유되는 묵시적인 것이 상당 부분 있게 된다. 대화자들은 이 부분에서 그들의 인지적 보충물을 얻어낸다.

동일한 의미가 서로 다른 언어들에서는 동일한 명시성/묵시성 관계를 통해 나타나지 않는다.

번역

이 낱말은 문제가 되는 작용의 성격에 따라 매우 다른 개념들을 나타낸다.

해석 번역은 담론들이나 텍스트들을 전한다. 본서에 기술된 해석 번역은 형태들의 등가 속에서, 한 언어에서 다른 언어로 동일한 의미들을 옮기는 것이다. 이러한 유형의 번역에서 번역자와 통역사는 담론이나 텍스트의 의미를 인지한 다음(탈언어화 단계), 마치 자신이 말하고자 하는 바인 것처럼 의미에 작용을 하여, 다른 언어의 새로운 담론 속에 이를 재실현한다(표현 단계). 해석 번역이 '자유로운' 번역은 아니다. 이 '자유로운' 번역의 특징은 생략된 것과 보태진 것이 많고, 생각들의 순서가 상당 부분 재배열되어 있다는 것이다.[3]

언어 번역은 코드변환이라고도 하는데, 언어들 사이에 대응관계들의 설정을 모색한다. 언어 번역은 원칙적으로 원어에 미리 주어진 어의들과 역어의 문법 규칙들만 고려 대상으로 삼는다. 이 유형의 번역은 언어들이 단위들간의 대치가 가능한 코드들이라면 일반화된 적용이 가능할 것이다. 그러나 텍스트들의 경우, 어의들의 전달은 역어의 제약사항들을 이내 어기게 된다. 일부 인지적 보충물은 어의들의 일시적 전이가 역어에 만족스럽지

---

3. Delisle, J.(1993): *La traduction raisonnée*, Presses de l'Université d'Ottawa, p. 48.

못할 경우, 곧 자연스레 개입된다.

텍스트를 겨냥하는 것이 아니라 원어를 설명하고자 하는 작용들도 '번역'의 범주에 포함되는데, 이것이 이른바 문자적 번역이다. 이 문자역은 낱말을 그 유연성을 고려하여 '있는 그대로' 복원하기도 한다. 예를 들어, (D) 'Tischbein'은 불어로 'pied de table 책상발'인데, 이를 'jambe de table 책상다리'라고 하는 것이다. 문자역은 성구의 구성요소들의 각각을 복원하는 경우도 있다. 독일어 'Eulen nach Athen bringen'은 문자적으로는 'apporter des chouttes à Athènes 올빼미를 아테네로 데려가다'인데, 그 의미는 불어로는 'porter de l'eau à la rivière 쓸데없는 짓을 하다'이다.

대어역 mot-à-mot은 주로 행간 번역에 쓰이는 것으로서, 원어의 구조들을 두드러지게 할 때 사용된다.

어의

불어에서 'signification 어의', 'sens 의미'는 동의어이다. 그러나 번역학에서 우리는 이들을 구분한다. ('의미'에 대해서는 아래를 보라) '어의'는 고립적 낱말들과 문장들에 적용된다. 문장들의 어의는 어휘적 · 문법적 어의들로부터 비롯된다. 어휘적 어의들은 사전들에 기술되어 있다. 이들은 랑그에 속하고, 미실현된 '의미 능력'을 표상한다. 문장들에서 이 어의들은 언어 맥락과 랑그면에서의 시초 어의들에 의해 결정된다. 담론들에서는 여기에 인지 영역과 저자의 사용 특성이 추가된다. 어휘들의 변별적 어의들은 이러한 한정작용들의 산물이다.

단지 변별적 어의들만 의미 형성에 관여한다.

언어 맥락 (영어 : co-text)

'contexte'가 불어 의미를 계속 간직하도록 할 것이나, 좀더 확실히 하기 위해 우리는 자주 'verbal 언어(적)'이란 표현을 덧붙인다. 맥락은 한 어휘 단위의 언어적 여건이다.

언어 맥락은 낱말들 어의의 대부분의 잠재적 부분들이 나타나지 못하도록 한다. 언어 맥락은 시각적 혹은 청각적 감지 범위와 대응된다.

언어, 랑그 langue

'langue'는 워낙 많은 정의들의 대상이 되었기 때문에 하나를 더 보탤 필요는 없을 것이다. 번역학에서 언어 층위는, 인지적 보충물을 고려하지 않은, 낱말·유성적 표현·문장들에 관심을 갖는 번역 층위이다.(언어적 번역을 보라)

의미

번역의 해석 이론의 핵심어이다. 번역자에게는 언어적 어의들과 텍스트나 담론 부분의 변별적인 인지적 보충물의 결합의 산물이다.

이 의미는 언어 지식이 인지적 보충물과 융합될 때 소리(혹은 철자) 연쇄의 탈언어화로부터 비롯된다. 의미는 하나의 의식 상태이다. 이 의미는 인지적이며 정감적이다.

의미 단위

청각적 혹은 시각적 감지 범위에 대해 언어 지식과 언어 외적 지식이 연합적으로 작용한 결과로서의 의식 상태이다. 동시 통역에서 관찰될 수 있는 의미 단위는 글을 죽 읽을 때에도 또한 나타나나, 글의 고정성과 한 어휘나 문장상의 지체로 인해 그 포착이 다소 어렵다. 이 의미 단위들이 서로 겹쳐지고 녹아들어 의미들을 형성하는 것이다.

의미론

일반적으로 발화 층위의 (어휘적 문법적) 언어적 의미들의 연구를 말한다. 이런 의미의 의미론은 번역학의 직접적 관심 대상이 아니다.

이해

'이해'는 때로 랑그에 대해 쓰이기도 하나, 우리는 이 용어를 담론과 텍스트들에 적용한다. 하나의 언어를 이해하는 것은 발화에서 규칙들과 낱말들을 안다는 것이다. 그러나 여기서는 잠재적 의미밖에 이끌어낼 수 없다.

반면에, 텍스트나 담론의 이해는 언어 의미들과 인지적 보충물 덕분에 소리 연쇄나 글 연쇄의 의미를 이끌어내는 과정이다.

인지적 (정감적 참고)

'cognitif'는 'connaître'의 형용사로 쓰인 것이고, 명사 형태는 'le cognitif'이다.

인지적인 것은 늘 동시에 정감적인 것이다. 그래서 많은 경우, 우리는 인지적인 것/정감적인 것을 나타내기 위해 '인지적'이란 표현을 쓰는 것으로 만족한다. 개념적/정서적도 동일한 방식으로 사용한다.

인지적 맥락

텍스트를 읽으면 지식이 얻어져, 인지적 축적물이 이미 보유하고 있는 것에 첨가된다. 이 누적 지식은 탈언어화되지만 비언어적 형태로 기억 속에 남아 역자의 텍스트 이해를 도와준다.

한 텍스트의 이해 과정에서 저장된 기억은 세분화된 지식들에 해당된다. 이들은 일반적으로 단기 기억에 해당되어 얼마간 시간이 지나면 보다 일반적인 혼합물로 바뀐다.

인지적 보충물

인지적 축적물과 인지적 맥락의 개념적·정서적인 변별적 요소들로서, 담론들과 텍스트들의 언어 의미들과 결합하여 의미를 구성한다. 이들은 언어 지식 못지 않게 소리 연쇄나 글 연쇄의 해석에 필수적 요소들이다.

인지적 축적물

한 개인이 1. 자신의 체험(경험적 지식)을 통해, 2. 언어(독서, 교육, 대화, 텔레비전 등을 통한 학습)를 통해, 3. 사색을 통해 얻은 개념적·정서적 지식의 총체를 말한다. 영어에서 'World Knowledge' (connaissance du monde 세상 지식)와 'Encyclopaedic Knowledge'(connaissance encyclopédique 백과사전적 지식)란 표현들은 불어의 'bagage cognitif' 에 해당되고, 'backgroud knowledge'는 'bagage cognitif pertinent 변별적 인지적 보충물'에 해당된다.

한 담론이나 텍스트의 이해의 깊이는 변별적 인지적 보충물의 크기에 달려 있다. 인지적 요소의 도움을 받지 못할 경우, 번역은 코드변환이 된다.

정감적 (인지적 참고)

피아제4에 의하면, 정서적 삶과 인지적 삶은 서로 다르지만 불가분의 것이다. 환경과의 모든 교환이 구조화와 가치부여를 가정하기 때문에 이들은 불가분하긴 하나, 그래도 여전히 서로 다르다. 이 두 측면은 어느 한 쪽으로도 환원될 수 없으니까 말이다. 그래서, 어떤 감정인가 느끼지 않고는 추론을 할 수가 없고, 이는 순수 수학에서도 마찬가지이다, 또 이와 반대로, '최소한'의 이해나 차별도 없는 정감은 존재하지 않는다. (...) 모든 정서적 발현의 경우들에 볼 수 있는 지각적 혹은 지적 요소들은, 다른 어떤 지각 반응이나 지능과 마찬가지로, 인지적 삶과 관련된다. 상식적으로, 서로 대립된 두 능력으로 간주되는 '감정'이다, '지능'이다 하는 것들은 개인 상관적인, 사고와 사물들에 대한 행태들일 뿐이다. 그런데 이 행태들의 각각에 행동의 동일한 정감적 인지적 양상들이 개입된다. 이 양상들은 실은 늘 결합되어 있으며, 따라서 독자적 능력들을 특징짓는 것이 전혀 아니다.

제유

수사학에서 차용한 용어이다. 제유는 부분으로 전체를 나타내는 문채이다.

제유는 언어들에서 낱말들이 지시된 개념의 일부분만을 명시화할 때 나타난다. 예를 들어, (F) 'tiroir'(서랍)는 잡아당기는 물체를 지시하고, (D) 'Schublade'는 밀어넣는 물체를 나타낸다.

제유는 담론에서도 나타난다. *Cannery Row*의 예: The ties were

---

4. Piaget, J.(1967): *La Psychologie de l'inteliligence*, Armand Colin, Paris, p. 12.

pulled down a little, —"Ils avaient défait leur cravate 넥타이를 풀어헤친 채"도 제유이다. 풀어진 매듭과 아래로 쳐진 넥타이들의 전체 이미지에서, 불어 번역은 이유를 보이고 있고, 영어는 결과를 보이고 있다.

동일한 구체적 혹은 추상적 대상들을 나타내기 위해 서로 다른 제유들이 서로 다른 언어들에 필요하다는 것은 일반화된 대응에 의한 번역이 가능하지 않다는 것을 보여주는 이유들 중 하나이다.

중의성

하나의 문장은 언어 맥락이 어휘들에 여러 가능한 의미들 중에서 하나만을 부여하기에 충분치 못할 때 '중의적'이라 말한다. /예 : The secretary says she is sick : Le (ou la?) secrétaire dit qu'elle (la secrétaire ou quelqu'un d'autre?) est malade. 비서는 (그녀가) 아프다고 한다./ 중의성은 자동 번역에서는 매우 빈번하게 관찰되는 현상이다.

청자들/독자들이 적절한 인지적 보충물들을 보유하고 있을 때에는 담론들이나 텍스트들에 어떠한 중의성도 나타나지 않는다. 중의성은 저자가 의도한 것일 수도 있다. 그러한 경우는 저자가 말하고자 하는 바에 속하는 것이니 번역에서도 존중된다.

코드변환

언어 번역의 또다른 이름이다.

탈언어화

탈언어화는 번역과정에서 텍스트의 이해와 다른 언어로의 그 재현 사이에 위치한 과정이다. 인지적 정감적 의미의 포착과 동시에 언어 기호들에서 놓여나는 것이다.

텍스트

역자와 철자 혹은 소리 연쇄 사이의 상호작용의 산물인 텍스트는 말담론과 글텍스트 모두를 가리킨다. 이해의 역동적 대상으로서, 텍스트는 지식의 정적 대상들인 랑그와 파롤의 테두리를 넘어선다.

해석/통역 Interprétation

이 낱말은 맥락에 따라 의미가 바뀌는데, 텍스트나 담론의 'compréhension 이해'의 뜻으로도, 말담론(회의 통역)의 통역의 뜻으로도 쓰인다.

해석하다/통역하다 Interpréter

우리는 이 낱말은 저자가 말하고자 하는 바를 이해한다는 의미로 쓰는데, 말의 경우에는 이 말하고자 하는 바를 다른 문화권 사람에게 이해될 수 있는 형태로 복원한다는 의미이다.

이 'interpréter'는 'fausser 왜곡하다' 'déformer 변형시키다'라는 경멸적 의미로 쓰인 것이 아니다.

참 고 문 헌

Ballard, M.(1987): *La traduction: de l'anglais au français*, Nathan, Paris.

Ballard, M., éd.(1993): *La traduction à l'université*, Presses Universitaires de Lille.

Barbizet, J.(1964): "Le problème du codage cérébral, son rôle dans les mécanismes de la mémoire", *Annales médicopsychologiques* n° 1, Masson, Paris.

Barbizet, J. et Duizabo, Ph.(1977): *Abrégé de neuropsychologie*, Masson, Paris.

Bastit, L.(1984): "Approche et problématique de la traduction littéraire : un exemple—la traduction de *A Stench of Kerosene* d'Amrita Pritam", *Séminaire national de la traduction et de l'interprétation*, New Delhi, ronéoté.

Beaugrande de, R. et Dressler, W.(1981): *Introduction to Text-Linguistics*, Longman, London.

Bedard, C.(1992): "La prétraduction automatique, outil de productivité et d'évolution professionnelle", *Meta*, vol. 37, n° 4, Montréal, pp. 738-760.

Berman, A.(1984): *L'épreuve de l'étranger*, Gallimard, Paris.

Berman, A.(1985): "La traduction et la lettre—ou l'auberge du lointain", *Les Tours de Babel*, T.E.R, pp. 35-150.

Buchwald, A.(1981): "The Woman behind the Woman", *While Reagan slept*, G. P. Putnam's Sons, New York, pp. 259-261.

Bureau, C.(1992): "Télécommunication et micro-informatique", *Meta*, vol. 37, n° 4, Montréal, pp. 595-609.

Cary, E.(1962): "Noblesse de la parole", *Babel*, vol. VIII, n° 1.

Catford, J. C.(1965): *A Linguistic Theory of Translation*, Oxford University Press.

Coccioli, C.(1976): *Mémoires du Roi David*, La Table Ronde.

Cormier, M.(1990): "Proposition d'une typologie pour l'enseignement de la traduction technique", *Études traductologiques*, « Lettres modernes », Minard, Paris, pp. 173-188.

Cormier, M. et Estival, D., dir.(1992): *Études et recherches en traductique, Meta*, vol. 37, n° 4, Montréal.

Coseriu, E.(1981): "Kontrastive Linguistik und Übersetzungstheorie: ihr Verhältnis zueinander", dans Kühlwein, Thome, Will(éds), *Kontrastive Linguistik und Übersetzungswissenschaft*, Wilhelm Fink, München.

Coseriu, E.(1981): *Textlinguistik, eine Einführung, Gunter Narr Verlag*, Tübingen.

Coseriu, E.(1988): *Sprachkompetenz*, Francke Verlag, Tübingen.

Crick, F.(1989): "Neural Nets and the Brain", *Nature*, 12 janvier 1989, London.

Delisle, J.(1984): *L'analyse du discours comme méthode de traduction*, Presses de l'Université d'Ottawa.

Delisle, J.(1992): "Les manuels de traduction: essai de classification", TTR, vol. 5, n° 1.

Delisle, J.(1993): *La traduction raisonnée*, Presses de l'Université d'Ottawa.

Ducrot, O.(1984): *Le dire et le dit*, Éd. de Minuit, Paris.

Durieux, C.(1988): *Fondement didactique de la traduction technique*, Didier Érudition, Paris.

Eco, U.(1979): *Lector in fabula*. 불역: Bouzaher, M.(1985), Grasset, Paris.

Eco, U.(1990): *Les limites de l'interprétation*. 불역: Bouzaher,

M.(1992), Grasset, Paris.(한역: 김광현(1995): 『해석의 한계』, 열린 책들)

Foz, C.(1987): *L'École des traducteurs de Tolède au 12e et au 13e siècle*, Thèse de doctorat, ronéotée.

François, F.(1968): "Le langage et ses fonctions", *Le langage*, Encyclopédie de la Pléiade, Gallimard, Paris, pp. 3-19.

Freud, S.(1953): *Abriss der Psychoanalyse*, Fischer, Francfurt.

Freud, S.(1988): *Oeuvres complètes. Psychanalyse*, Direction de la publication Bourguignon, A., Cotet, A., direction scientifique : Laplanche, J., vol. XIII, 1914-15, PUF.

Gardiner, A. H.(1932): *The Theory of Speech and Language*, Clarendon Press, Oxford.(불역: (1998): *Langage/acte de langage: aux sources de la pragmatique*, Presses Universitaires Septentrion)

Gerver, D. et Sinaiko, H. W., éd.(1978): *Language Interpretation and Communication*, Plenum Press, New York.

Gravier, M.,(1973): "La traduction des textes dramatiques", *Études de linguistique appliquée* 12, Didier, Paris, pp. 39-49.

Green, G.(1990): "The Basement Room", *The End of the Party*, Les langues modernes/ Bilingue, préface, traduction et notes de Pappo-Musard, C., Le Livre de Poche, Paris.

Herbulot, F.(1983): "TAO : pour un essai de définition", *Traduire*, n° 114, Paris.

Hutato-Albir, A.,(1990): *La notion de fidélité en traduction*, Didier Erudition.

Hutchins, W. J. et Somers, H. L.(1992): *An Introduction to Machine Translation*, Academic Press, London.

Israël, F.(1991): "La traduction littéraire: l'appropriation du texte", *La liberté en traduction*, Didier Érudition, Paris, pp.

17-41.

Jakobson, R.(1971): *Selected Writings*, vol. 2, Mouton, La Haye.

Jouvet, L.(1965): *Molière et la comédie classique*, Gallimard, Paris(재판 1986).

Kemal, Y.(1955): *Mémed le Mince*. 불역: Guzine Dino(1979), Gallimard, Paris.

Kerbrat-Orecchioni, C.(1981): "Comment comprend-on l'implicite", *Comprendre le langage*, Didier Érudition, Paris, pp. 74-79.

Kerbrat-Orecchioni, C.(1990): *Les interactions verbales*, tome 1, Armand Colin, Paris.

Koller, W.(1979): *Einführung in die Übersetzungswissenschaft*, Quelle und Meyer, Heidelberg.

Ladmiral, J.-R.(1979): *Théorèmes pour la traduction*, Payot, Paris.

Ladmiral, J.-R.(1989): "Pour une philosophie de la traduction", dans *La traduction philosophique*, Revue de métaphysique et de morale, janvier-mars 1989, n° 1.

Laplace, C.(1994): *Théorie du langage of théorie de la traduction*, Didier Erudition, Paris.

Larbaud, V.(1946): *Sous l'invocation de Saint Jérôme*, Gallimard, Paris.

Larose, R.(1992): *Théories contemporaines de la traduction*, Presses de l'Université du Québec.

Lavault, E.(1985): *Fonctions de la traduction en didactique des langues*, Didier Érudition, Paris.

Lederer, M.(1976): "Synecdoque et traduction", *Études de linguistique appliquée* 24, Didier Érudition, Paris, pp. 13-41.

Lederer, M.(1981): *La traduction simultanée: expérience et thé-*

orie, « Lettres modernes », Minard, Paris.

Lederer, M.(1984): "Implicite et explicite", *Interpréter pour traduire*, Didier Érudition, Paris, pp. 37-71.

Le Ny, J.-F.(1976): "Sèmes ou mêmes?", *La mémoire sémantique*, Bulletin de psychologie de l'Université de Paris.

Le Ny, J.-F.(1989): *Sciences cognitives et compréhension du langage*, PUF, Paris.

Lévy, P.(1990): *Les technologies de l'intelligence, l'avenir de la pensée à l'ère informatique*, Editions La Découverte, Paris.

Luria, A. R.(1970): *Une prodigieuse mémoire*, Delachaux et Niestlé, Neuchâtel.

Lyons, J.(1968): *Introduction to Theoretical Linguistics*, Cambridge University Press. Reprinted 1989.

Margot, J.-C.(1979): *Traduire sans trahir*, l'Âge d'homme, Lausanne.

Meschonnic, H.(1973): *Pour la poétique II, Epistémologie de l'Ecriture poétique de la traduction*, Gallimard, Paris.

Misri, G.(1990): "La traductologie des expressions figées", *Études traductologiques*, « Lettres modernes », Minard, Paris, pp. 143-163.

Moirand, S.(1990): *Une grammaire des textes et des dialogues*, Hachette FLE, Paris.

Mounin, G.(1963): *Les problèmes théoriques de la traduction*, Gallimard, Paris.

Nida, E. A.(1974): *The Theory and Practice of Translation*, Brill, Leyde.

Pergnier, M.(1978): *Les fondements sociolinguistiques de la traduction*, Honoré Champion, Paris; Edition remaniée (1993), Presses Universitaires de Lille, Lille.

Pergnier, M.(1976): "L'envers des mots", *Études de linguistique appliquée* 24, Didier Érudition, Paris, pp. 92-126.

Pergnier, M.(1990): "L'ambiguïté de l'ambiguïté", *Études traductologiques*, « Lettres modernes », Minard, Paris, pp. 17-28.

Piaget, J.(1967): *La psychologie de l'intelligence*, Armand Colin, Paris.

Piaget, J.(1972): *Epistémologie des sciences de l'homme*, Gallimard, Paris.

Piaget, J.(1974): *La prise de conscience*, PUF, Paris.

Rey, A.(1989): "Lexico-logiques", *L'Univers philosophique*, PUF, Paris.

Richaudeau, F.(1971): "En lisant Roland Barthes: écriture, lecture, relecture, lisibilité", *Les langages de notre temps*, CECL, Paris.

Rydning, A.(1992): *Qu'est-ce qu'une traduction acceptable en B? Les conditions d'acceptabilité de la traduction fonctionnelle réalisée dans la langue seconde du traducteur*, Thèse de doctorat, ronéotée.

Salama-Carr, M.(1990): "Linguistique du texte et didactique de la traduction", *Etudes traductologiques*, « Lettres modernes », Minard, Paris, pp. 165-172.

Salama-Carr, M.(1990): *La traduction à l'époque abasside*, Didier Érudition, Paris.

Sartre, J-P.(1985): *Qu'est-ce que la littérature?*, Gallimard, Paris.

Searle, J.(1981): "Six Principles for the Comprehension of Language", *Comprendre le langage*, Didier Erudition, pp. 148-152.

Seleskovitch, D.(1968): *L'interprète dans les conférences internationales : problèmes de langage et de communication*, « Lettres modernes », Minard, Paris.

Seleskovitch, D.(1975): *Langage, langues et mémoire, étude de la prise de note en interprétation consécutive*, « Lettres modernes », Minard, Paris.

Seleskovitch, D.(1976): "Traduire, de l'expérience au concept", *Études de Linguistique Appliquée* 24, Didier, Paris, pp. 64-91.

Seleskovitch, D. et Lederer, M.(1984): *Interpréter pour traduire*, Didier Érudition, Paris.

Seleskovitch, D. et Lederer, M.(.1989): *Pédagogie raisonnée de l'interprétation*, Didier Érudition, Paris.

Sperber. D. et Wilson, D.(1986): *Relevance: Communication and Cognition*, Basil Blackwell, Londres. 불역: Gerschenfeld, A. et Sperber, D.(1989): *La pertinence–communication et cognition*, Les Éditions de Minuit.(한역: 김태옥·이현호(1994): 『인지적 화용론』, 한신문화사)

Steinbeck, J.(1945): *Cannery Row*, Bantam Books, New York. Traduction française de Paz, M.(1948): *La Rue de la Sardine*, Collection Folio, Gallimard.(한역: 허창수(1994): 『통조림 공장 마을』, 문학세계사)

Steiner, G.(1975): *After Babel. Aspects of Language and Translation*, Oxford University Press, Londres. 불역: Lotringer, L.(1978): *Après Babel, une poétique du dire et de la traduction*, Albin Michel.

Tournier, M.(1977): *Le vent Paraclet*, Gallimard, Paris.

Van Dijk, T.A. et Kintsch, A.(1983): *Strategies of Discourse Comprehension*, Academic Press, New York.

Van Hoof, R.(1989): *Traduire l'anglais: théorie et pratique*, Duculot, Paris.

Vazov, I.: *Sous le joug*, traduction française de Tzonev, S., Pentcheva, S. et Yanova, V(1982), Sofia-Presse, Sofia.

Vinay, J.-P. et Darbelnet, J.(1973): *Stylistique comparée du français et de l'anglais*, Didier, Paris(1ère éd. 1958).

Winograd, T.(1972): *Understanding Natural Language*, Academic Press, New York.

Winograd, T.(1983): *Language as a Cognitive Process*, Vol. 1., Addison-Wesley, Reading, Mass.

Zweig, S.(1983): *Vier und zwanzig Stunden aus dem Leben einer Frau*, Fischer Bibliothek, Francfort, (1ère éd. 1927). 불역: Bournac, O. et Hella, A.(1981): *Vingt-quatre heures de la vie d'une femme*, Bibliothèque cosmopolite, Stock.

용어 색인

acceptabilité 용인성
acquisition 습득
acte de traduction 번역 행위
actualisation 실현
affectif 정감적
agencement 배열
ambiguïté 중의성
analyse grammaticale 문법 분석
analyse justificative 정당성 분석
analytique 분석적
argument 논거
auditeur 청자
augumentatif 논증적
auteur 저자
autochtone 원어민
bagage cognitif 인지적 축적물
bilingue 이중어(의)
catégorie grammaticale 문법 범주
chaîne 연쇄
co-référence 공지시
cognitif 인지적
cohérence 일관성
communication 의사소통, 커뮤니케이션
compléments cognitifs 인지적 보충물
compréhension 이해
compétence linguistique 언어 능력
compétence textuelle 텍스트 능력
connaissance 지식
connotation 공시
contexte cognitif 인지적 맥락
contexte verbal 언어 맥락
contexte 맥락
correspondance 대응(관계)
descriptif 기술적
description 기술
destinataire 수신자, 수신인, 수취인
dictionnaire 사전
discipline 분야, 학문
discours 담론
doublet 이중어
décontextualisation 탈맥락화
définition 정의
déverbalisation 탈언어화
empan 지각 범위
enseignement de la traduction 번역 교육
enseignement des langues 언어 교육
explication 설명
explicite 명시적
expression 표현
extension 외연
extralinguistique 비언어적
faux amis 가짜쌍

fidelité 충실성
fonction 기능
formes syntaxiques 통사 형태
génie de la langue 언어의 특질, 결
générativisme 생성주의
homographie 동철성
hypothèse de sens 의미 가정
identité 동일성
implicite 묵시적
information 정보
informatique 정보과학
inférence 추론
interlocuteur 대화자
interprétation consécutive 순차 통역
interprétation de conférence 회의 통역
interprétation simultanée 동시 통역
interprétation 해석, 통역
interpréter 해석하다, 통역하다
langage 언어, 랑가쥬
langue d'arrivée 역어, 도착어
langue de départ 원어, 출발어
langue maternelle 모국어
langue étrangère 외국어
langue 언어, 랑그
lecteur 독자
lexical 어휘적
lexique 어휘(부)
liberté 자유
linguistique comparée 비교언어학
linguistique générative 생성언어학
linguistique structurale 구조주의 언어학
linguistique 언어학, 언어적
lisibilité 읽힘새
littéralisme 문자주의
logico-rhétorique 논리수사적
macro-signe 거시 기호
mot 낱말
narratif 서술적
niveau 층위
non-verbal 비언어적
oral 말
para-verbal 유사언어적
paradigme 계열체
paramètres discursifs 담론 매개 변수
parole 파롤
perception 지각
perfectionnement 숙달
performance 수행
perte 손실
phrase 문장, 문
polysémie 다의성
présuppospés 전제
psycholinguistique 심리언어학
psychologie behavioriste 행동심리학
psychologie expérimentale 실험심리학
psychologie génétique 발생심리학
reformulation 재현
représentation 표상
reverbalisation 재언어화
règles de transformation 변형 규칙
récepteur 수신자

réexpression 재표현
sens 의미
signifiant 시니피앙
signification 어의
signifié 시니피에
situation 상황
sous-entendus 함의
stimulus 자극
structuralisme 구조주의
structures de surface 표층 구조
structures profondes 심층 구조
stylistique comparée 비교문체론
sujet parlant 화자
symbole 상징
synchronique 공시적
synecdoque 제유
syntagme 구, 통합체
synthétique 종합적
syntaxe 통사, 통사론
système linguitque 언어 체계
sémantique 의미(적), 의미론
termes techniques 기술 용어
terminologique 용어(의)
texte littéraire 문학 텍스트
texte pragmatique 실용 텍스트
texte 텍스트
thème[1] 주제
thème[2] 작문
traduction automatique 기계 번역
traduction humaine 인적 번역
traduction interprétative 해석 번역
traduction linguistique 언어 번역
traduction littérale 문자적 번역, 문자역
traduction mot à mot 대어역
traduction orale 말번역
traduction pédagogique 교육적 번역
traduction technique 기술 번역
traduction écrite 글번역
traduction 번역
traductologie 번역학
transcodage 코드변환
transfert 전이
unité de sens 의미 단위
unité de traduction 번역 단위
version 해석
vide lexical 어휘 공백
vouloir dire 말하고자 하는 바
écrit 글
émotif 정감적
énoncé 발화
énumération 열거
équivalence affective 정감적 등가
équivalence cognitive 인지적 등가
équivalence 등가(관계)
évaluation 평가

번역학 총서 · 3

번역의 오늘
해석 이론

초판발행 2001년 5월 31일
초판 2쇄 2012년 1월 10일
지은이 Marianae LEDERER
옮긴이 전성기
펴낸곳 고려대학교출판부
www.kupress.com
kupress@korea.ac.kr
136-701 서울특별시 성북구 안암동
02-3290-4230, 4232
Fax 923-6311
찍은곳 한국컴퓨터인쇄정보

ISBN 89-7641-432-2 94700
ISBN 89-7641-417-9 (세트)

값 13,000원

* 잘못 만들어진 책은 바꿔드립니다.